供应链集成服务

智 库 · 原 创 · 权 威 · 卓 越

物 产 中 大 的 探 索 与 实 践

供应链集成服务

物产中大集团的探索与实践

物产中大集团股份有限公司编写组 编著

SUPPLY CHAIN INTEGRATION SERVICES

THE EXPLORATION AND PRACTICE BY WZ GROUP

中国发展出版社
CHINA DEVELOPMENT PRESS

图书在版编目（CIP）数据

供应链集成服务：物产中大集团的探索与实践 / 物产中大集团股份有限公司编写组编著. —北京：中国发展出版社，2023.6

ISBN 978-7-5177-1345-6

Ⅰ.①供… Ⅱ.①物… Ⅲ.①供应链管理—研究
Ⅳ.①F252.1

中国版本图书馆CIP数据核字（2022）第254390号

书　　　名：供应链集成服务——物产中大集团的探索与实践
著作责任者：物产中大集团股份有限公司编写组
责 任 编 辑：钟紫君
出 版 发 行：中国发展出版社
联 系 地 址：北京经济技术开发区荣华中路22号亦城财富中心1号楼8层（100176）
标 准 书 号：ISBN 978-7-5177-1345-6
经 　销 　者：各地新华书店
印 　刷 　者：北京盛通印刷股份有限公司
开　　　本：710mm×1000mm　1/16
印　　　张：18.5
字　　　数：200千字
版　　　次：2023年6月第1版
印　　　次：2023年6月第1次印刷
定　　　价：88.00元

联 系 电 话：（010）68990625　68360970
购 书 热 线：（010）68990682　68990686
网 络 订 购：http://zgfzcbs.tmall.com
网 购 电 话：（010）88333349　68990639
本 社 网 址：http://www.develpress.com
电 子 邮 件：10561295@qq.com

序

浙江工商大学党委书记、校长 | 郁建兴

浩渺行无极，扬帆但信风。

水大鱼大的创业时代，以"物通全球，产济天下"为使命的物产中大集团股份有限公司（简称物产中大集团）在浙江经济版图中表现抢眼。浙江虽是民营经济大省，国有经济同样风生水起，物产中大集团就是国有经济生态中的翘楚，越来越鲜明地表现出基础服务供应商的特征。

1954 年以来，尽管名称多次更易，由浙江省物资局、浙江物产变为物产中大集团股份有限公司，不过，我们依旧可以从它的迭代进化中，发掘历久弥新的文化符号。

概而言之，物产中大集团的创新策略是在深化混改的基础上聚焦主业定模式、聚焦客户谋创新、聚焦问题补短板，致力于成为全国传统物资系统企业向现代企业治理转变的"进取者"，成为商业模式创新、激励机制创新的"改革者"，成为全国大宗商品供应链集成服务领域的"佼佼者"。

今天，当我们带着"显微镜"和"放大镜"在颗粒度更细腻的视域审视物产中大集团，其独特的文化传承、与生俱来的浙商基因以及面向社会的服务属性逐一展现，并就此回答了什么是"功崇惟志，业广惟勤"。

物产中大集团涉及的业务领域几乎均为"无特殊政策、无进入门槛、无垄断资源"的竞争性行业，因此也成为浙江省少有的处在完全竞争领域的省属企业。开放的行业环境倒逼物产中大集团砥砺前行，追求卓越，比如物产中大集团成为浙江省第一家进入《财富》"世界 500 强"的企业、浙江省内第一家整体上市的省属企业，全国第一家实现"A拆A"的主板上市企业……

如前所述，物产中大集团的前身——浙江省物资局，在计划经济时期，掌控着全省计划物资的调拨职能，可谓手捧"金饭碗"。但是，猛烈的市场经济大潮势不可当，国有物资系统必须升级重构。原本"衣食无忧"的物资企业，如何抵御市场经济的大风大浪？

唯有行动，在行动中寻找变革窗口，拓展能力边界。彼时，浙江物产经常把大钢厂计划生产多余的钢材尾料全部买下，然后把产品信息整理发布在《物资商情》上，寄往全国各地，率先由"坐商"转为"行商"。敢为天下先，让它在同行中脱颖而出。2011年7月7日，《财富》杂志公布2010年"世界500强"的榜单，浙江物产首次入围，位列榜单第483位。

上榜容易，守榜难。任何一家企业都无法仅靠一个创意取得成功。唯有以市场为导向，提高创新效率，才能进入基业长青的队列。

在商业创新方面，物产中大集团"比市场更懂工厂，比工厂更懂市场"，由"卖商品"转变为"卖服务"，为供应链上的供应商、制造商、消费者等相关利益方提供涉及大宗生产资料采购、物流、增信等服务在内的一揽子综合解决方案，从而升级为供应链集成服务引领者。

在技术创新方面，物产中大集团注重发挥市场对技术研发方向、创新路线选择和各类创新要素配置的导向作用，通过加大研发投入、搭建研发平台、强化研发创新等多种举措，推进贸易、工厂、科技高度融合型技术创新，开发出不少长销产品。

在管理创新方面，物产中大集团通过"业务前端网络化、资源后台平台化、管理模式生态化"，加快构建契合数字经济时代的组织治理体系，加速打造"集成互动、共享共赢的组织生态圈"。特别是通过混合所有制改革，形成了股份多元、利益共享、风险共担的良性机制，以此提振员工创业热情，释放创新动能。

2022 年，物产中大集团在《财富》"世界 500 强"的排名跃升至第 120 位。它以持续的创新实践证明，国有企业照样能在充分竞争领域脱颖而出。同时，也为我们展示了一条惠人达己，以君子之道变供应链为"共赢链"的新商业文明发展之路。

因此，我乐见物产中大集团将自身的创业经验，以一本书的篇幅提炼整合，作为研究浙江商业生态、浙江企业案例的一手素材，作为解读浙商、浙江经济密码的一手素材。物产中大集团董事长陈新先生、原董事长王挺革先生以及总裁宋宏炯先生共同主持完成了这项宏大的工作。此书的出版有望为"全景式展示物产中大集团"提供一部研究范本。

透过本书，读者或能体会物产中大集团布局"专而强"、研发"小而美"、管理"细而精"，也能看到物产中大集团一线人员对一个个生动案例的真实描述。"行之力则知愈进，知之深则行愈达。"我以为本书并非单向度的历史叙事，它所传递的智识成果应当在双向交互中完善充实。期待业界、学界乃至党委政府、部门机构都能够从本书中获得收益，并能够在更为壮阔的商业世界产生回响。

2023 年 3 月 20 日于杭州

目录
CONTENTS

第二部分 实践篇

第三部分　未来篇

绪 论
供应链集成服务的
昨天、今天和明天

翻开经济社会发展的历史长卷，每一个行业都有着自身独特的发展路径，都经历了从无到有、从早期探索到逐步深化的发展过程。随着流通行业不断发展以及技术更新对供应链商业模式带来的变革，供应链集成服务也经历了从萌芽到成熟、从简单整合到深度融合的演化和迭代，它代表了现代经济不断创新发展的趋势和方向。

供应链集成服务的昨天——明道：物有本末，事有终始。知所先后，则近道矣

20世纪90年代以来，随着全球生产、全球采购、全球销售趋势的形成和科学技术的进步，推动了市场竞争进入新阶段，企业与企业之间的竞争转变成供应链管理之间的竞争。越来越多的企业为提高市场竞争力，专注于打造核心能力，将非核心业务进行外包。日益激烈的国际市场竞争格局对企业生产、管理和服务提出了高质量、高效率、高柔性和低成本的要求，在供应链管理服务外包的背景下，供应链集成服务应运而生。这种商业模式的特点在于以质量和成本为导向，以客户管理和供应商管理为抓手，把供应链单个环节组织起来，构建一个完整有效的供应链管理体系，为上下游供应链合作业务伙伴提供

采购、生产、加工、分销、物流、金融、信息等专业的全过程的供应链服务和系统解决方案。它倡导"商流、物流、资金流、信息流"四流联动，打造专业服务功能模块，包括专业化的采购服务供应模块、加工服务供应模块、分销服务供应模块、物流服务供应模块、金融服务供应模块、信息服务供应模块，将以往分散独立的专业服务模块进行打包整合，从建立供应链质量体系的高度来提供基于供应链集成的整体解决方案。每一个客户的个体价值就是组织获得的价值，所以更多采用线性思维决策方式，供应链集成服务效果取决于供应链质量保证能力和该链条的集约化运作程度，即在业务流程、信息共享和产品服务开发等诸多环节上，能否提供优质的产品和服务并做到整条供应链的计划协调和业务通畅。作为供应链系统的组织者和管理者，供应链集成服务商也是供应链管理的主体，为客户提供整个供应链系统的设计、实施和运作服务，同时最大限度地发挥供应链的整合与增值功能，对供应链中流转的商流、物流、资金流、信息流等进行高效的控制和协调，达到整体动态最优。

供应链集成服务的今天——取势：善战者因其势而利导之

进入 21 世纪，随着网络时代的来临和互联网技术的渗透，行业边界趋于模糊甚至消失，企业竞争和合作范围无限扩大，流通行业经历了深刻变革，现代流通从上下游链式服务向平台服务演变，进入"流通 4.0"发展新阶段。供应商和客户关系发生了革命性的变化，双方从简单的买卖关系变为共同开展商品和服务合作的全过程创新，共同创造和实现价值的融合共生关系。供应链集成服务因时而进，从链式运营向平台化进阶和转型，商业模式进行战略性重构和功能性创新，能否持续拥有一整套凸显创新性、差异化、个性化、符合客户需求的商业模式，成为决定供应链集成服务商存在价值、不断成长、持续成功的根本所在。平台化运营的供应链集成服务的本质是以客户需求为中心，供应链上的供应商、制造商、消费者等利益相关方跨界融合，通过线上与线下结合，搭建以互联网为载体、供应链一体化、去中心化的平台，使供应链上下智能协同，其发展特征是呈指数级的增长。供应链集成服务商在前期构建供应链集成服务网络的基础上，以平台化思维，通过整合相关的供应链服务提供商，不断扩大自身的服务规模，探索新的增值服务模式，其服务内容不再是仅仅为链上的上下游企业提供采购、物流、分销等纵向一体化服务，而是成为"流通4.0"核心企业，利用自身的品牌、资金、信息、渠道、客户等资源优势，借力平台化运作，发挥产业资源整合者、交易组织者、标准制定者功能。平台内的不同服务业务相互依存，并从外部引进资本、技术、人才等要素，自身平台和合作伙伴之间通过竞合的方式不断拓展服务范围，实现多方的合作共赢。

供应链集成服务的明天——优术：凡事预则立，不预则废

　　未来的时代是数字化时代，以"数据＋算法＋云"深度融合的智能化技术，将赋能企业创新和产业升级。单一企业及单一价值链已经无法满足客户日益增长的为其创造价值的需求，企业将是横跨若干价值链中的一员，从价值独创向价值共创转变，不断创造出新的价值链。企业之间的竞争从供应链之间的竞争，走向更高阶的生态竞争，这是一套动态链接协作的商业模式之间的竞争。企业之间的关系也从工业化时代的竞争为主走向数字化时代的协同和合作为主。数字化时代带来了商业逻辑的颠覆——从"求赢"的竞争逻辑转变为"寻找生长空间"的共生逻辑，核心理念就是要实现"供应链＋"生态圈上企业共同体的利益共享、协同共生，能不断提供满足客户个性化需求的产品和服务，并通过让客户参与创新和体验，进而创造客户需求，从以客户需求为中心进化到为客户创造价值。未来，供应链集成服务将朝着数字化、智能化方向升级，利用云计算、大数据、物联网、区块链、人工智能等数字技术手段，通过数据和算法辅助运营决策和风险控制，借助人工智能技术优化供应链集成服务机制，从而实现供应链有序、稳定、高效、自主运营，开启智慧供应链集成服

务新篇章。在智慧供应链集成服务模式下，供应链集成服务商借助数智科技手段，有效提高了服务速度和精准度，降低了流通中各环节的交易成本与管理成本，扩大了金融、物流、信息等服务的增值收益，同时也大大增强了供应链集成服务对客户日益多元化、个性化需求的响应速度和服务能力，提升了客户体验与客户价值。

未来已来，将至已至。供应链集成服务从以质量和成本为导向到以客户需求为中心再向为客户创造价值升级演变。如何全面系统地认识供应链集成服务理念、机制、模式，是值得理论研究者和实践工作者共同关注的话题。《供应链集成服务——物产中大集团的探索与实践》一书兼具理论研究和实践创新，是物产中大集团建立在大量实践和理论基础上深层次思考的创新成果。它不仅对供应链集成服务模式的形成与内涵进行了全面的分析，也对物产中大集团供应链集成服务的实践和探索从各个角度、分不同专题进行剖析，为广大企业供应链集成服务应用实践提供非常有益的启迪。可以说这本书既是时代的呼声，又是我国供应链创新与应用的生动展示。它为我们展示了供应链集成服务的昨天、今天和明天。

第一部分
理 论 篇

第1章

物产中大集团供应链集成服务的探索与实践

物产中大集团股份有限公司一直是浙江国有经济板块中一颗璀璨夺目的明珠。1954年以来，尽管名称由浙江省物资局、浙江物产变为物产中大集团股份有限公司，但是集团始终以"物通全球，产济天下"为使命，在深化混改的基础上聚焦主业优模式、聚焦客户谋创新、聚焦问题补短板，成为全国传统物资系统企业向现代企业治理转变的"幸存者"，成为商业模式创新、激励机制创新的"改革者"，成为全国大宗商品供应链集成服务领域的"佼佼者"。为以创新思维推进物产中大高质量建设，促进"一体两翼"发展战略（以供应链集成服务为主体、以金融服务与高端实业为两翼）创新发展，实现"流通4.0"多方共赢，在本章节中，系统阐述了物产中大集团布局"专而强"、研发"小而美"、管理"细而精"的平台架构。

1.1 物产中大集团简介

物产中大集团股份有限公司（600704.SH）前身为1954年成立的"浙江省人民政府物资供应局"。据《浙江省物资专业史大事记（1949—1965）》记载："经浙江省人民政府批准，十一月十一日正式成立浙江省人民政府物资供应局。颁发'浙江省人民政府物资供应局印'（6×6）方印一枚。"

1958年，"浙江省人民政府物资供应局"在宁波、嘉兴成立中转站，在上海、沈阳设立办事处，以保障物资供应。浙江省各专署（市）计委设物资供应局，县计委设物资科（组），负责30多种主要计划物资的申请、分配、调拨工作。1960年，浙江省计委物资局改为浙江省人民委员会组成部门。1962年，"浙江省人民政府物资供应局"成为浙江省人民委员会直属行政管理机构，同时浙江省从省到县建立起一套双重领导的物资管理机构和垂直系统的物资业务经营网点。

1963年1月，"浙江省人民政府物资供应局"在各业务处基础上注册成立金属、机电、化轻、建材等专业公司，承担全省有关物资的调拨、储运、供应任务，开展经营业务活动。1965年，浙江省被国家物资总局列为试点，共有23个部委所属的63家驻浙单位全部改由浙江省物资部门就地组织供应。"文革"期间，"浙江省人民政府物资供应局"继续承担国家统一管理的一二类物资、成套设备的订货、分配供应，物资储备和省内外协作加工业务及援外任务。

1979年3月，"浙江省人民政府物资供应局"调整宁波、温州、嘉兴、绍兴、金华、台州、丽水等7个地区物资机构的隶属关系，将原地区管理的44个机构划归省物资局管理，保留各地区物资局名称，作为"浙江省人民政府物资供应局"直属的经营管理机构。

1983年后，"浙江省人民政府物资供应局"先后成立省拆船公司、省物资协作开发公司、省金属回收公司、省金属材料贸易中心、省汽车贸易中心、省物资贸易中心、省基建物资配套承包公司等，逐步由政府导向型转为市场导向型的自主经营经济实体。

1993年，浙江省政府批准"浙江省人民政府物资供应局"增挂浙江物资产业（集团）总公司牌子，办理工商登记，逐步实行职能转换。1996年5月，浙江省物产集团公司成立，"浙江省人民政府物资供应局"正式转制为经济实体。之后，浙江省物产集团公司各成员单位加快推进以产权制度改革为核心的改革改制。

2007年8月7日，经浙江省政府批准，浙江中大集团股份有限公司的国有股权整体无偿划拨给浙江省物产集团公司。2008 年，浙江省物产集团公司销售总额首次突破 1000 亿元大关，成为浙江省首个经营规模超千亿元的特大型企业集团。2010 年，销售总额达到 1568.8 亿元，凭借此业绩，浙江省物产集团公司于 2011 年首次进入世界 500 强。2014 年，浙江省物产集团公司成为全国首家双 AAA 主体信用评级的地方流通企业。

2015 年 11 月 5 日，集团通过反向吸收合并下属上市公司平台的方式完成了整体上市，成为浙江省省属特大型国有控股上市公司。2016 年，入选国务院国资委《国企改革 12 样本》。2019 年，完成 A 股年内最大地方国企再融资项目，足额募资 38.15 亿元。2021 年，集团已连续 11 年入围世界 500 强（列第 170 位），成为首批全国供应链创新与应用示范企业。

目前，物产中大集团拥有各级成员单位超过 400 家，员工逾 2 万人，办有 1 所企业大学，业务范围覆盖全球 70 多个国家和地区。近年来，集团按照"一体两翼"发展战略（以供应链集成服务为主体、以金融服务与高端实业为两翼），全力构建战略协同、周期对冲、产融结合的业务格局，取得了较好的发展业绩。

1.2 物产中大集团供应链集成服务系统架构

实践是认识的来源和最终目的。近年来，物产中大集团积极推进供应链创新与应用，探索出了一条特色鲜明、符合实际、动态迭代、行之有效的物产中大集团供应链集成服务之路。而且，经历了实践、认识，再实践、再认识，如此循环，逐步深化，不断飞跃，初步形成了物产中大集团供应链集成服务理论体系架构，其主要内容可以概括为"12345"，即一个导向，为客户创造价值；两个市场，国内国外两个市场和两种资源；三大创新，模式创新、技术创新和管理创新；四流联动，商流、物流、资金流和信息流联动；五化并举，平台化、集成化、智能化、金融化和国际化并举（图 1–1）。

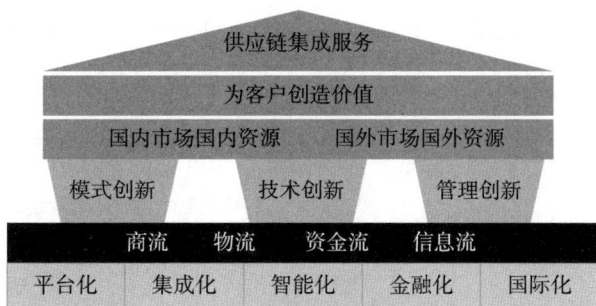

图 1-1　物产中大集团供应链集成服务架构图

1.2.1　一个导向：为客户创造价值

物产中大集团供应链集成服务面向客户需求、面向市场需求，持续优化升级，将不断为客户创造价值作为唯一导向。客户（Customer）是指购买产品或服务的人或组织。

客户是企业生存和发展的基础，是企业安身立命之本。现代营销学之父菲利普·科特勒指出："顾客就是上帝，没有他们，企业就不能生存。一切计划都必须围绕挽留顾客、满足顾客进行。"沃尔玛的创始人山姆·沃尔顿也曾经说过："我们的老板只有一个，那就是我们的顾客。是他们付给我们每月的薪水，只有他们有权解雇上至董事长的每一个人。道理很简单，只要他们改变一下购物习惯，换到别家商店买东西就是了。"①沃尔玛的营业场所总是醒目地写着其经营信条："第一条：顾客永远是对的。第二条：如有疑问，请参照第一条。"

对于满足客户需求的深度思考，推动了营销理论的演进。20世纪60年代，美国营销学学者杰罗姆·麦卡锡教授提出了 4P 营销理论，即产品（Product）、价格（Price）、促销（Promotion）和渠道（Place）。30 年后，劳特朋教授（R.F. Lauterborn）提出了 4C 营销理论，即消费者（Customer）、成本（Cost）、便利（Convenience）和沟通（Communication）。美国学者唐·舒尔茨进一步总结提炼了 4R 营销理论，即关联（Relevance）、反应（Reaction）、关

---

① "沃尔顿的经营之道能否带领沃尔玛走出阴霾？"，https://www.sohu.com/a/35906436_115402.

系（Relationship）和回报（Reward）。此后，对于营销理论的研究进入百家争鸣阶段，各种学说层出不穷。但总体来说都没有撼动上述三大经典营销理论的主流地位（图1-2）。

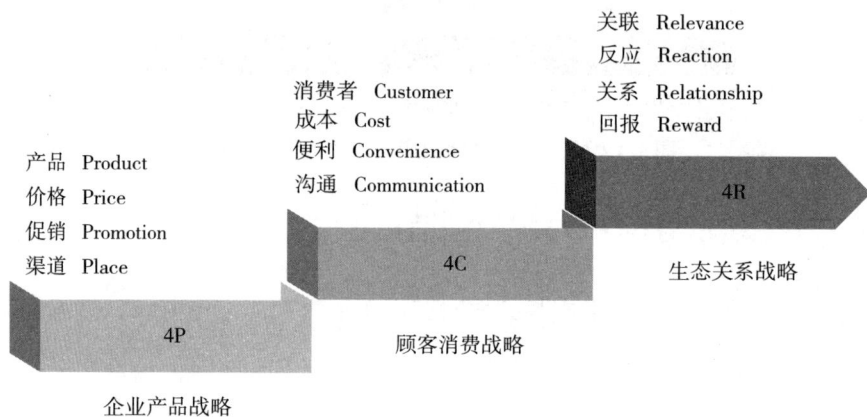

图1-2 三大经典营销理论演进图

美国著名的IT研究组织Gartner集团顺应企业"以产品为中心"到"以客户为中心"的经营模式战略转型趋势，在全球率先提出客户关系管理（Customer Relationship Management，CRM）理念——通过围绕客户细分来组织企业，鼓励满足客户需求的行为，并通过加强客户与供应商之间联系等手段来提高盈利、收入和客户满意度的遍及整个企业的商业策略。其核心思想是"以客户为中心"，提高客户满意度、改善客户关系，从而提高企业的竞争力。

物产中大集团正是遵循上述"以客户为中心"的理念，并从亚马逊公司的做法中得到启发，努力"从客户体验倒推工作"，将客户体验作为所有创新和业务流程的起始点，始终围绕着客户的价值创造去全面查找问题和提出解决方案[①]，不断优化升级客户需求导向的供应链集成服务（图1-3）。

---

① 供应链金融必知供应链的八大基本原理，五道口供应链研究院，碳交易网，2019-07-25.http://www.tanpaifang.com/tanguwen/2019/0725/64840_5.html.

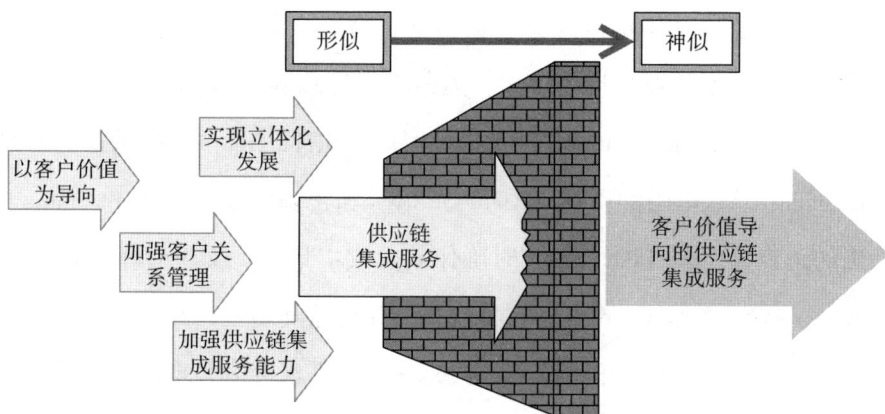

图 1-3　客户导向的供应链集成服务

一是坚守客户至上的初心。客户的需求是供应链中信息流、产品流 / 服务流、资金流运作的驱动源，也是供应链管理的核心——客户当前和未来的需求形成了商品采购订单，进而驱动生成产品制造订单，然后驱动生成原材料（零部件）采购订单，再驱动供应商。这种逐级联动的订单驱动模式，在钢材生产与分销领域尤其明显，是典型的方案更优、风险更少、成本更低、响应更快的拉式供应链系统（图 1–4）。

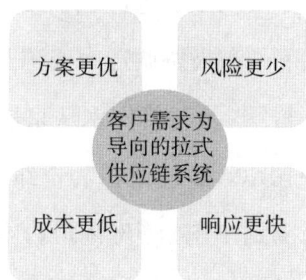

图 1-4　物产中大集团"四更"客户服务理念

物产中大集团认为，哪里有痛点，哪里就有市场；哪里有批评，哪里就有希望。物产中大集团始终将客户服务、客户满意、客户成功作为供应链管理的出发点，深入分析不同品种 / 品牌下的利润构成、区域结构、新旧业态结构、各服务环节结构，分类形成基于客户需求导向的系统解决方案、基于终端用户风险化解、基于信息服务增值、基于物流服务增值、基于金融综合服务增值等不同类型的业务运营模式，力争将目标顾客（Right Customers）所需的正确的产品（Right Product）在正确的时间（Right Time），按照正确的数量（Right Quantity）、正确的质量（Right Qulity）和正确的状态（Right Status）送到正确的地点（Right Place），同时确保其总成本最小、交付效率最高、服务质量最好，从而满足不同顾客的差异性要求并超越其期望，并通过整合系统内部资源，提升集成服务和增值服务能力，逐步从需求价值实现向需求价值提升转变。

比如物产中大物流公司，在新冠疫情突发之后，积极构建了九条物流"黄金通道"，打通运输渠道，消除库容瓶颈，有效解决滞港、滞船、滞运、暴库等问题，全力以赴为核心客户提供了优质服务，受到了客户的广泛好评。当时，物产中大物流公司原本计划解决库容 50 万吨、运力 30 万吨。但是通过内挤空间、外争资源，最终为客户实际解决库容约 97.1 万吨，运力约 55.09 万吨，分别超原计划 94.2%、83.6%。其中，物产中大物流宁波公司为将 1 万余吨用于防疫帐篷生产的带钢尽快从京唐港运往宁波，在镇海港未全面复工、港区滞港压船情况严重的情况下，积极协调运力资源及相关港口，相继组织开出班轮"成龙号"和"华东 1 号"，及时将带钢从京唐港运往宁波兴发码头、驿烽顺码头。旗下物产振岐公司以环渤海港口为枢纽，构建区域网络物流平台，开通鲅鱼圈到连云港，鲅鱼圈到华东 / 华南港口，本钢到沈阳、鞍山三条海运线路；天津、上海、无锡等分公司主动与客户沟通协调，安排部署运输车辆，提供区域汽运短驳、地区船运等服务，有效保障了物资配送。无锡立峰库在确保安全的前提下，采用"井字架"堆垛等方式提高垂直空间利用率，减少零散库位空置损耗，同时提升了作业效率。

许多成员公司都通过"三步走"构建起相对成功的客户关系管理战略。首先，设定目标。公司的愿景和发展阶段性目标是客户关系管理（Customer

Relationship Management，CRM）战略需要达到的预期目标。其次，审视现状。企业需要先行对当前的技能、资源、竞争对手、合作伙伴和新老客户等进行全方位的评估。最后，绘制路线图。构建 CRM 的过程可能需要花费较长时间才能完成，而且 CRM 路线图也会随过程变化而改变。

二是坚守追求完美的匠心。"做完"和"做好"仅有一字之差，但二者的本质不尽相同。前者只是完成了某项工作了事；而后者不仅完成了工作，还有一个好的结果，它代表着对自我和目标负责，体现的是匠心，映射着工匠精神。

管理大师彼得·德鲁克说："企业的目标在于创造客户。"在物产中大集团，大家经常提到《三个卖狗人的故事》。这个故事的大意如下。

一个父亲想给女儿买一条狗。在这个城市里，有三个卖狗人。第一个卖狗人说："你看这条狗很好，好像你女儿也挺喜欢的，1000 块钱，你再好好看一看。如果你喜欢呢，付 1000 块钱就成交了。至于狗，你也看过了，你女儿现在挺喜欢的，至于说以后怎么样，跟我就没关系了。"父亲摇了摇头，走了。

第二个卖狗人说："你看这条狗非常好，是英国的纯种狗，毛色很漂亮，好像你女儿也挺喜欢，1000 块钱，这个价格也合适。我不敢确认你女儿明天是不是还会喜欢，所以你先付我 1000 块钱，一周后，如果你女儿不喜欢了，只要你把狗狗抱回来，1000 块钱我就退给你。"父亲有点心动，接着来到第三个卖狗人面前。

第三个卖狗人说："你女儿看起来挺喜欢的，我不知道你养没养过狗，是不是会养狗，你女儿是不是真正喜欢狗，但她肯定喜欢这条狗，所以呢，我会跟你一块把狗带到你家，然后在你家找一个最好的地方，搭一个狗窝。我会放足够的食物给它，你可以喂一个星期。我还会教你怎么喂这条狗。然后一个星期以后我再来。如果你女儿仍然喜欢这条狗，这条狗也喜欢你女儿，那这时候我来收 1000 块钱；如果你说不喜欢，或者你女儿跟这条狗之间没有缘分，那我就把狗抱走，并把你家打扫干净，顺便把味道全部清理干净。"第三个卖狗人简直让这位父亲两眼放光。这位父亲很痛快地就买了第三个人的狗，甚至没有讨价还价的想法。

物产中大集团认为，营销产品与服务是帮助客户解决问题，乃至创造价值，而不是单纯消费乃至添加麻烦。物产中大集团向外输出的不仅是产品与服务，更是信任与价值，因此必须"尽精微"，即"钻研精微之处"。

三是坚守惠人达己的恒心。美国政治思想家马基雅维利告诉我们："如果你做一件事，不能让各方都享有利益，那么就不会成功。"Norman 和 Ramirez 在其《从价值链到价值星系：设计互动战略》一文中也明确地指出，一个成功的企业战略分析的重心不是界定产业或企业的选择，而是聚焦于创造价值的系统（The Value-Creating System）本身[①]。系统内的不同经济行为主体——供应商、商业伙伴、同盟者、顾客等一起工作，共同创造价值，形成如星系密布网状价值链的价值星系。在和价值星系成员的互动过程中，客户形成了独特的个性化的共同价值创造体验。事实上，许多国内外知名的企业已经开始营建自己的价值星系。

"孤举者难起，众行者易趋。"物产中大集团一直提倡"三个共同"的核心价值观，即企业与时代共同前进，企业与客户共创价值，企业与员工共同发展，要求全体物产中大人必须具有强烈的危机感、使命感和责任感，坚持"锐意创新、自主创新、不断创新"的新时期创新观，与时俱进，开拓创新，积极进取，追求卓越；要求秉持"无价值不分享"的理念，视客户利益为自身利益，唯客户服务至高无上，经营上追求"双赢"或"多赢"，努力在为客户增创超越其预期价值的过程中，分享共同创造的价值，获得持续发展；要求在企业管理中贯彻"人本管理"的理念，注重以人为本，关心员工的成长，积极地

---

① Nomuaa, Richard and Rafacl Ramimz. From Value Chain to Value Constellation: Designing Interative Strategy[J]. Harvard Business Review, 1993, 71（7/8）: 65-77.

为员工个人发展创造条件。

1.2.2 两个市场：国内国外两个市场两种资源

物产中大集团供应链集成服务通过内外结合、贸工结合、产融结合，拥抱"买全球""卖全球"的无限商机，助力浙商"引进来""走出去"，助力构建"双循环"新发展格局，助力全球产业链、供应链、价值链合作创新，充分践行"物通全球，产济天下"的企业使命。

要素禀赋（factor endowment），是指一国所拥有的并能用于生产的各种生产要素（包括土地、劳动力、资本和企业家才能等）的数量。世界各国各种生产要素的相对丰裕程度不同，由此产生了相对禀赋差异和生产要素价格差异，导致国际分工和国际贸易。

按照瑞典经济学家赫克歇尔（ELI.Heckscher）和其学生俄林（Bertil Ohlin）提出的赫克歇尔—俄林模型（H–O Model）："一国的比较优势产品是应出口的产品，是它需在生产上密集使用该国相对充裕而便宜的生产要素生产的产品，而进口的产品是它需在生产上密集使用该国相对稀缺而昂贵的生产要素生产的产品。简言之，劳动力丰富的国家出口劳动密集型商品，而进口资本密集型商品；相反，资本丰富的国家出口资本密集型商品，而进口劳动密集型商品。"

一般认为，大宗商品（Bulk Stock）是指可进入流通领域但非零售环节、具有商品属性、用于工农业生产与消费使用的大批量买卖的物资商品。大宗商品可以分为农副产品、能源产品、基础原材料三大类别。近年来，随着绿色环保、低碳发展等理念的兴起，水、氢等物资也成为可供交易的大宗商品，当然其交易主要是借助于期货指数，结算时不要求真实的实物交割。在此，主要引用中国大宗商品价格指数，包括9大类26种商品（表1–1）。

表1-1   中国大宗商品分类表

序号	类别
1	能源：煤炭、原油、天然气
2	钢材
3	矿产品：铁矿石、铜精矿、铝土矿、铅矿、锌矿
4	有色金属：铜、铝、铅、锌
5	橡胶：天然橡胶、合成橡胶
6	农产品：玉米、稻谷、小麦、大豆、棉花
7	牲畜：猪、牛、羊
8	油料油脂：大豆（榨油用）、棕榈油（非榨油用）
9	食糖

大宗商品与一国居民生产生活息息相关，是居民生活的物资保障，更是工业的"基石和血液"，因此被称为现代经济的"粮食"。美国前国务卿亨利·艾尔弗雷德·基辛格（Henry Alfred Kissinger）曾经说过："谁控制了石油，谁就控制了全球所有国家；谁控制了粮食，谁就控制了全球所有人口。"

据统计，2020年全球铁矿石出口量约为15.14亿吨。其中，仅澳大利亚一国铁矿石出口量就超过了8.7亿吨，全球占比高达57.5%[1]；巴西铁矿石出口量约为2.69亿吨，全球占比17.77%。这两个"铁矿富国"年出口量相加，全球占比已经超过了75%，牢牢掌握着国际铁矿石贸易的话语权。两国的四大矿商，也就是巴西的淡水河谷，澳大利亚的必和必拓、力拓和FMG，铁矿产量就占了全球的一半，垄断了全球铁矿石定价权。

我国是全球大宗商品的最大消费国，也是最大的进口国，在大宗商品相关的生产制造领域基本占据全世界的50%以上[2]。以钢铁为例，2020年全国粗钢产量10.54亿吨（全球18.64亿吨），占全球总量的56.55%；钢材消费量达9.81亿吨（全球17.47亿吨），约占56.15%。2020年我国钢材出口5367.7万

---

[1] https://baijiahao.baidu.com/s?id=17062259702352771348wfr=spider&for=pc，2020年全球铁矿石出口量约15.14亿吨，澳大利亚占比57.5%.

[2] 蔡进.我国大宗商品供应链发展的现状和路径——"供应链创新与应用在线论坛"综述，供应链管理，2020（8）.

吨，同比下降 16.59%；2020 年我国钢材进口 2023.3 万吨，同比增长 64.47%；2020 年全年钢材净出口 3344.4 万吨，同比下降 35.75%。

中国作为超级大买家，本应对全球大宗商品行业具有举足轻重的影响力，然而现实的影响力只主要局限于需求端，在大宗商品最关键的定价方面没有主导权，只能被动接受国际市场的价格。一旦国际大宗商品价格震荡，我国企业就可能遭受巨大损失。因此，必须高度重视国际大宗商品供应链问题，努力改变我国大宗商品市场领域影响力与我国综合国力不匹配问题。

英国学者马丁·克里斯多夫（Martin Christopher）说："21 世纪的竞争不是企业和企业之间的竞争，而是供应链和供应链之间的竞争。"物产中大集团认为，这里所说的供应链不仅仅是一个企业微观层面的概念，当一个国家打开国门走向世界时，供应链就应该成为宏观概念，就应该上升为国家战略。

例如，美国很早就意识到，其国内外一切经济、军事、政治活动，都离不开全球供应链，而且美国不可能单打独斗来保障全球供应链的安全，要在全球范围内去规划、布局、发展产业链、供应链与价值链。因此，美国成为最早关注全球供应链，并将其作为国家战略的国家。2012 年 2 月，美国时任总统巴拉克·侯赛因·奥巴马（Barack Hussein Obama）签发了《全球供应链安全国家战略》[①]。该战略设定了两大目标：一是促进商品的高效和安全运输。主要是促进合法贸易及时而高效的流动，同时维护和保障供应链，使之免受不正当的利用，并减少其在破坏面前的脆弱性。为了实现这一目标，在货物通过全球供应链运输时，应及早了解和解决各种威胁，加强实体基础设施、交通工具和信息资产的安全。二是培养一个有弹性的供应链，即一个准备应对且能承受不断变化威胁和危害，并可以从中断中迅速恢复的全球供应链系统。要做到这一点，将"安排工作的轻重缓急，以减轻系统脆弱性和改善计划，在中断后重组贸易的流动"。

---

① 丁俊发. "全球供应链"美国的国家战略，中国储运，2016（9）.

2017 年 10 月，国务院办公厅印发了《关于积极推进供应链创新与应用的指导意见》（国办发〔2017〕84 号文，以下简称"84 号文"），对我国供应链创新发展作出全面部署，特别强调"推进供应链全球布局，加强与伙伴国家和地区之间的合作共赢，有利于我国企业更深更广融入全球供给体系，推进'一带一路'建设落地，打造全球利益共同体和命运共同体。建立基于供应链的全球贸易新规则，有利于提高我国在全球经济治理中的话语权，保障我国资源能源安全和产业安全"。文件还明确了"培育 100 家左右的全球供应链领先企业，重点产业的供应链竞争力进入世界前列，中国成为全球供应链创新与应用的重要中心"的发展目标。同时，提出了努力构建全球供应链的三项具体工作任务[①]。

1. 积极融入全球供应链网络

加强交通枢纽、物流通道、信息平台等基础设施建设，推进与"一带一路"沿线国家互联互通。推动国际产能和装备制造合作，推进边境经济合作区、跨境经济合作区、境外经贸合作区建设，鼓励企业深化对外投资合作，设立境外分销和服务网络、物流配送中心、海外仓等，建立本地化的供应链体系。

2. 提高全球供应链安全水平

鼓励企业建立重要资源和产品全球供应链风险预警系统，利用两个市场两种资源，提高全球供应链风险管理水平。制订和实施国家供应链安全计划，建立全球供应链风险预警评价指标体系，完善全球供应链风险预警机制，提升全球供应链风险防控能力。

3. 参与全球供应链规则制定

依托全球供应链体系，促进不同国家和地区包容共享发展，形成全球利益

---

① http://www.gov.cn/zhengce/content/2017-10/13/content_5231524.htm，"国务院办公厅关于积极推进供应链创新与应用的指导意见"国办发〔2017〕84 号.

共同体和命运共同体。在人员流动、资格互认、标准互通、认可认证、知识产权等方面加强与主要贸易国家和"一带一路"沿线国家的磋商与合作，推动建立有利于完善供应链利益联结机制的全球经贸新规则。积极参与全球供应链标准制定，推进供应链标准国际化进程。

"84号文"是中国颁发的首个供应链方面的纲领性文件。业内认为，这标志着中国流通业（物流业）发展正式进入供应链时代，中国供应链业也吹响了参与全球供应链构建的号角。

2018年4月，为推动"84号文"落实，商务部等8单位发布《关于开展供应链创新与应用试点的通知》（商建函〔2018〕142号），启动了为期两年的试点工作。要求纳入试点的城市出台支持供应链创新发展的政策措施，优化公共服务，营造良好环境，推动完善产业供应链体系，并探索跨部门、跨区域的供应链治理新模式；要求纳入试点的企业采用现代信息技术，创新供应链技术和模式，构建和优化产业协同平台，提升产业集成和协同水平，带动上下游企业形成完整高效、节能环保的产业供应链。

2021年3月，在前期试点的基础上，商务部等8单位又发布《关于开展全国供应链创新与应用示范创建工作的通知》（商流通函〔2021〕113号），进一步要求优选出来的全国供应链创新与应用示范城市"推动提升全球供应链地位。持续优化营商环境，通过稳定外资存量、促进外资增量、优化利用外资结构等方式，巩固提升重点产业全球供应链地位；加快推动跨境电商等新业态新模式发展，优化公共海外仓布局，提高市场开拓、供需匹配、资源整合能力，培育全球供应链竞争新优势；搭建'走出去'平台，加强'走出去'供应链配套能力建设，提高对外投资合作水平，优化全球供应链布局"。同时，要求优选出来的全国供应链创新与应用示范企业"积极布局全球供应链。加快推动供应链条向海外延伸，提升境外战略矿产资源获取力及保障力，实施更高水平的'走出去'，向全球价值链中高端跃升，提升全球竞争力；积极开展返程投资，提升具有自主知识产权的核心关键技术研发水平，形成国内与国外整合式经营、资本国际化运作的新局面；积极加强全球物流枢纽和通道资源掌控，在海外关键节点布局仓储物流中心、分拨中心，强化与国内航空、海运等国际物流企业协同发展，形成高效安全的国际物流供应链网络"。

物产中大集团 2018 年入选全国供应链创新与应用试点企业，2021 年入选全国首批供应链创新与应用示范企业。近年来，物产中大集团借国家政策之东风，扬浙商开放大气之精神，充分利用国内市场和国际市场、国内资源和国外资源，积极参与全球供应链重构重塑，助力构建以国内大循环为主体、国内国际双循环相互促进的新发展格局。重点做了以下四方面工作。

1. 加快布局海外

目前物产中大集团已与全球 70 多个国家和地区有贸易往来关系，海外分支机构多达 100 多个。积极参与国内龙头企业海外项目、工业园区项目等重点工程建设，与其"抱团出海"。

2. 稳步做大国际贸易

2021 年物产中大集团进出口总额（含转口）168.57 亿美元，同比增长 49.06%，名列浙江省属企业前茅。其中，主要出口产品包括钢材、化工产品、服装纺织、日用五金、机电产品、汽车零部件等，主要进口产品包括钢材、铁矿砂、化工产品、木材、汽车、油品等。

3. 加快培育进口高端消费品业务板块

物产中大集团旗下云商公司经营的高端进口消费品以国际一线品牌为主，包括爱茉莉、LG、雪花秀、娇韵诗、后、资生堂、花王、DHC、ARMANI 等 200 余个，涵盖美妆个护、纺织服装、家电、母婴用品、食品等近千个品类，来自亚洲（美妆母婴、美妆洗护原料、服装原料）、欧美（美妆、服装、食品）、澳新（母婴、保健品、生鲜）等全球近百个国家和地区。同时，积极参加中国国际消费品博览会，布局海南自贸港，努力探索新时代"买全球、卖全球"互促共进之路。

4. 发挥专业能力助力实体经济降低大宗商品波动影响

我国的大宗商品交易有自己的特点，同时还受国际环境的影响。因此，大宗商品市场价格波动难控，实体企业风险管理意愿强烈。物产中大集团积极发挥专业能力，不仅向国内客户提供世界主要期货中心大宗商品价格走势分析，还将金融衍生品结合进现货贸易之中，将期货（期权）及其组合转换成现货定价方式，并在现货购销合同中予以体现，协助企业管理价格风险。在此列举一个物产中大集团为客户采购热卷的案例。

（1）案例场景。

A 客户需月度采购热卷用于日常生产，采用方式为每日从现货市场采购一定量的现货，相当于采购成本为当月现货价格均价。客户预期未来热卷价格下跌概率较小，希望之后一个月采购成本可以低于当月现货价格均价。其产品价格当原料价格大幅上涨时会跟涨，因此当原料价格小幅上涨时，该客户利润受到损失。

客户需求：降低采购价格，规避原料价格小幅上涨时发生的利润损失。

（2）解决方案。

2021 年 4 月 1 日 HC2110 合约价格为 4900 元，客户希望规避由于价格小幅上涨导致利润下降的风险，此时可以买入该合约。当结算日，HC2110 合约价格低于 4600 元时，以 4600 元的价格采购 200 吨现货；合约价格在 4600~5200 元时，客户以 4600 元的价格采购 100 吨现货；当合约价格高于 5200 元时，客户则按照市场价格采购现货（图 1-5）。

采购成本（元）

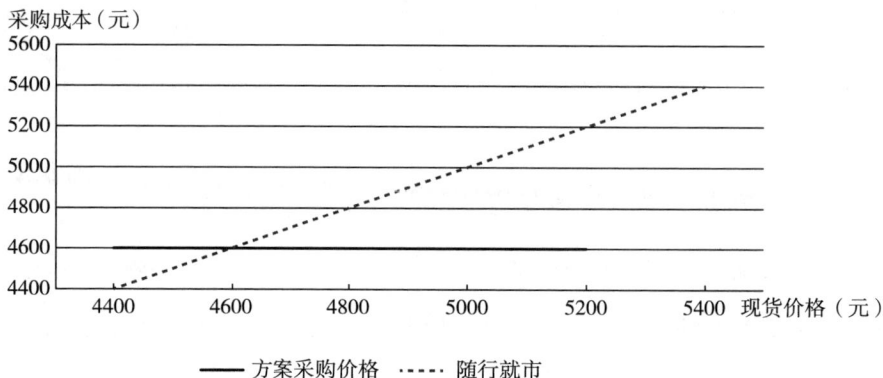

方案采购价格 ······ 随行就市

图1-5 客户采购成本对比图

优势——当热卷价格在4600~5200元的区间内，客户可用较低的区间下沿4600元的价格采购原材料，规避由于原料上涨带来的利润损失。

风险及应对——在合约存续期间，热卷价格出现大幅下跌（几乎不可能发生的小概率事件），客户需在4600元价格接双倍的货，此时需要采用期货进行对冲，降低库存敞口。

各国生产要素的禀赋不同，特别是随着新一轮科技革命和产业变革，各国企业所拥有的优势也在此消彼长。今后，物产中大集团将以更加开放、平等、包容的心态，投身全球资源整合，推动全球供应链重塑，助力全球供应链演进为全球"共赢链"。

1.2.3 三大创新：模式创新、技术创新、管理创新

物产中大集团综合运用模式创新、技术创新、管理创新推动供应链集成服务迭代升级，造就企业基业长青。这三大创新也是供应链集成服务的核心驱动力。

创新经济学之父约瑟夫·阿洛伊斯·熊彼特（Joseph Alois Schumpeter）指出，"创新是新的生产函数的建立"，即把一种从来没有用过的关于生产要素和生产条件的新组合运用于生产中。而"企业家"的职能就是引进"新组

合"，实现"创新"。

他认为，"企业家对生产要素的新的组合"分为以下五种情况：

（1）引入一种新产品或提供一种新质量的产品，即消费者还不熟悉的产品；

（2）采用一种新的生产方法或新的技术；

（3）开辟一个新市场；

（4）获得一种原料或半成品的新的供给来源；

（5）实行一种新的企业组织形式。

物产中大集团认为，谋创新就是谋未来。创新，是支撑物产中大集团兴旺发展、确保基业长青的不竭动力源泉。一直以来，物产中大集团聚焦主业谋创新、聚焦客户抓创新、聚焦问题促创新，用改革之手点燃创新引擎，用创新力争基业长青。

一是聚焦主业开展模式创新。20世纪80年代，流通企业作为生产企业的销售力量具有较高的影响力，且生产企业非常需要流通企业及时反馈有关客户需求和市场趋势的动态信息。随着互联网的飞速发展，这种平衡关系被打破，流通企业的存在价值受到质疑。许多人认为，新的、激增的数字经济会消灭传统生产、服务与信息供应链，"使公司在价值链中绕过其他公司"并带来以无摩擦市场为特征的虚拟变革，而作为生产者与消费者之间本应无缝交易的摩擦起因，许多中间商将会消亡。这种"流通脱媒现象"已经成为互联网时代的流行语和当前经济生活中突出的现象①。物产中大集团较早地发现了这一问题，清楚地认识到"互联网最大的影响就是使各个行业的界限已经模糊，传统的行业壁垒有可能轻易地被渗透"，"若不能深入学习运用好互联网这个优势力量，很有可能就会被互联网革命掉饭碗"。为此，物产中大集团将"不拥抱

---

① 刘庆岩.流通脱媒趋势下生产资料流通企业商业模式创新——来自浙江物产集团的商业实践，中国流通经济，2016（2）．

互联网"列为重大风险,要求全员避免思维定式和路径依赖,积极拥抱技术变革,牢牢把握为客户创造差异化价值这一落脚点,构建有壁垒的独特的供应链集成服务商业模式。商业模式本质上是利益相关者的交易结构。物产中大集团从3个角度深入思考商业模式创新问题[①]:谁是你的"利益相关者"?这些利益相关者"有什么价值可以交换"?如何设计共赢的"交易结构"[②]?在商业模式的设计中,充分考虑盈利方式、盈利时间,即强化"商业模式的创新是盈利方式的拓宽"思维。一番头脑风暴之后,物产中大集团"脑洞大开",旗下的金属公司、元通公司、云商公司等或推出手机 App 应用,或开通微信公众服务号,或打造电商平台,依靠网络把供应商、制造商、消费者紧密联系在一起,向客户提供高效优质的服务,取得了很好的效果。

二是聚焦客户需求推进技术创新。创新的真谛在于为客户创造价值。物产中大集团始终紧紧围绕客户的痛点、难点和需求点,注重发挥市场对技术研发方向、创新路线选择和各类创新要素配置的导向作用,积极推进贸易、工厂、科技高度融合型技术创新,持续增强供应链集成服务的核心竞争力。比如,物产中大西安交大电缆研究院研发的陶瓷化硅橡胶防火电线,经国家权威检验机构检测,在 900 ~ 950℃的火焰中燃烧 180 分钟后仍能正常供电,远高于火焰温度 750℃、持续供火时间 90 分钟的现行行业标准,很好地满足了客户阻燃、防火的特殊需求,成为物产中大的"金牛"产品。再如,在我国煤炭行业中,采煤机光电复合电缆在运行过程中会因频繁遭受不同角度的弯曲、拉伸等多种机械应力作用,出现电缆断芯,尤其是光纤断芯。但是国内又缺乏稳定可靠的产品,此类电缆一直依赖进口。物产中大西安交大电缆研究院根据矿井工作实际情况及用户需求,开展了电缆并存单元的应力分布、导体抗拉单元与导体绞合退扭工艺、高强度绝缘和护套配方设计等关键技术研究,经过 2 年

---

① 朱武祥、魏炜等.设计商业模式,深圳特区科技,2007(11).
② 魏炜、朱武祥、林桂平.基于利益相关者交易结构的商业模式理论,管理世界,2012(12).

半的不懈努力，攻克了光纤不耐弯折不能应用于频繁小半径弯曲场合的技术瓶颈，解决了护套不抗拉（目前国内最高抗拉 15 牛顿每平方毫米）、不耐弯曲、抗撕力低（目前抗撕力一般为 7 牛顿）等问题，研发成功了可以替代国际进口的高性能采煤机光电复合电缆。经上海煤科检测中心检测，采煤机光电复合电缆 9000 次弯曲试验后光纤不断芯，电缆线芯未发生短路和断路；经内部测试，护套抗拉强度达到 20 牛顿每平方毫米以上，护套抗撕力达到 11 牛顿以上，完全达到国际高性能采煤机光电复合电缆的性能要求，但其价格只有进口同型号规格产品的 1/3，具有优异的性价比。

三是聚焦问题实施管理创新。物产中大集团将"管理创新项目"界定为"通过产业分析研究、优化管理流程、创新管理模式、引进管理手段、完善管理制度，在业务规划、商业模式、运营管理、公司治理等方面取得良好综合效益的创新实践成果或课题研究成果"，倡导坚持问题导向推进供应链集成服务管理革新，完善卓越管理体系。比如，对照世界一流企业全面分析总结了物产中大集团在战略管理、领导力建设、管控与运营、国际化、创新举措、并购管理、数字化建设等七个方面存在的差距，形成对标管理方案，开展总部和成员公司的对标提升工作。同时，物产中大集团还注重培养"解决问题"的行动自觉，强调要明确解决问题的时间表、路线图，形成问题管理的闭环，建立完善防范问题再次发生的制度体系。这个闭环不仅包括发现问题、分析问题和解决问题等一系列过程的规范，还包括对每个岗位上问题管理的具体要求，如经常性分析面对的主要问题、产生原因、解决方法、支持条件等；还包括在抓好主要矛盾的同时，次要矛盾如何统筹解决；还包括这些问题是否具体化为计划、布置、落实三职能，并按程序化（流程化、制度化）、标准化（规范化）、数量化要求确保三职能落实到位；等等。管理学大师彼得·德鲁克认为："真正推动社会进步的不是少数的几个明星式的 CEO，而是更多默默工作着的人。"这些默默工作着的"小人物"的"微创新"在发现问题、分析问题、解决问题中会起到不可估量的作用。比如，在安全生产管理方面，物产中大集团采用"发动基层全员参与＋运用信息手段"，开发出了"隐患随手拍"系统，形成了员工上传隐患数据、安全员查看审核、自动发起 OA 隐患整改、奖励发现隐患员工的闭环管理流程，对提高基层 7S 管理（整理、整顿、安全、清扫、清洁、节约、素养）起到了非常积极的作用，获得了集团内外的广泛好评（表1-2）。

表1-2　　　　物产中大集团"隐患随手拍"隐患等级评定（LEC评分法）

事故发生可能性 L	接触频率E	可能后果C	排查难度X	画面质量Y	危险评分D
非常可能　2分	连续接触（暴露）　2分	灾难　25分	1　难	1　好	>90　属重大隐患
可能　1.5分	每天几次接触　1.8分	非常严重　22分	0.99　较难	0.99　较好	67～90（含）　属红色隐患
可能，但不经常　1.2分	每周接触　1.6分	严重　20分	0.95　一般	0.95　一般	46～66（含）　属橙色隐患
可能性小，完全意外　1分	每月接触　1.4分	一般　18分	0.9　方便	0.9　较差	31～45（含）　属黄色隐患
	每年几次接触　1.2分	轻微　15分			≤30　属蓝色隐患
	很少接触　1分				

注：$D=L \times E \times C \times X \times Y$。

1.2.4　四流联动：商流、物流、资金流、信息流

物产中大集团供应链集成服务具有商流、物流、资金流、信息流"四流联动"的显著特征，能够大幅度减少系统冗余，显著提升供应链集成服务的价值增值效率。综合当前对商流、物流（或实物流）、资金流、信息流的研究成果并结合自身实践，物产中大集团将"四流"含义界定如下。

商流包括交易前开展的市场调查、客户情况分析以及根据这些调研对商品生产、采购、销售作出的系列计划；买卖双方通过谈判达成的交易合同；交易的履行过程发生的所有权转移；业务实施的必要技术保障；等等。

物流包括订单处理、采购、包装、配送、存货控制、运输、仓库管理、工

厂和仓库的布局与选址、搬运装卸等。借用美国物流管理协会对物流的定义可以概括为："物流是为了满足客户的需求而对商品、服务及相关信息从原产地到消费地的高效率、高效益的正向和反向流动及储存进行的计划、实施与控制的过程。"

资金流是基于物流与商流的资金流动，表现形式为客户支付到账的各类实体和虚拟的现金等价物。

信息流是反映商流、物流、资金流运行的各类资料、图像、数据、文件的总称，具体包括计划信息、控制及作业信息、统计信息等。

综合看，商流、物流、资金流、信息流具有以下三个特点[①]。

首先，流动方向不完全相同。如果不考虑逆向供应链，商流、物流一般是从供应商向最终客户单向流动，资金流一般是从最终客户向供应商单向流动。信息流却是双向流动，发挥着全程协调、精准控制的作用。

其次，流动速度不完全相同。物流速度通常最慢，资金流的速度与具体付款方式相关，信息流和商流有时"一马当先"地冲在前面，有时又"亦步亦趋"地跟在后面，速度变化较大。

最后，流经路径不完全相同。比如，在转口贸易供应链中，商流、资金流、信息流经过的节点，物流不一定需要经历。特别是随着虚拟生产、虚拟仓库的兴起以及大宗商品金融化，"四流"运行路径差异越来越大。

"四流"（商流、物流、资金流、信息流）互为依存，互为因果，互为链接。它们既有独立存在的一面，又有互动的一面，共同构成了一个完整的流通过程。一般来说，商流是物流、资金流和信息流的起点，也可以说是后"三流"的源头，没有商流就不会引发物流、资金流和信息流；反过来，如果没有物流、资金流和信息流的匹配和支撑，商流也不可能达到目的[②]。信息流记录

[①]　施云.供应链架构师，中国财富出版社，2016.

[②]　https://www.51test.net/show/530798.html商流，物流，资金流，信息流的相互关系 2009-02-10 无忧考网.

着商流、物流和资金流既往情况和实时变化状态，发挥着控制供应链集成服务全流程的关键作用。资金流是商流、物流、信息流运行的物质保障，并通过商流、物流、信息流完成增值过程。物流是从供应商的供应商到客户的客户移动的商流、资金流、信息流的实物承载，货物在发出地和交货地点之间高效地正向和反向流动和存储，满足客户的实物消费需求，确保供应链集成服务形成周而复始的自运转闭环体系。

将商流、物流、资金流和信息流作为一个整体来考虑和对待，会产生更大的能量，创造更大的经济效益。最直接的就是增加价值增值时间（Value-Creating Time），减少"只增加成本的"非价值增值时间（NonValue-Creating Time）。据统计，在供应链的增值过程中，只有 5% ~ 10% 的时间产生了价值增值，其他大量的时间都是非价值增值时间。有些非增值活动（如库存）所消耗的时间比商品生产周期（Total Product Cycle Time）还要长。

物产中大集团正是遵循精益理念推进"四流联动"，大大减少了这些非增值活动（如原材料、在制品、成品库存），降低了非增值活动所消耗的时间占比，提高了供应链集成服务增值效率。

在此列举物产中大金属公司 FH 大桥供应链集成服务的案例，对其"四流联动"情况进行分析。

2018 年年底，物产中大金属公司启动 FH 大桥 11 万吨高级别桥梁钢（Q345qE 和 Q420qE）配送服务工作。物产中大金属公司将国内知名的五大桥梁板生产厂家纳入采购名单，通过商流、物流、资金流、信息流"四流联动"，为大桥建设提供了质量、安全、效率并重的优质服务。

1. 上游钢企痛点解决

（1）商流：物产中大金属公司邀请业主方、设计院、监理、施工方一起实地考察了五家钢铁厂家，充分了解其生产能力、生产现状、桥梁业绩等，搭建起了钢厂与建造业主单位、设计院、施工方之间的合作桥梁。

（2）信息流：终端信息实时反馈，生产计划可实现无缝衔接，提升钢企周转效率，降低库存。

（3）资金流：11万吨高端桥梁板锁价合同，期现结合实现锁价保供，规避价格风险。

（4）物流：根据项目实际的钢板材料需求，设计了最优的运输方案，既能保证项目工期顺利推进，又能安全而快捷地将钢板配送至加工基地。

2. 中游加工商痛点解决

（1）商流：按照加工进度实时安排进厂，实时反馈钢厂生产节奏及未来加工周期，协调加工厂下单节奏和排产节奏。

（2）信息流：充分了解各大钢厂实时的价格动态变化及生产周期变化，结合期货变化调节整体项目节奏。

（3）资金流：提供多种金融服务，降低中小加工商资金压力。

（4）物流：根据现场加工进度要求，将火运、船运及汽运多种方式相结合，确保现场进度正常运行。

3. FH大桥终端痛点解决

（1）商流：建立AB制项目经理制，并设置紧急应对制度，包括处理质量异议、应急采购、应急运输方案等进行统筹处理，实时动态做好项目的规划及应急方案。

（2）信息流：作为专业的服务贸易商，从了解项目开始，就在不断寻找更符合客户需求的集成服务方案，以"为客户创造价值"为宗旨，提供专业化、低成本、高效率、一站式、综合性的系统解决方案。

（3）资金流：根据项目的实际资金情况，结合ABS、供应链金融、承兑等多种金融手段，为项目提供多样化的金融支持。

（4）物流：根据项目实际的钢板材料需求，设计了初步的运输方案，在实际生产中根据终端对工期的要求动态调整运输方案。

▲ 1.2.5 五化并举：平台化、集成化、智能化、金融化、国际化

物产中大集团基于自身资源组织、网络渠道、品牌运营等专业优势，通过平台化、集成化、智能化、金融化、国际化"五化并举"，不断提升行业影响力、产业竞争力和国际知名度，与利益相关方形成智慧链接、资源共享、共荣共赢，努力成为具有国际竞争力的产业生态组织者。

美国麻省理工学院教授查尔思·法恩在其著作《时钟速度》中强调："在今天比拼竞争力的战场上，企业最根本、最核心的竞争力在于对供应链的设计。"物产中大集团根据所处行业和所经营商品的特性，对供应链各个环节进行细分、选择和重新定位，继而对企业内外部供应链进行优化设计、重组、整合，从而在维持收入增长和成本削减的同时提高供应链响应力和敏捷度，与价值取向相接近、战略资源相互补的业务伙伴建立了长期互信的深度合作关系。具体来说，就是做到了平台化、集成化、智能化、金融化、国际化"五化并举"。

（1）平台化。传统的"平台"，主要有六种含义：一是指供人们施展才能的舞台；二是指为操作方便而设置的工作台；三是指计算机硬件或软件的操作环境；四是指进行某项工作所需要的环境或条件；五是指通常高于附近区域的平面（如楼房的阳台、景观观赏平台、屋顶平台、晾晒平台等）；六是指供居住者进行室外活动的顶层屋面或住宅底层地面伸出室外的部分①。

在现代管理学研究中，许多人将"平台"描述为促进多边主体互动的一种虚拟或真实的交易场所空间。平台战略研究专家、麻省理工大学斯隆管理学院教授迈克尔·A.库斯玛诺（Michael A.Cusumano）对"平台"进行了如下定

---

① https://baike.baidu.com/item/%E5%B9%B3%E5%8F%B0/20155557?fr=aladdin.

义 ①：首先，要有被众多公司应用的基础技术或者产品（也可以是服务）；其次，要将众多参与方（市场参与者）汇聚于一个共同目的；最后，通过更多用户、更多补充的产品和服务使其价值以几何级增长。

当前，越来越多的企业通过实施平台化战略，转型为成功的平台型企业。在消费类电子商务领域，领军企业你追我赶、排名交替领先，竞争尤其激烈。在大宗商品领域，许多头部企业试水平台商业模式，加快转型为平台型企业，正在充分利用信息技术打破时空限制，充分享受平台的连接红利，力争成为时代的弄潮儿。

物产中大集团较早地提出建立"依托互联网、物联网、大数据和云计算等现代信息技术，打造服务标准化、管理精益化、业务金融化和运营市场化的O2O运营管控平台"，作为供应链集成服务集成化、智能化、金融化、国际化的坚实载体，推动公司向平台型企业转型，要素资源向平台集聚。近年来，物产中大集团结合探索实践，进一步认识到转型为成功的平台型企业需要具备五项前提条件：一是拥有一定规模的基础用户，容易形成规模效应；二是具有很高的行业辨识度和知名度；三是拥有很强的核心竞争力，行业或者产品（服务）难以替代；四是能够提供与主业相关的综合服务；五是平台参与各方具有很高的认同度和战略匹配度。

（2）集成化。众所周知，钢铁等大宗商品贸易商传统的商业模式主要包括进销差价模式（通过购销价格差获取利润）、代理模式（包括代理采购和代理销售）、连锁加盟模式（品牌运营）、加工配送模式、类金融模式等。近年来，为从供应链竞争的红海中杀出一条血路，物产中大集团开始采用集成化业务模式，即运用模块化组合原理，对客户需求进行细分，对大宗商品贸易商内外服务能力进行分析，在此基础之上对自身所能提供的服务进行系统分解和模块设计，形成可供客户选择的菜单选项列表，随时根据客户的要求对内外部的各

---

① 王珍. 平台战略与海尔[N]. 第一财经日报，2013，（08）.

个服务模块进行随机组合，为客户提供个性化、专业化、区域化的整体解决方案。同时，时刻注意根据客户的反馈意见持续做好模块功能升级和模块扩容工作（图1-6）。

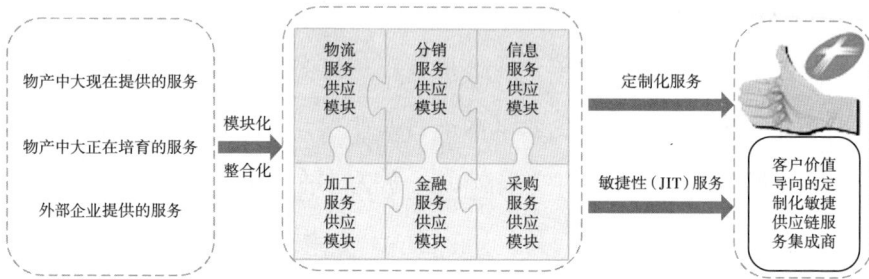

图1-6　物产中大集团客户价值导向的供应链服务集成

由此，物产中大集团的盈利模式也由传统的"时间差、区域差、批零差"模式演变为基于客户需求导向的系统解决方案多点盈利模式，实现了利润源泉多样化，如信息服务增值、综合金融服务增值、资源整合增值、物流服务增值、深加工增值、专业化采购服务增值等。

比如，物产中大集团的钢材贸易包括两类：一是连锁分销，从上游供应商统一采购，从连锁渠道（自主品牌——浙金钢材连锁）进行分销，这是传统的贸易模式。二是配供配送，与高速公路、桥梁、轨道交通等工程施工方，以及与装备机械、家电、汽车及零部件等钢材消费企业直接对接的产品配送。其中，配供配送是物产中大集团区别于其他钢材贸易企业的主要特质。依托多年与上下游及相关合作企业的平台生态圈建设，物产中大集团建立了以大型央企、实力国企、优质民企为核心客户，覆盖华东、华南、西南等重点大宗商品消费区的工程配送业务体系，为客户提供涵盖方案设计、资源配置、物流运输、保质保供、现场协调、供应链金融、区块链融资等系统性解决方案的供应链集成服务（图1-7）。

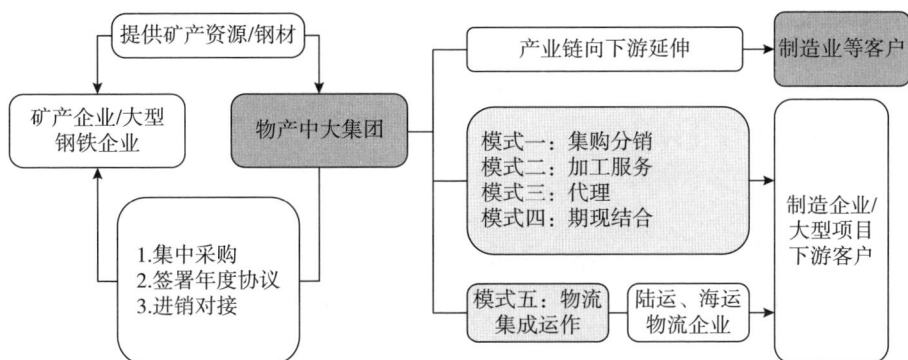

图 1-7 物产中大集团钢贸业务供应链集成服务

再如，物产中大国际公司的"私人定制套餐服务"在销售询价、信用查询、加工计划、物流运输、财务结算等"基础服务菜单"的基础上，根据客户需求差异点，确定"菜品"搭配：何为"主菜"，何为"配菜"，如何搭配——对于注重产品质量的大型终端企业，将产品从采购、加工到物流配送都实行严格的质量监管；而对于价格优先的小型企业，则将产品报价作为首要考虑（图 1-8）。

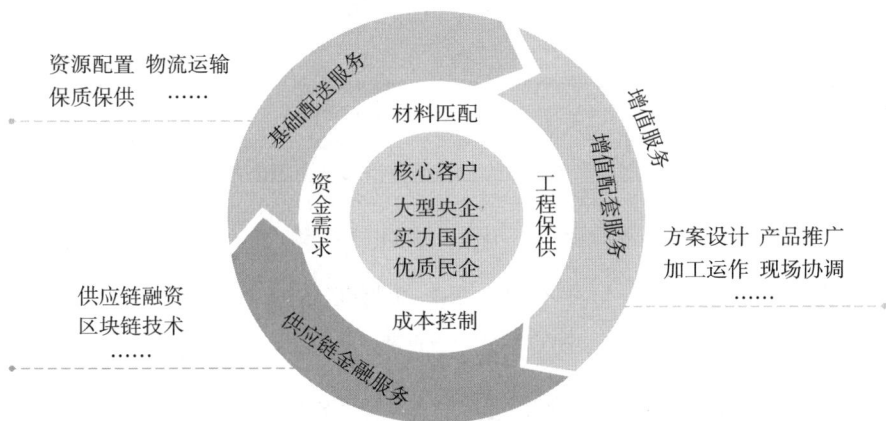

图 1-8 物产中大国际公司的"私人定制套餐服务"

（3）智能化[①]。物产中大集团认为，智能化可以提升自身在数字经济时代准确识变、科学应变、主动求变的综合能力，既有利于加快改造提升原有业务模式，又有利于培育发展新动能。智能化不仅包括供应链集成服务运行和管理

---

① www.sasac.gov.cn/，国务院国资委.关于加快推进国有企业数字化转型工作的通知，2020（8）.

的数字化、可视化、移动化，更重要的是要通过数字赋能，实现决策科学化、治理精确化。物产中大集团的智能化工作主要包括以下五个要点。

一是制定数字化转型规划和路线图。结合物产中大集团实际，按照"坚持顶层引领、上下结合、业务导向、平台支撑"的理念，制定企业数字化转型专项规划，明确转型方向、目标和重点，勾画商业模式、经营模式和产业生态蓝图愿景。以构建企业数字时代核心竞争能力为主线，制订数字化转型方案，纳入企业年度计划，明确相关部门和岗位工作要求。应用两化融合管理体系标准（GB/T 23000 系列），加快建立数字化转型闭环管理机制，以两化融合管理体系促进企业形成并完善数字化转型战略架构。

二是建设基础数字技术平台。运用 5G、云计算、区块链、人工智能、数字孪生等新一代信息技术，探索构建适应物产中大集团供应链集成服务特点和发展需求的"数据中台""业务中台"等新型 IT 架构模式，建设敏捷高效可复用的新一代数字技术基础设施，加快形成集团级数字技术赋能平台，提升核心架构自主研发水平，优化数据中心布局，加快企业上云步伐，为业务数字化创新提供高效数据及一体化服务支撑。

三是构建数据治理体系。加快物产中大集团数据治理体系建设，明确数据治理归口管理部门，加强数据标准化、主数据和元数据管理工作，定期评估数据治理能力成熟度。加强生产现场、服务过程等数据动态采集，建立覆盖全业务链条的数据采集、传输和汇聚体系。创新数据融合分析与共享交换机制。强化业务场景数据建模，深入挖掘数据价值，提升数据洞察能力，促进企业数字化治理模式、手段、方法升级。

四是打造数字化转型示范标杆企业。按照"小切口、大场景、快应用"的要求，聚焦供应链集成服务发展中最紧迫、最重要、最现实的痛点、难点、堵点，确定一批数字化示范工程，组建项目专班，明确建设目标，制定项目方案，建立沟通协调、监督检查督导、考核激励等方面的机制，形成"比学赶超"之势。通过示范引领、以点带面，启动物产中大集团智慧营销、智慧物流、智慧金融、智慧制造、智慧采购、智慧风控等全方位建设，推动实体服务网点向虚拟智慧网点转变，推进传统的投资并购向数字化并购、生态圈共建转变，加快实现由供应链集成服务向智慧供应链集成服务的迭代升级。

五是建立完善的网络与信息安全体系。建设态势感知平台，加强平台、系统、数据等安全管理。使用安全可靠的设备设施、工具软件、信息系统和服务平台，提升本质安全。建设漏洞库、病毒库、威胁信息库等网络安全基础资源库，加强安全资源储备。搭建测试验证环境，强化安全检测评估，开展攻防演练，加快引进培养专业人才队伍。

（4）金融化。从学术上讲，"金融"是指市场主体利用金融工具将资金从资金盈余方流向资金稀缺方的经济活动，是货币资金融通的总称。"金融化"则可以简单理解为指全部经济活动总量中使用金融工具的比重。

物产中大集团供应链集成服务实施路径中的"金融化"，主要指产融结合，也就是为了提升供应链集成服务综合能力和整体效益，产业资本、商业资本和金融资本通过借贷、参股、持股、控股和人事参与等方式而进行的内在融合。主要包含以下两方面内容。

第一方面，供应链集成服务中金融工具运用的比重上升。

大宗商品不仅具有供需关系影响下的"商品属性"，而且具有货币因素影响下的"金融属性"。在20世纪70年代，人们就意识到大宗商品期货相对于普通股而言具有相似的流动性而风险更低，可以作为一种独特的、保守的资产。因此，大宗商品被纳入投资组合作为投资性资产，被人们广泛用来对冲通胀风险。随着全球金融行业向实体经济市场渗透力度增大，大宗商品的"金融属性"持续增强，其走势更加难以琢磨和预测。这对大宗商品贸易商提出了新的挑战。

通常来说，在只有现货的市场，大宗商品贸易商的市场行为是比较单一的，主要采用买入商品—形成库存—卖出商品的业务流程。赚取采购与销售的价差是这一模式的主要利润来源，价差除了依靠采购获得的折扣外主要依靠市场价格的上涨。因此，市场认为大宗商品贸易企业盈利情况与价格涨跌或者周期密切相关，周期向下时贸易商经营会较为困难。

随着期货市场的发展，大宗商品贸易商现在所能选择的工具和能提供的服务已经多样化。比如，物产中大集团的贸易品种中的钢铁、铁矿石、动力煤、粮化、天然橡胶等均有成熟期货品种。在大宗商品贸易中，物产中大集团可以选择多重投资组合对抗价格下跌，比如现期结合，通过现期交易把现货的价格波动风险转移到期货市场。

以 PTA（精对苯二甲酸）为例，2017 年 3 月 6 日，PTA 现货 5460 元 / 吨，5 月合约 5562 元 / 吨，基差 –102 元 / 吨，此时买入现货，卖出期货。2017 年 3 月 31 日，PTA 现货 4910 元 / 吨，5 月合约 4944 元 / 吨，基差 –34 元 / 吨，此时卖出现货，期货平仓。现货亏损 550 元 / 吨，期货盈利 618 元 / 吨，总利润 68 元 / 吨（图 1-9）。

图 1-9 PTA 历史基差

可见，引入期货等金融工具之后，物产中大集团不但具备了风险对冲手段，还可以通过市场波动获取利润（当然也要承担相应的风险），还能够向外部上下游客户提供更丰富的服务，获得贸易增量，分享产业链利润（图 1-10）。

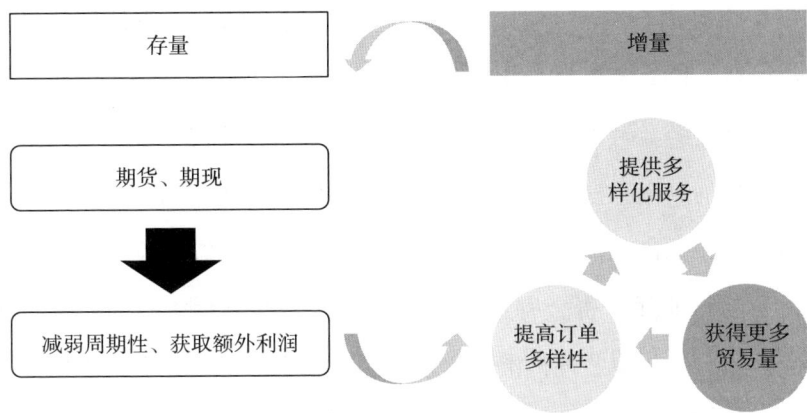

图 1-10 引入金融工具后的物产中大集团供应链集成服务模式

第二方面，发展供应链金融服务实体经济。

2020 年中国人民银行等八部门出台的《关于规范发展供应链金融支持供应链产业链稳定循环和优化升级的意见》（以下简称《意见》）首次对供应链金融进行了定义：

供应链金融是指从供应链产业链整体出发，运用金融科技手段，整合物流、资金流、信息流等信息，在真实交易背景下，构建供应链中占主导地位的核心企业与上下游企业一体化的金融供给体系和风险评估体系，提供系统性的金融解决方案，以快速响应产业链上企业的结算、融资、财务管理等综合需求，降低企业成本，提升产业链各方价值。

也就是说，供应链金融是从整个供应链管理的角度出发，把供应链上的相关企业作为一个整体，根据交易中形成的链条关系和行业特点设定融资方案，将资金有效注入到供应链上的相关企业。按照《意见》，供应链处于主导地位的核心企业也成为供应链金融的信用主体，可以通过商业承兑汇票、供应链票据以及标准化票据等合理有序扩张商业信用。由此，国务院国资委与中国人民银行、银保监会共同成为供应链金融管理部门。《国务院办公厅关于积极推进供应链创新与应用的指导意见》（国办发〔2017〕84 号）以及商务部等 8 单位《关于开展全国供应链创新与应用示范创建工作的通知》（商流通函〔2021〕113 号）

也要求发展供应链金融服务实体经济，包括推动全国和地方信用信息共享平台、商业银行、供应链核心企业等开放共享信息。鼓励商业银行、供应链核心企业等建立供应链金融服务平台，为供应链上下游中小微企业提供高效便捷的融资渠道。鼓励供应链核心企业、金融机构与中国人民银行征信中心建设的应收账款融资服务平台对接，发展线上应收账款融资等供应链金融模式。

钢材贸易行业属于资金密集型行业，形式上是钢材货权的流转，实质上是巨额资金的运行。按照现行市场交易常规，钢贸企业既要向上游钢厂全额预付货款，又要向下游客户赊销并承担钢材在途资金占用费，只有巨量资金才能保证整个供应链正常运作。因此，钢材等大宗商品贸易领域是供应链金融发展和运用的最佳场景。而且，通过供应链金融链接上下游企业有助于保持供应链集成服务链条的完整性与稳定性。在 2018 年，物产中大集团子公司物产中大金属公司就和某银行下属区块链应收账款平台进行合作，合作领域主要涉及采购和销售，合作客户包括上下游近 20 家企业。物产中大集团子公司物产中大物流公司也与某银行合作搭建了"仓单通"平台，在其上海分公司、青岛分公司推行仓单质押融资业务，2020 年累计发生 22 单 1134 万元货值的平台流量，并为其中约 600 万元货值产品提供了融资服务。"仓单通"平台主要针对仓储客户的存货变现需求，利用区块链技术，将存货变为可拆分、可转让、可融资并支持动态换货的电子仓单，提高流转效率，解决资金需求，同时有效杜绝了伪造仓单、重复质押等风险隐患，实现了仓单交易全过程溯源，提升了物流金融服务的风险防控能力。今后，物产中大集团将顺时应势，更加规范、更加积极地拓展供应链金融业务，在供应链交易信息清晰可视、现金流和风险可控的条件下，提升供应链融资结算线上化和数字化规模与水平，加快建立场景、技术、风险、监管四位一体的数字供应链金融网络。

（5）国际化。通用电气公司前 CEO 杰克·韦尔奇（Jack Welch）说过："全球化已经成为不容忽视的现实。衡量企业（业绩）成功与否的标准只有一个：

国际市场占有率。成功的企业通常依靠在全球各地找到市场而获胜。"托克、嘉能可、阿丹米、邦吉、伊藤忠等全球知名的大宗商品贸易商的发展历程都说明，只有走国际化之路才能做大做强做优。物产中大集团要从以下五点实现国际化。

一是开展全方位的国际化对标工作。以坐不住的紧迫感、慢不得的危机感和等不起的责任感，全力以赴开展对标提升工作，积极查找与世界一流大宗商品贸易商存在的差距，形成改进清单，在提升物产中大集团内部管理能力、国内业务优势的基础上，找准国际化业务切入点和发力点，循序渐进地建立完善适应"市场国际化、技术国际化、资金国际化、人才国际化"的商业体系、研发体系、融资体系和管理体系。

二是开展全球供应网络规划和布局。近年来，全球供应链发展出现了三大趋势，即供应链特别是制造业当中的高端环节向城市尤其是大城市集中；供应链终端客户进一步向消费地集中；供应链因区域合作的加强以及疫情的影响呈现分散化、多中心化的发展趋势①。物产中大集团正在顺应这三大趋势，根据供应链集成服务重点客户群体、产品类别、区域特征，确定国内外一体的供应网络节点类型、数量与位置，以及商品在节点之间的物流方式。同时，根据自身的发展目标和战略，完善全球供应商管理评估系统，在全球选择匹配度最高的伙伴关系。

三是防范化解全球供应链不确定的风险。新冠疫情发生前，全球供应链布局遵循效率优先、成本优先原则，哪个地方生产效率最高，哪个地方生产成本最低，全球供应链的节点就放在哪个地方。新冠疫情发生后，各个国家政府、各大企业都意识到，全球供应链因经济考量过于集中存在巨大风险，必须提升供应链对环境变化和不确定性事件作出反应的能力，打造弹性供应链，增强供

---

① https://baijiahao.baidu.com/s?id=1695369209785533942&wfr=spider&for=pc，许召元.国务院发展研究中心产业链供应链重构有三大特点.

应链柔性。比如，保持超出正常需要的库存储备，用于满足商品紧急需要或作为供应替代；构建全球供应链安全风险识别、评估、预警指标体系[①]；定期发布国别风险和供应链安全风险评估报告；完善供应链安全预警和安全应急处理机制，提高应对各类供应链风险动态监测、实时预报的能力；针对已经发生的及潜在的风险，及时启动风险预警，切实提升全球供应链风险防控水平。

四是加强文化、法律方面的差异化研究。境外合作方的文化、法律都与我们存在着一定差异，这是物产中大集团供应链集成服务国际化迈不过的坎儿。物产中大集团既要舍得花时间和精力去研究境外合作方的社会文化、境外法律法规和诸多国际公约、惯例、准则，绕过"文化差异""法律差异"的暗礁，更要实施"全球本土化"战略，即通过资本输出、品牌输出，依靠当地的员工在境外直接为当地客户提供集成服务。

五是加强供应链相关标准研发与接轨。标准是世界通用的"语言"，标准是各方协商的结果，标准代表着发展趋势和方向，标准代表着世界进步水平，标准对国际化具有基础和支撑的作用[②]。"见出以知入，观往以知来。"要想在国际市场上取得竞争优势，必须掌握制定国际标准的主导权，使标准更能体现物产中大集团供应链集成服务的技术水平和特色。对于物产中大集团来说，必须尽快实现数字贸易技术标准与国际接轨，消除国内外数字贸易标准差异带来的供应链风险。同时，联合国内大宗商品贸易企业和行业协会，积极参与国际标准组织活动，推动我国供应链集成服务标准的研发与国际互认，形成内外联动的标准化合作机制。

---

① 林梦路红艳孙继勇.全球供应链格局调整趋势及我国应对策略，国际贸易，ISTIC PKU CSSCI 2020（10）.

② 张晓刚：标准是世界通用的语言 2017-06-17http://politics.rmlt.com.cn/2017/0617/479004.shtml.

1.3　五大代表性供应链集成服务平台

物产中大集团各成员公司深耕行业、精耕客户，不断创新平台化的资源配置方式、组织方式、运行方式，满足客户群体多样性、差异化、不确定的服务诉求，形成了五类具有代表性的供应链集成服务平台。

一是钢材全域销售支持平台。全域销售[①]（Uni Marketing）是指在数字经济时代，以客户运营为核心，以数据为驱动源，进行全链路、全媒体、全数据、全渠道的营销方法论。该方法论将经典的消费者链路（AIPL）概念，即"认知"（Aware）、"兴趣"（Interest）、"购买"（Purchase）以及"忠诚"（Loyalty）的消费者链路，转变成可视化可运营的消费者资产管理过程，可以通过将线下人、货、场数据化，打通线上线下数据，进行用户个性化数据分析等，实现全域的个性化触达，完成精准营销，从而让物产中大集团这个大宗商品贸易商拥有了和头部消费电商一样的数据化运营能力（图 1–11）。

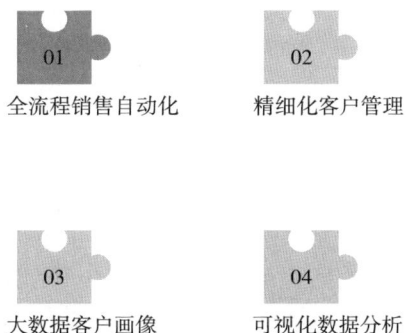

01 全流程销售自动化　　02 精细化客户管理

03 大数据客户画像　　04 可视化数据分析

图 1-11　全域销售支持平台

二是集采分销综合服务平台。物产中大集团的集采分销业务主要分为集采和分销两大步骤：先由物产中大集团整合客户采购需求，统一进行采购寻源和筛选供应商，统一进行采购；再将货物运送到全国各地的分（子）公司，由分（子）公司对外销售。集采分销综合服务平台一方面汇聚下游大量中小客户需

---

① 陆弢.阿里巴巴.全域营销Uni Marketing.《成功营销》.2018. 1: 28–29.https://wiki.mbalib.com/wiki/.

求形成超级采购大单，让物产中大集团增强了与上游强势煤炭、钢铁生产企业的议价能力和拿货能力；另一方面，又可以精准了解下游众多中小用户的具体情况，匹配下游千吨、百吨级别的微量需求，为中小客户提供毛细血管式服务（图 1-12）。

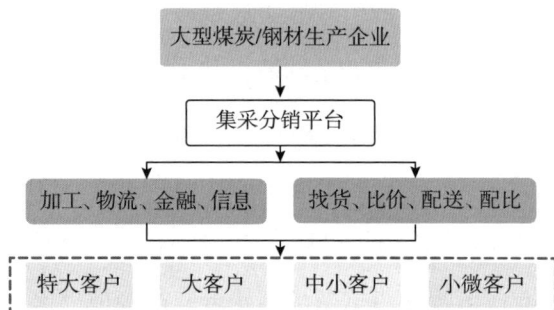

图 1-12 集采分销综合服务平台

三是产业集聚区提升服务平台。产业集聚区提升服务平台既为供应链集成服务主业提供了稳定的客户资源、增强了客户黏性，又较好地解决了浙江"块状经济"发展中的烦恼，使中小企业能够专注生产研发，在一定程度推动了"块状经济"向现代产业集聚区转型。这里的"块状经济"[①]是指一定的区域范围内形成的一种产业集中、专业化极强，同时又具有明显地方特色的区域性产业群体的经济组织形式。"块状经济"广泛分布于浙江全省各地，在地理版图上形成块状明显、色彩斑斓的"经济马赛克"，如乐清电器、永康五金、诸暨袜业、嵊州领带、富阳造纸、萧山化纤、温岭水泵、玉环阀门等[②]（图 1-13）。这些"块状经济"中存在大量中小微制造企业，普遍存在"融资难、融资贵、融资慢"、原材料采购成本和产成品库存难控以及销售回款周期长等问题。物产中大集团通过搭建产业集聚区供应链集成服务平台，

---

① 朱敏：浙江"块状经济"发展特征、成因及启示，国家信息中心经济预测部2016-02-24，http://www.sic.gov.cn/News/455/5992.htm.

② 2019年06月28日财通证券研报：物产中大（600704）物通全球，产济天下.

提供主辅料采购、产品分销、集中备库、物流配送、供应链金融、进出口关务、数据服务等一站式服务（图 1–13）。

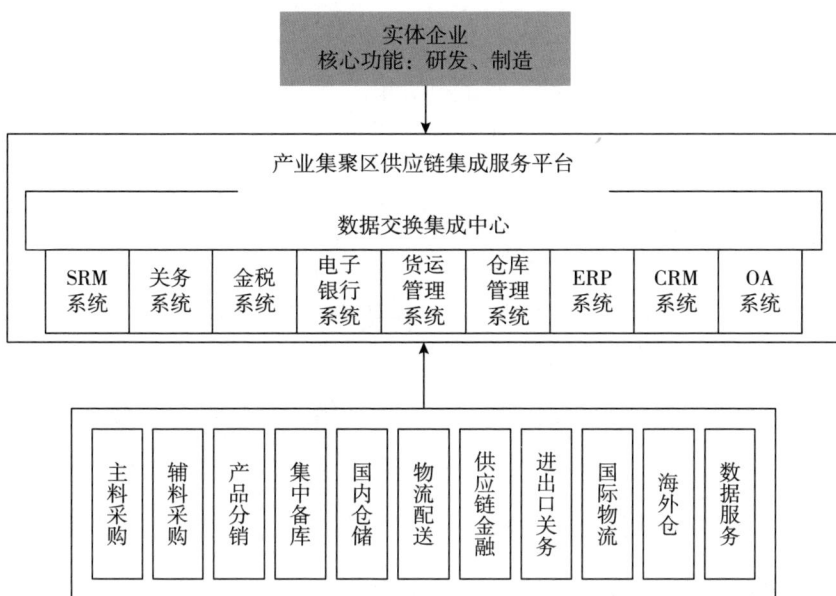

图 1-13　物产中大集团"块状经济"供应链集成服务平台架构图

四是基于第四方物流的供应链集成服务平台。目前对第四方物流的理解多引用国外学者 John Gattorna 所给的定义："第四方物流提供商是一个供应链的集成商，它对公司内部和具有互补性的服务商所拥有的不同资源、能力和技术进行整合和管理，并提供一整套供应链解决方案。"[①] 第四方物流整合了各方优势资源，提高了各方资源的综合利用率，降低了整体的物流费用（图 1–14）。

五是中高端生活消费品供应链集成服务平台。物产中大集团不仅从事大宗商品贸易，而且经营国内外中高端生活消费品，如汽车、酒类、化妆品、家

---

① 约翰·盖特纳.战略供应链联盟，经济管理出版社，2003.

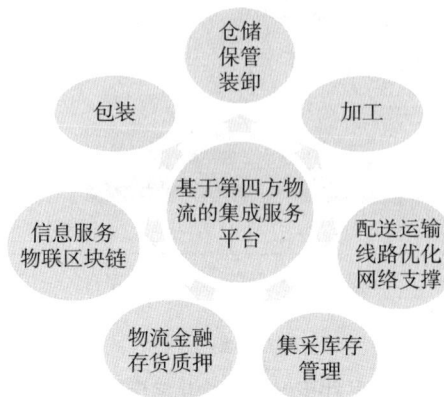

图 1-14　基于第四方物流的集成服务平台

电、食品、服装、保健品等。例如物产中大集团旗下的元通公司，与供应商、主机厂、资金方、其他合作者等汽车整车供应链利益相关方形成了涵盖从新车销售、汽车金融、零部件服务、汽车救援、二手车交易甚至是汽车拆解回收全过程的汽车全生命周期的供应链集成服务平台（图 1-15）。物产中大集团旗下的云商公司秉承"热选全球精品，服务美好生活"的企业使命和"致力于成为领先的全球中高端消费品品牌服务商"的企业愿景，通过自建"全球中高端消费品品牌服务商平台"开展私域流量运营，做优了品牌、做精了渠道、做强了服务（图 1-16）。

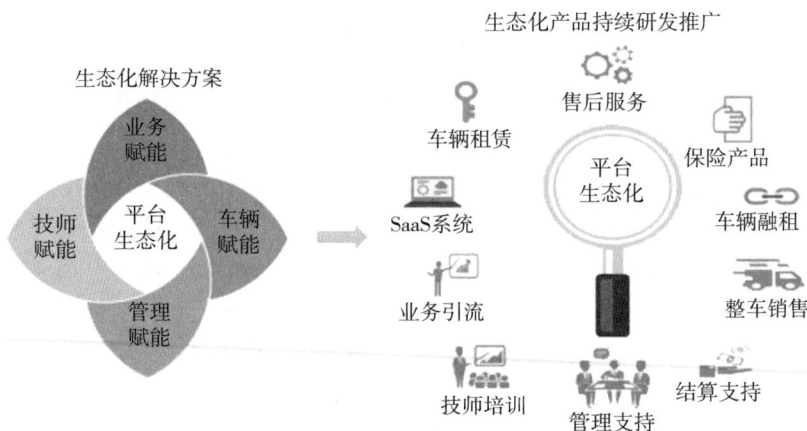

图 1-15　汽车全生命周期的供应链集成服务平台

目标	业务数字化		数字业务化		管理智能化	
业务运营	私域流量运营		数字供应链		O2O零售	
	美妆		美妆		热选	
	酒水		酒水		省内外	
	热选		N拓展品类			
职能管理	战略	投资	人力资本	财务	资金	产业研究	风险管理	协同管理
应用架构	前台触达	中台业务应用	中台业务管理	中台业务分析	后台管理支持
数据架构	数据采集	数据中台	数据应用	数据治理体系
技术架构	基础支撑平台	数字化赋能平台	安全及容灾体系
管控架构	人员组织	管控模式	制度流程	沟通协同	绩效考核	支撑工具

图 1-16 全球中高端消费品品牌服务商平台

1.4 打造供应链集成服务平台生态

《平台革命》一书指出："平台正在吞食这个世界。"以平台为导向的经济变革为社会和商业机构创造了巨大的价值，包括创造财富、增长、满足人类的需求，同时，成功和失败的标准被重新定义。平台模式具有显著的"赢家通吃"（Winner-Take-All）特点，也就是强者越强，弱者越弱，市场竞争的胜利者获得所有的或绝大部分的市场份额，失败者往往被淘汰出市场而无法生存。而且，强弱转换也可能发生于瞬息之间。因此，平台发展之路，可谓一条既充满诱惑又充满坎坷的艰难之路，彼岸很迷人，但人迹罕至。

物产中大集团认为，在这个"赢家通吃"的平台时代，"我们主航道的所有产业都要有远大理想，要么就不做，要做就要做到全球第一，做到最好"。当务之急，应对平台进行"适应和调整"，不仅把平台建成一个整合资源、跨界合作、充满生机与活力的"生态圈"，而且要形成一个各方受益和不断拓展的"利润池"，即加速推动现有平台模式向平台生态圈转型。重点做好以下三点工作。

一是加快建立与平台模式相适应的组织架构。国内不少知名企业借鉴稻盛和夫"阿米巴"经营模式，进行"小前端、大平台"的组织变革——将产生利润的"阿米巴"业务组作为前线作战单元"小前端",将"阿米巴"的组长视为一线指挥员直接面对市场和客户,每当"阿米巴"捕捉到前线的战机、呼叫后援之时,可以立即得到平台上各种资源的有力支持。同时,实施"人单酬"合一,让"阿米巴"业务组得以分享团队创造的超额价值,实现自驱动。

二是更好发挥平台的网络效应。平台商业模式的网络效应可以简单理解为平台用的人越多,价值越高,功能越强,呈现"正向滚雪球"现象。网络效应又可以进一步分为同边网络效应、跨边网络效应[1]。同边网络效应也称直接网络效应,是指平台内某一边用户数量增长时,会使同边用户的效用增加[2],如社交通信平台,当周围的人都加入的时候,会增加原先加入者使用该通信平台的便捷性,从而引入更多的用户。跨边网络效应也称交叉网络效应,指某一边用户数量增长时,会使另一边用户效用增加[3],如入驻大宗商品综合服务平台的活跃买家(Active Buyer)增多,会让平台卖家获得更多订单,由此产生的收益会吸引更多的卖家入驻。网络效应再次说明,只有行业领军者才有能力和条件成为平台企业。同时,行业领军者凭借独树一帜的精密规范和创新系统,历经硝烟战火,一路披荆斩棘,方能成为平台生态圈的核心和产业生态组织者。

三是制定支撑平台成长升级的财务战略。1963年,莫迪格莱尼和米勒发表于《美国经济评论》的经典论文《公司所得税和资本成本:一项修正》最先提出了"财务战略"(Financial strategy)这个名词,但是没有展开论述。随着战略管理的兴起,人们对"财务战略"的研究日益关注。英国的鲁思·本德和

---

① 王东升.平台商业模式企业成长阶段的财务战略——基于创新扩散理论视角,会计之友,2019（11）.

② MICHAEL K L, SHAPIRO C. Network externalities, competition and compatibility [J]. American Economic Review, 1985, 75（3）: 424–440.

③ WEYL E G. A price theory of multi-sided platforms[J]. American Economic Review, 2009, 100（4）: 1642–1672.

基思·沃德认为，"财务战略"指适应总体竞争战略而以适当的方式筹集必要的资本，并在组织内有效地管理和运用这些资本的方略。他们还认为，增加企业价值是财务战略的主要目标[①]。支撑平台成长升级的财务战略主要包括投资战略和筹资战略，应结合平台生命周期考虑不同策略组合，实现"财务助平台腾飞，平台助资本增值"。

---

① 鲁思·本德，基思·沃德.公司财务战略[M].杨农等译.北京：清华大学出版社，2013.

第二部分
实 践 篇

第 2 章

物产中大集团供应链集成服务的代表性案例

近年来，物产中大集团面对全业务领域全市场化竞争的挑战，始终坚持创新引领发展，不断推动供应链集成服务的迭代升级，实现了从"卖产品"到"卖服务"、从"单点服务"到"一站式综合解决方案"、从"为企业创造利润"到"为客户创造价值"、从"服务供应链"到"价值共赢链"、从"大平台、小前端"到"打造生态化组织"的转变，形成了一批供应链集成服务的好案例、好做法、好经验。

2.1 金属公司港珠澳大桥配送服务案例

2018 年 10 月 23 日，港珠澳大桥正式通车，粤港澳大湾区迈入一体化发展新时代。港珠澳项目被称为"超级工程"，这不仅因为大桥推动了粤港澳三地贸易交往和人文融合进入了战略发展新阶段，更因为大桥在建造中攻克了多项世界级工程施工及技术难点，让中国挺起了从"桥梁大国"走向"桥梁强国"的腰杆，成为"中国智造"的"创新场"、民族自信的"试金石"。

从 2011 年开始，物产中大金属公司连续 4 年为港珠澳大桥提供一站式、全流程、创新性的钢材配送解决方案。物产中大金属公司不仅参与了国家超级工程的建设服务，更以供应链集成服务的智慧经验，帮助项目方高质量地完成了项目建设。港珠澳大桥配送服务的案例，生动地诠释了物产中大金属公司在大宗商品智慧供应链集成服务领域"何以能"与"何以强"。

◢ 2.1.1 背景与挑战

1. 项目背景

1997 年亚洲金融危机后，香港特区政府为振兴香港经济，寻找新的经济增长点，于 2002 年向中央政府提出了修建港珠澳大桥的建议。2004 年，港珠澳大桥建设的前期协调办公室成立，世纪工程正式启动。这个时期，也正是大宗商品行业在经历计划与市场"双轨制"后，走向完全竞争市场的阶段，上游钢厂手握资源，掌控着产品议价的优势，但与终端客户的对接去之甚远；下游虽有越来越旺盛的基建工程建设需求，但苦于流通链条漫长、参与者众多，既没有防控大宗商品价格频繁波动风险的专业能力，也疲于在物流、仓库、金融、信息等繁杂要素里耗费精力；同时实体端资金"缺血"，银行信用体系、风控体系无法联通上下两端。总之，当时商流、物流、资金流、信息流在供应链产业链内的交互循环并不十分畅通。

港珠澳大桥开工之时的物产中大金属公司，已在行业搏击了 40 余年，深刻体悟到供应链的竞争已从早期"资源为王""市场为王"转向"服务为王"的时代，物产中大金属公司的商业模式也正在从简单钢厂代理、市场分销，走向以终端需求为核心的综合集成服务，其本质是以自身对供应链各环节的要素调度、联动运作，为合作伙伴解决生产、制造、建设、经营中的系列痛点，以价值创造寻求产业立身之本。在很多钢铁流通商尚处于模式转型的时候，物产中大金属公司已积累起围绕大型基建项目的工程配送服务经验。2011 年，物产中大金属公司通过大客户对接，积极跟踪港珠澳大桥项目，派驻项目组常驻珠海，建立起与大桥项目的联动关系。

2. 面临的挑战

（1）港珠澳大桥的建造难度和非凡意义，是对物产中大金属公司综合服务能力及创新能力的大考，也是物产中大金属公司品牌口碑的试金石。港珠澳大桥集桥梁、人工岛、海底隧道于一体，当时被称为"世界跨海大桥建造技术的天花板"。项目建造涉及产品、资金、物流、仓储、加工、信息等繁杂要素，资源调度复杂、个性化需求千变万化。物产中大金属公司虽然在此之前有为杭州地铁、象山港大桥等浙江省内重大项目成功服务的经验，但尚无为这类"超级工程"进行高强度、高标准配送的经验。这的确对物产中大金属公司供应链集成服务能力提出了全方位的新挑战。

（2）项目涉及三地不同的行政政策、法律制度、建设标准等，管理协调难度非常高。港珠澳大桥设计寿命长达120年（国内普通桥梁设计寿命100年），能抵抗8级地震、16级台风，项目设计综合考量了粤港澳三地不同的设计、法规、政策标准，并遵循"就高不就低"原则。特别是在应对海水侵蚀的解决方案中，采用了按照英国标准的双相不锈钢钢筋，其生产、标准、应用在国内全为空白。彼时物产中大金属公司尚无海外工程项目的服务经验，需要对异地标准、法规、政策进行研究、适应和协调。

（3）建筑周期漫长而建筑材料价格波动频繁，建设单位面临巨大的成本控制压力。港珠澳大桥项目组遇到的是涵盖要素复杂、环环相扣的系统性痛点。比如，港珠澳大桥建设历经14年，钢材用量总计约120万吨，投资累计超1200亿元。建筑主要用材钢材属于价格波动频繁、金融属性和全球属性很强的大宗商品，且从采购到交付时间跨度大，因此建筑单位面临未知的价格风险以及随之而来的巨大资金压力。再如，从建筑材料生产到交货流程中涉及的物流、仓储、人工等运营成本也因种种原因居高不下，建筑施工和运营周转压力重重。物产中大金属公司面临着如何实现对客户"保质、保量、保供、保价、保廉洁"的"五保"承诺和如何为客户解决痛点创造价值的挑战。

◢ 2.1.2　解决的主要问题

1. 特殊材料供应保障

大桥"浪溅区"作为桥梁结构中海水与空气接触的部分，最容易产生腐蚀风险，设计团队为解决大桥寿命和安全质量问题，采用香港设计理念，在"浪溅区"使用性能良好但比普通钢筋贵 8~10 倍的不锈钢钢筋。当时，这种不锈钢钢筋除了成本高昂之外，在国内还属于无批量生产、无国家标准、无实际应用的"三无产品"，其质量、应用、服务在国内均为空白；在国外也被极少数欧洲厂商牢牢垄断着。如果不解决产品的供应问题，桥梁建设将陷入僵局；如果不解决产品的价格问题，桥梁建设将面临巨大的成本压力。

在了解到项目方的困扰后，物产中大金属公司首先组织团队赴欧洲等地钢厂考察调研。

"我自己是从这个项目开始，才对以前书上提到的国外技术垄断有了深刻而直观的感受。"时任港珠澳大桥配送项目经理的 SLY 回忆起这段经历仍然记忆犹新，"挪威出设计，英国出标准和体系认证，西班牙、意大利钢厂提供原材，丹麦负责深加工和营销……当我们去欧洲考察之前，一直认为西班牙和意大利的钢厂是竞争对手，但考察结束后才发现，欧洲厂商之间这种看似跨国界实际却是利益相关方的隐形行业垄断，远比我们预想的要复杂。"

既然是垄断，也就意味着合作存在更高的不确定性，不论是欧洲厂商较高的售价预期，还是模棱两可的交货期限，对项目建设方来说都是不愿承担的风险。因此，物产中大金属公司又把目光投回了国内。在与大桥建设方、设计方及国内诸多钢厂、科研院多次磋商、论证、评估之后，物产中大金属公司最终找到了山西太钢不锈钢。因为山西太钢不锈钢作为全球最大的不锈钢生产企业，在高端品种突破和技术储备上均有很强的实力，是联合突破国外厂商垄断、携手完成项目配送的最佳厂家。

时任物产中大金属公司项目配送部副总经理 WHF 回忆说："当时我们不光要找产品，更重要的是要找到完整的应用体系。当了解到太钢具有技术储备以后，我们马上联合设计方、施工方与钢厂，共同寻找产品应用全体系配套问题的解决方案。"

在与山西太钢不锈钢紧密合作的过程中，物产中大金属公司一方面协助对方突破技术壁垒，完成标准产品设计；另一方面，联合解决来自欧洲厂商的价格垄断、备品备件封锁、关键产品认证阻挠等诸多问题。最终，物产中大金属公司与山西太钢不锈钢凭借低于国外对手近 20% 的报价，成功地承揽了港珠澳大桥主体工程不锈钢钢筋供应，累计中标合同量达 8300 余吨，成为当时世界上最大的不锈钢钢筋供货项目，为港珠澳大桥建设节省超过 5000 万元成本支出。物产中大金属公司与山西太钢不锈钢的此次合作意义重大，不仅实现了不锈钢钢筋这一高端钢材产品的国产化，一举打破这类产品的国际垄断，还有效助推了我国在桥梁工艺上的创新，推动了我国不锈钢钢筋的国家标准和使用规范制定。

2. 钢结构建造的系统化创新

传统造桥大多采用"钢筋混凝土预制箱梁"的模式，主要材料是市面常见的螺纹钢和水泥，而港珠澳大桥选材上大规模采用了钢箱梁作为主体部分的建造材料。用钢量约 42 万吨的桥梁主体结构预估工期为 4 年，相当于国际上类似钢结构制造项目 16～18 年的工作量，周期极其紧张；同时材料高端意味着采购资金的沉淀压力更大。要保质保量按时完成钢结构制造并达到建设目标要求的世界级质量水平，就必须依托生产、流通、加工等各环节的高水平协同，进行制造和管理的系统性方案创新。

作为钢箱梁的第二大中标单位，物产中大金属公司拥有丰富的钢厂资源渠道和批量采购的价格优势，能够快捷获取国内钢箱梁的头部资源支持，并依托面向钢厂的议价能力为项目方降本。2012年，物产中大金属公司与武汉钢铁股份有限公司（现中国宝武钢铁集团有限公司）合作，正式开始为港珠澳大桥配送12万吨钢箱梁钢板用于桥梁段建造使用。物产中大金属公司专门设计了个性化的配送方案——不仅材料品质和配送周期把控严格，还通过区域物流调度降低物流成本，叠加金融产品服务优化综合成本，搭建起钢厂与建造业主单位之间的合作桥梁。在物产中大金属公司的协助之下，项目方顺利地实施了港珠澳大桥钢箱梁机械化装配，像搭积木一样严丝合缝地建起"海上巨龙"。

3. 超过500种钢筋配件的加工辅助与信息衔接

由于不锈钢钢筋完全采用英国标准，且产品单价远高于普通钢筋，终端用户不愿承担使用过程中潜在的原材料损耗，希望能够做到"零损耗"。当时，国外厂商联盟敢于高价竞标的底气也源于他们推出的"零损耗"供应概念，即不锈钢钢筋所有的深加工都在交货前由供应商完成，产品到达现场后直接安装使用。然而，对物产中大金属公司而言，要实现"零损耗"供应，首先必须解决"三大难题"。

一是专用加工设备的难题。不锈钢产品的剪切、冷弯、车丝等深加工工序均须采用专用设备。终端用户为了几千吨钢材还要投入额外成本进行专用设备采购及维护显然不经济。为此，物产中大金属公司与山西太钢联合中国建筑科学研究院在借鉴日本钢筋深加工设备的基础上，对国产设备进行升级改造和调试，在太钢产业园区成立了不锈钢钢筋加工中心。

二是多方协同的难题。为确保不锈钢钢筋成品完全符合施工现场的尺寸、形状、安装顺序要求，物产中大金属公司项目人员必须与上下游密切配合，一方面与施工方完成设计图纸到施工图纸再到钢筋加工大样图纸的转换，另一方面与钢厂生成单元准确落实钢筋尺寸还原与组批排产计划。每一条线都面临着长流程、多界面的协调统筹以及紧张的交货期压力，任何一个环节失误都可能造成严重的经济损失。

要实现"零差错"的目标，既要迈过技术关，还要协调钢厂生产成本与施工方施工便利之间的平衡。为实现目标，物产中大金属公司专门借调专业技术人员常驻项目现场，与设计方、施工方、钢厂生产人员协同办公，首先确保钢厂大生产的组织效率；其次对每一批下单生产的图纸，都至少做到三轮复核。经过一系列协同配合，不仅确保了信息流的精确传导，还将最初预计的两个半月配送周期压缩至 45 天。为上下游双方都创造了更高的服务价值。

三是相关配件的难题。按照英国标准要求，不锈钢钢筋之间只能通过机械方式（套筒或者绑丝）连接，意味着主材之外，还需自备配件。为此，公司与太钢再次联手国内科研院所，用半年多的时间，实现了不锈钢套筒与不锈钢绑丝两项产品生产工艺的开发与应用。

从最初对单一产品生产的设想，到最终形成产品应用一揽子解决方案，物产中大金属公司成功完成了超过 500 种不同尺寸形状钢筋加工件的准时供应，且从未出现一次差错，协助项目方大幅提高了施工效率，有力保障了港珠澳大桥项目施工的顺利进行。

◢ 2.1.3　举措与创新

物产中大金属公司在参与港珠澳大桥项目之前，历经多年的渠道沉淀、市场开拓、终端服务、品牌运营的积累，形成了具有自身特色的集成服务模式。参与港珠澳大桥项目之后，物产中大金属公司对特殊市场环境下供应链集成服务理解更进一步，总结出了"一个基本点"和"四流集成运作"的宝贵经验。其中，"一个基本点"是指围绕客户核心痛点，"四流集成运作"是指商流、物流、资金流、信息流四流合一（表 2-1）。

表2-1　　　　　　　　　　　物产中大金属公司—港珠澳大桥"四流联动"

	上游钢企痛点解决	中游加工商痛点解决	港珠澳大桥终端痛点解决
商流	协调上游资源，境外调研特种钢材工艺，合作太钢打破技术壁垒。采购模式论证，多渠道降低采购成本，实现满足个性化需求	整合中小型加工商产能统一调配，生产各类钢筋加工件超过500种，钢箱梁钢板12.15万吨，不锈钢钢筋8300吨	现场驻点统筹，成立生产保障组、质控管理组等，把控项目配送及施工进度，所有材料到货即用，项目施工可达到"零损耗"标准
信息流	终端信息实时反馈，生产计划可实现无缝衔接，提升钢企周转效率，降低库存	统一协调上下游信息，匹配供需诉求	终端施工项目信息与上游钢厂信息实现实时沟通，及时匹配，提升供应链效率，缩短项目施工周期
资金流	期现结合锁定供销价格，规避价格风险	提供金融服务，减小中小加工商资金压力	提供金融服务，嵌入融资租赁服务
物流	全流程物流输出方案及实施	配送节点调配	物流保供服务及时，零差错

资料来源：物产中大公司官网、华创证券。

1. 上游

在商流环节，物产中大金属公司自20世纪90年代开始已经是国内主流钢厂的代理商，拥有历史优秀的钢厂合作经验，有资源和能力协助港珠澳大桥项目组赴欧洲进行产品的调研、考察和论证，并帮助钢厂实现产品的创新研发及国产化落地；在物流环节，能够通过合作网点仓储、运输的组织调度能力和集采优势，输出全流程的物流方案；在资金流环节，可以依靠充裕可靠的资金与信用背书，为采购提供帮助；在信息流环节，始终作为终端需求反馈的有效通道，帮助钢厂合理排产计划。

2. 中游

在商流环节，物产中大金属公司帮助整合优化钢厂产能，实现加工件的生产和配套使用，把控原料与加工件的进出时点，保证最大效能的机器利用率；在资金流环节，提供金融服务，帮助缓解加工压力；在物流环节，配合运输节点和保障货物安全；在信息流环节，凭借上接钢厂、中连加工厂、下至项目工地的优势，成为信息精准传导的桥梁和纽带。

3. 下游

在商流环节，物产中大金属公司把控从生产至送货到工地的全流程，成为材料统筹、质控管理、施工进度匹配的执行人，同时由于与钢厂的年度合作量大，还拥有批量采购的议价优势，能够在采购环节直接为下游客户降费；在物流环节，组织仓储运输资源提供一站式、高效率、低成本、无差错的保供服务，并且能通过物流战略合作帮助项目降低物流成本；在资金流方面，以丰富的金融工具运用和将企业信用导入供应链，成为资金与项目端的桥梁，解决"缺血"难题；在信息流环节，以端到端的信息对接、实时沟通提升供应链效率，降低整体流通成本，提供有竞争力的供应链集成服务。

2.2 国际公司板材供应链项目

物产中大国际贸易集团有限公司（以下简称"物产中大国际公司"）是物产中大集团重要成员公司之一，长期聚焦黑色系大宗商品全球贸易。公司创建于 1999 年 1 月 1 日，前身系由浙江物资产业集团总公司进出口分公司改制组建的浙江物产国际贸易有限公司。2004 年，公司成立第一家海外子公司——雅深国际（香港）有限公司，当年的销售额就突破了 100 亿元，列浙江省外贸企业第一名。2010 年成为物产中大集团内部公司首个通过杭州海关双 A 认证的企业。2012 年公司销售额突破 500 亿元，进出口总额达到 17 亿美元，连续多年在浙江省省级进出口企业中保持领先地位。2021 年公司正式更名为物产中大国际贸易集团有限公司，销售额突破 1000 亿元大关，迈入了新的发展阶段。

物产中大国际公司在钢铁流通贸易领域深耕 20 多年，经营品种覆盖黑色系全产业链，见证了行业一路的发展与成长。早期的钢材市场供不应求，只需对接上游资源进行单纯的货物贸易就能收获不错的利润。随着行业的发展，上游钢厂集中度日益提升，把控了更大的话语权；下游随着供需的平衡，客户的议价能力也在逐步增强；同时，介入供应链服务领域的竞争者也在不断增多。在这样的背景下，流通企业的利润空间被一步步挤压，过去的商业模式显然已经无法支撑公司未来的发展。

出路何在？物产中大国际公司经过周密思考，最终决定从单纯的货物贸易向供应链集成服务模式转型——借助自身在资金、规模、数据、渠道、人才等方面积累的优势，在供应链流通各关键环节为客户提供系统性解决方案，以此加深与客户的联系。在进行客户服务时，物产中大国际公司也十分注重深挖客户价值，以点带面，借助单个客户加深公司与整个产业集群之间的联系：通过客户的采购需求绑定上游钢厂资源，通过与客户在销售端的合作加强与终端市场的联系。同时，公司还注重用数据支撑业务发展，最终形成了"数据 + 产品 + 产业集群"的发展新思路。

板材供应链项目的三元经销模式正是物产中大国际公司在这一思路下探索出的创新商业模式。通过为 H 集团公司解决发展问题，物产中大国际公司将双方的合作从单一采购端的代理采购扩展到覆盖采购、加工、销售等多环节全产业链的集成服务，最终实现了合作双赢、共同成长的良好局面。

◢ 2.2.1 项目背景

H 集团公司成立于 2005 年，主要生产冷轧钢板、镀锌钢板等产品。一直以来，H 集团公司的业务发展主要依托于其对销售渠道的把控和对终端客户的深度捆绑。这些终端客户来自轻工五金、家用电器、家具、摩托车和自行车配件、LED 照明等不同行业，H 集团公司通过为它们提供不同规格的定制化镀锌钢板和冷轧碳钢，获取了一定规模的稳定终端市场，但是一直面临着三大制约发展的突出问题。

第一，在采购端，大批量钢材的采购和原材料库存占用了企业大量的流动资金，而且大宗商品的价格大幅波动也会直接影响到企业的利润空间。

第二，在销售端，终端市场竞争的加剧和产品生命周期的缩短使下游客户往往不愿与 H 集团公司订立长期的销售合约，导致订单需求不稳定。加之 H 集团公司的下游客户往往表现出小而散的特征，如 2020 年对前五大客户的销售额仅占总销售额的 14.6%，客户总规模达到 800 ～ 900 家，这使 H 集团公司在运营这一客户群体时需要花费大量的人力物力，营销成本和费用居高不下，市场扩张难度也随之加大。

第三，在加工端，因为订单量的波动导致 H 集团公司的产能无法被有效利用，销售端面临的困境不可避免地影响到了生产加工环节。以 H 集团公司的镀锌钢板生产线为例，这条生产线的设计产能为 25 万吨 / 年，而 2017 年该条生产线的产能利用率仅为 52%，2018 年为 36.8%，2019 年更是下降到了 29.8%。

近年来，市场价格的变化也朝着不利的方向发展。H 集团公司的主要产品冷轧钢板平均利润从 2015 年的 740 元 / 吨，下降到了 2019 年的 491 元 / 吨，镀锌钢板的平均利润也从 2016 年的 1263 元 / 吨下降到了 2019 年的 482 元 / 吨。而与此同时，H 集团公司的销售实物量并没有明显增长，导致企业毛利率出现下降，企业面临严重的发展瓶颈。

物产中大国际公司进一步调研后还发现：在采购端，H 集团公司的供应商集中度一直以来非常高，前五大供应商的供货量在 2015 年就已经占到了 H 集团公司采购量的 60%，到了 2020 年，这一数字已经攀升至 84.8%。面对上游的超大型供应商，H 集团公司每年不足百万吨的采购规模显得微不足道，因此在供应链中处于相对弱势的地位。在加工端，由于订单数量不稳定，H 集团公司的产能利用率偏低，边际成本始终居高不下。而在销售端，H 集团公司缺乏优良的渠道资源，很难通过自身能力打开市场。H 集团公司明白自身的困境本质上来自自身发展规模的限制，由于自身能力弱无法有效打开市场，较低的产能无法形成规模效应，降低成本，一旦原材料价格出现大幅波动，企业很容易面临严峻危机。但在市场开拓能力不足、市场前景不明的情况下盲目扩张，企业同样会面临巨大的风险。H 集团公司陷入两难的境地，急需找到办法破局。很显然，仅凭自己的力量，H 集团公司始终无法跳出规模不经济的陷阱，不行动只能眼看着运营成本居高不下，利润被一步步摊薄，而盲目扩张又无异于饮鸩止渴。H 集团公司急需要找到外部的力量，帮助自己脱离发展的困局。

▲ 2.2.2 破局之手

H 集团公司与物产中大国际公司的合作最早始于原材料的代理采购业务。由于原材料采购往往会占用企业的高额流动资金，因此代理采购模式在行业中十分普遍。以物产中大国际公司为代表的供应链服务企业往往具备较高的资金规模和较低的资金使用成本等优势。此外，由于供应链服务企业同时服务于多家客户，可以通过整合众多客户需求形成较大的实物量规模，如物产中大国际公司 2021 年的钢材实物量就达到了 2804 万吨。这样的规模有助于在产业链中获得较高的议价能力，与上游钢厂签订长期协议，最终以较低的价格获得相对稳定的原材料供应。代理采购合作模式能够有效帮助与 H 集团公司相似的延压类中小企业降低资金占用，优化财务结构。

除了资金与规模优势外，物产中大国际公司还具备数据与渠道优势。物产中大国际公司凭借在行业中多年的积累在全国不同地区、黑色系不同产品、不同业务模式的全方位布局；通过现期业务数据不断赋能业务发展，深挖分析不同区域和不同品种之间的强弱关系，发挥公司在国内外、长三角区域、粤港澳大湾区、京津冀区域等多市场、全产业链的现货渠道优势，获取现期、区域和品种之间的多线联动基础业务收益和增值业务的收益。物产中大国际公司积累了大量产业数据和渠道资源，通过金融赋能产生市场收益，而这些正是 H 集团公司所缺乏的。另外，随着近年来原材料价格上涨和钢铁行业集中度的提升，供应链利润分配进一步向炼铁、炼钢环节倾斜，留给贸易商和下游企业的利润逐渐减少，在此情形下，物产中大国际公司也更倾向于从单纯的贸易业务向供应链集成服务转型，也在寻求与客户更加多元化的合作模式。

物产中大国际在走访 H 集团公司的时候了解到了其困境。结合自身销售渠道上的优势，物产中大国际首先提出可以将原有采购端的合作向下游延伸，在销售端帮助 H 集团公司进行市场拓展。接着又借鉴其他供应链项目的经验，提出可以在加工端用代加工的模式消化 H 集团公司多余的产能，为双方创造更大的利益。最终，双方在加强供应链进一步深度合作方面一拍即合，从 2019 年 9 月开始，在采购端、加工端、销售端探索全面的三元经销方案（图 2-1）。

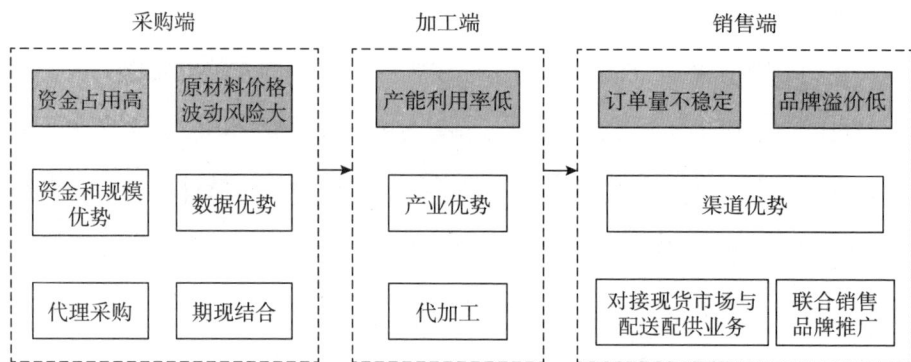

图 2-1　H 集团公司项目三元经销方案

首先，在采购端，除了原本的代理采购业务之外，物产中大国际公司还借助自身数据优势，通过期现手段为 H 集团公司实现了原材料和产成品的价格管理。具体来讲，在库存水平较高时，利用正基差降低 H 集团公司原材料和产成品库存的跌价风险；在库存水平较低时，利用反基差锁定远期价格，降低未来原材料涨价风险。通过上述操作，H 集团公司经营管理受原材料价格波动的影响大大降低，生产成本在可控范围内浮动，市场抗风险能力显著提升。

其次，在销售端，物产中大国际公司凭借自身的产业渠道优势，把 H 集团公司原本单一的终端客户市场扩展到了现货市场与工程配送市场。虽然这两个市场的单吨利润并不如直接销售给终端客户，但订单量往往较大且稳定，所需要面对的客户也更为集中，有助于在不显著增加运营成本的情况下扩大销售规模，并通过规模经济进一步降低产品的边际成本。此外，双方也通过联合销售的模式展开合作，物产中大国际公司借助自身在特定市场的渠道，帮助 H 集团公司进行镀锌钢板的品牌推广，成功打开了当地市场。在品牌效应的加持下，H 集团公司的产品在市场上的售价较其他延压厂更高，获得了可观的品牌溢价收益。

最后，在加工端，由于销售环节的成功突破，H 集团公司获得了更加稳定的订单量，产能利用率逐步提升。物产中大国际公司也利用自身的产业优势，通过与 H 集团公司签订代加工协议，有效利用 H 集团公司的闲置产能，为双方创造出更大的商业价值。

▲▲2.2.3　合作共赢

通过一段时间的合作，双方都取得了不错的效益。从 H 集团公司来看，其销售实物量有了明显提升，即使受 2020 年疫情影响，H 集团公司的销售实物量也达到了 62 万吨，创下近三年来新高。由于在现货市场和工程配送市场的销售额上升，H 集团公司的产能利用率以稳定的速度逐步提高，对订单的预测更加准确，企业整体毛利水平也在规模扩大的情况下保持了稳定，表明其运营质量已经有了实质性改善。2021 年，H 集团公司投资上马了新的生产线，未来还将进一步扩大产能。通过双方的合作，H 集团公司正在逐步走出停滞期，对下一步发展充满信心。

而对于物产中大国际公司来说，在与 H 集团公司开展三元经销模式创新后，业务规模和效益都获得了显著提升：双方贸易量从原先不足 7 万吨 / 年增长到了 20 多万吨 / 年，项目整体利润从过去的约 190 万元 / 年增长到了约 800 万元 / 年，项目资金利润率也从 5% 提高到 10%。

此外，H 集团公司供应的冷轧钢板和镀锌钢板产品，也为物产中大国际公司绑定了部分下游终端客户，并支撑物产中大国际公司配供配送业务的开展，以采购渠道建设和终端客户开发为抓手不断延伸产业链，整合渠道、数据、金融、物流资源为行业客户提供解决方案，形成一批合作稳定、资信良好、合作空间广阔的优质终端客户和特大型施工企业。此外，双方的合作还扩展了物产中大国际公司的业务模式，加速推进了物产中大国际公司向供应链集成服务商的转型，不断强化上下游渠道建设，重点拓展终端客户，不断提升综合集成服务能力，重点围绕产业链客户的痛点、难点和需求点，以强大的资源组织、销售网络、物流网络为依托，联动商流、物流、资金流、信息流，促进供给、需求两端的深度对接，产业链与金融工具的有机融合，以多种服务手段灵活组合的方式满足市场需求，为客户创造价值，特别是要强化终端客户的实际需求。

公司从全产业链运营的视角，持续整合大宗商品产业链上下游资源，积极推广和升级供应链一体化模式，与上下游企业建立紧密战略合作，形成优势互补，为客户提供全产业链的增值增效服务，形成可复制、可推广的成熟运营模式，具备综合成本优势和较强抗风险能力。随着市场广度和品种垂直深度的延展，客户黏性越来越高，金融赋能在此基础上越能发挥优势，已经形成了具有自身特色的业务模式，即稳定收益的产业客户订单 + 基差管理 + 信息数据赋能。随着这种业务模式的打造，区别于传统资金推动型的单项代理模式，让业务订单和流量变得更有价值了，这是金融赋能的基础。公司的订单、流量、产业客户越多，能实现的价值创造就越多；同时，金融赋能越高，就越能促进业务更好地开发、维护产业客户，实现双向良性发展。

从行业视角来看，通过供应链服务企业和延压企业的深入合作，能充分整合行业内资源，促进行业整体的效率提升。而通过对接供应链服务企业的优势资源，延压行业中的中小企业能有效突破发展瓶颈，促进中小企业的转型升级和可持续成长。

2.3 环能公司热电联产服务案例

浙江物产环保能源股份有限公司（以下简称"物产中大环能公司"）作为物产中大集团旗下能源板块专营公司，前身为成立于 1950 年的中国煤业建筑器材公司杭州办事处，1971 年更名浙江省燃料公司，1985 年划归浙江省物资局管理，2000 年改制为浙江物产燃料有限公司，2012 年通过股份制改造更名为浙江物产环保能源股份有限公司。

70 余年间，物产中大环能公司通过精耕煤炭市场，在全国范围内建立起了比较完善的营销网络，培养了一支比较专业的营销团队，走出了自己的一片天地，尤其是在热电联产领域，实现了煤炭供应链向下游热电联产产业延伸，在能源实业领域开创出适合物产中大环能公司的煤热、煤电联动发展新模式（图 2-2）。

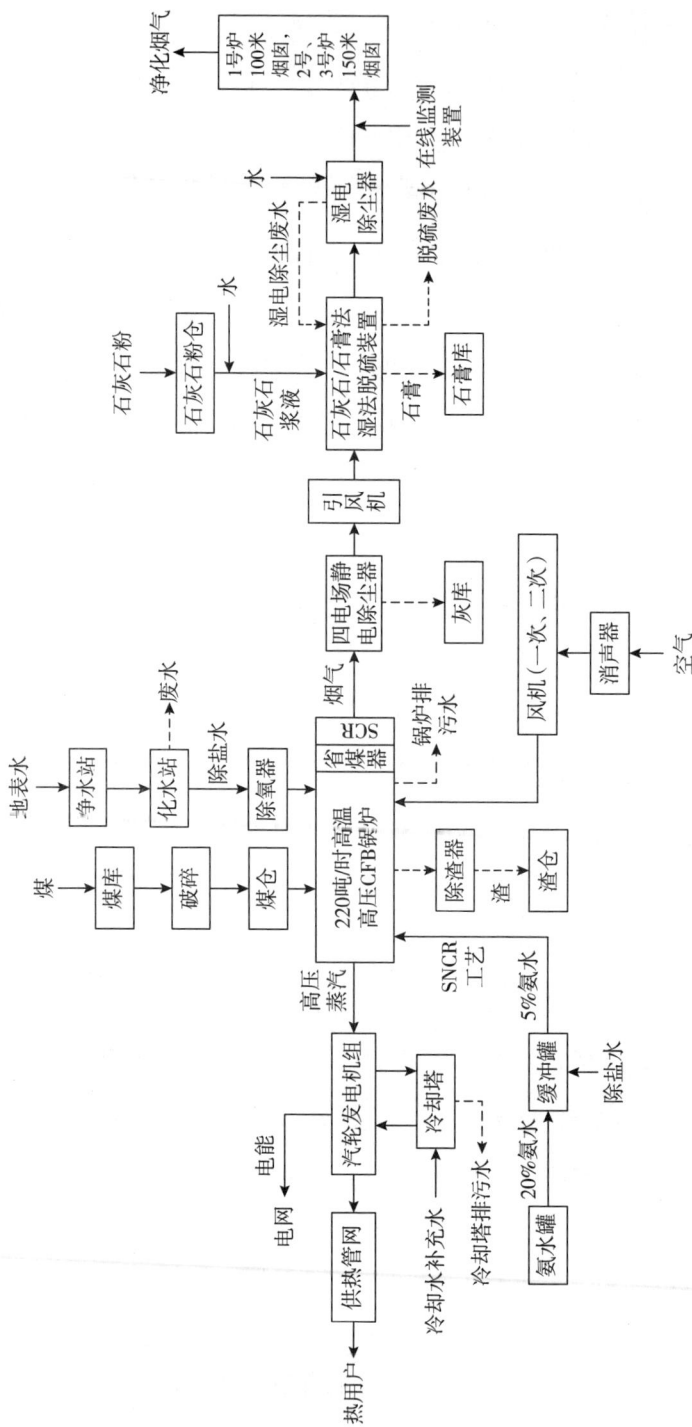

图 2-2　新嘉爱斯热电项目现有燃煤热电联产机组生产工艺流程示意图

◢ 2.3.1 案例背景

煤炭是我国的主体能源和重要的工业原料。在很长的一段时间，煤炭作为国家的"一类物资"，其生产、销售以及定价均由政府确定，煤炭工业也因此成为受计划经济体制影响最深的基础产业部门。

改革开放前，煤炭企业严格执行国家计划，生产、运输、销售、价格等要素均由国家统一计划，盈亏由国家统一平衡。

改革开放后，随着国家逐步从传统的计划经济体制向社会主义市场经济体制转型，煤炭行业的改革也逐步深化，煤炭交易活动最终实现了从计划订货向市场交易的过渡。其中，1978—1992 年，虽然国有重点煤炭企业仍然实行计划经济，但是在 1985 年国家开始对统配煤矿实行投入产出总承包，企业自主经营权逐步扩大。1993—2001 年，《中华人民共和国煤炭法》实施，通过试点放开煤炭价格，改革订货制度，对全国统配煤矿实行属地管理。2002—2011 年，国家发布《关于促进煤炭工业健康发展的若干意见》，完善煤炭资源开发监管体系，深化煤炭流通体制改革，改革电煤价格形成机制，继续推进煤炭订货方式改革，鼓励供需双方自主衔接、签订长期供货合同。这一时期，由于新型煤炭行业发展理念逐步形成，煤炭行业整体扭亏为盈。但到了 2012 年，煤炭行业因产能过剩又陷入了亏损，国家颁布的《关于煤炭行业化解过剩产能实现脱困发展的意见》提出了化解煤炭行业过剩产能、推动煤炭企业实现脱困发展的 9 项主要任务，也就是严格控制新增产能，加快淘汰落后产能和其他不符合产业政策的产能，有序退出过剩产能，推进企业改革重组，促进行业调整转型，严格治理不安全生产，严格控制超能力生产，严格治理违法违规建设，严格限制劣质煤使用。同时，国家还颁布了《关于深化电煤市场化改革的指导意见》，要求深化电煤市场改革，以取消重点电煤合同、实施电煤价格并轨为核心，逐步形成合理的电煤运行和调节机制，完善煤电价格联动机制。

2007年之前，物产中大环能公司受煤炭行业改革影响，面对着一个这样的市场环境：一是煤炭价格随行就市，受产能、运输、需求等诸多因素影响，任何一环的变化都有可能引发煤价的剧烈波动，进价难控；二是煤炭贸易企业竞争激烈，必须千方百计讨好客户、看客户脸色"吃饭"；三是煤炭总体产大于销，靠价格差的传统业务模式难以为继。失去计划体制保护的物产中大环能公司如何尽快摆脱困难局面，走出一条适应市场经济发展的新路子，是一道迫在眉睫、关乎生死的必答题。

物产中大环能公司进行了艰辛的探索。为解决煤炭贸易销售利润率偏低、应收账款过大、敞口库存存在跌价风险等问题，物产中大环能公司开始寻求煤炭贸易的模式转型，积极尝试供应链服务模式，寄希望于根据供应商和客户需求，通过嵌入金融、物流、信息等服务，或延长供应链，实现多点盈利。然而，在尝试了一段时间的煤钢联动模式后，物产中大环能公司发现钢铁企业存在账期长、风险难以把控等问题，对于改变当时的困境没有起到太大效果，甚至可能将公司带入更大的风险之中。物产中大环能公司经过慎重考虑，果断地放弃这种模式，又开始了新的尝试。

"山重水复疑无路，柳暗花明又一村"。2007年，正当物产中大环能公司手足无措之时，突然出现了业务拓展的新机遇。当时物产中大环能公司的客户嘉兴嘉爱斯热电有限公司经营出现了状况——这家中外合作经营的热电联产企业，其中方主要股东应嘉兴市国资委关于国有资本退出竞争性领域的要求，有意向出让所持股权；外方股东也因全线收缩在华业务想转让剩余股权。

长期以来，物产中大环能公司与嘉兴嘉爱斯热电有限公司合作密切，对嘉爱斯热电有限公司也"知根知底"。综合分析后，物产中大环能公司认为，如果能够收购这些股份，至少有三大好处：一是可以利用嘉爱斯热电有限公司现有的码头、堆场资源，做大做强自身煤炭贸易主业；二是可以实现贸易为主的业务模式向贸工结合业务模式转变，获得相对稳定的回报；三是可以与嘉爱斯热电有限公司服务的当地企业形成良好的互动关系，有利于今后自身以及物产中大集团下属其他成员公司业务拓展。

因此，物产中大环能公司一直在与股权出让方进行沟通对接。特别是物产中大集团与物产中大环能公司的联合尽调团队对嘉兴嘉爱斯热电进行实地考察后惊喜地发现，嘉兴嘉爱斯热电公司只要拓宽嘉爱斯融资渠道，完成其技术改造方案，就能够充分发挥其产能，进一步提高其盈利能力。于是，各方一拍即合，很快就敲定了收购意向。

2007 年，物产中大环能公司先后收购了嘉兴某国资公司的 50% 股权和美国 IES 公司的 20% 股权，余下 30% 股份引入战略投资者并实行骨干员工持股，美方资本全部退出，物产中大环能公司以 70% 股权控股新嘉爱斯（图 2-3）。这标志着物产中大环能公司打开了热电联产布局的第一步。

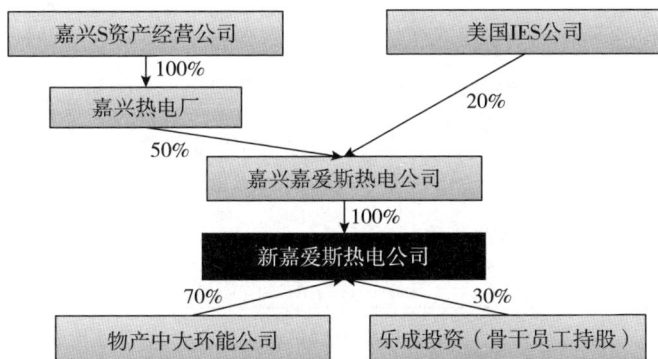

图 2-3　新嘉爱斯股权结构演变图

▲ 2.3.2　挑战与问题

2007 年，物产中大环能公司取得了"双丰收"：在贸易板块，煤炭销售规模首次突破千万吨大关，形成了煤炭贸易、二次能源、能源物流、增值服务四位一体的业务模式；在贸工联动方面，成功收购了新嘉爱斯热电公司，实现了业务重大转型。但正在全公司上下为此感到喜悦之时，物产中大环能公司突然发现，"万事开头难"，新的挑战又出现了。

一方面，煤电、煤热价格联动机制存在滞后效应。煤炭价格波动明显，最终会通过用煤成本体现到热电企业的总成本之中。国家虽然制定了煤电、煤热联动机制，可以在一定程度上缓解这一不利影响，但其调整存在一定滞后性，且终端用户的接受程度不一，对热电企业及时调整生产、销售策略均会带来不利影响（表2-2、表2-3、表2-4、表2-5）。

表2-2 　　　　　　　　　　　　　我国与煤炭流通行业相关的主要法律法规

名称	颁布单位及时间	主要内容
《中华人民共和国煤炭法》	全国人大常委会（2016年）	合理开发利用和保护煤炭资源，规范煤炭生产、经营活动，促进和保障煤炭行业的发展
《商品煤质量管理暂行办法》	国家发展改革委等六部委（2014年）	强化商品煤全过程质量管理，提高终端用煤质量，推进煤炭高效清洁利用，改善空气质量

表2-3 　　　　　　　　　　　　　我国与煤炭流通行业相关的主要产业政策

名称	颁布单位及时间	相关主要内容
《关于建立健全煤炭最低库存和最高库存制度的指导意见（试行）》及考核办法	国家发展改革委、能源局（2017年）	建立健全煤炭最低库存和最高库存制度，进一步落实企业主体责任和社会责任，强化地方政府监管责任，督促指导煤炭生产、经营、消费企业保持合理库存水平，不断提升供应保障能力和市场风险防范能力，促进供需动态平衡，为经济社会平稳运行提供有力支撑
《煤炭物流发展规划》	国家发展改革委（2013年）	为促进我国煤炭物流健康有序发展，提出煤炭物流行业发展的指导方针和目标、空间布局、主要任务、保障措施等内容

表2-4 　　　　　　　　　　　　　我国与热电联产行业相关的主要法律法规

名称	颁布单位及时间	主要内容
《中华人民共和国电力法》	全国人大常委会（2018年）	保障和促进电力事业的发展，维护电力投资者、经营者和使用者的合法权益，保障电力安全运行。电力事业应当适应国民经济和社会发展的需要，适当超前发展。国家鼓励、引导国内外的经济组织和个人依法投资开发电源，兴办电力生产企业
《中华人民共和国节约能源法》	全国人大常委会（2018年）	国家鼓励工业企业采用高效、节能的电动机、锅炉、窑炉、风机、泵类等设备，采用热电联产、余热余压利用、洁净煤以及先进的用能监测和控制等技术

续表

名称	颁布单位及时间	主要内容
《中华人民共和国大气污染防治法》	全国人大常委会（2018年）	城市建设应当统筹规划，在燃煤供热地区，推进热电联产和集中供热。在集中供热管网覆盖地区，禁止新建、扩建分散燃煤供热锅炉；已建成的不能达标排放的燃煤供热锅炉，应当在城市人民政府规定的期限内拆除
《中华人民共和国安全生产法》	全国人大常委会（2014年）	加强安全生产工作，防止和减少生产安全事故，保障人民群众生命和财产安全，促进经济社会持续健康发展
《中华人民共和国环境保护法》	全国人大常委会（2014年）	排放污染物的企业事业单位和其他生产经营者，应当采取措施，防治在生产建设或者其他活动中产生的废气、废水、废渣、医疗废物、粉尘、恶臭气体、放射性物质以及噪声、振动、光辐射、电磁辐射等对环境的污染和危害

表2-5　　　　　　　　　　我国与热电联产行业相关的主要产业政策

名称	颁布单位及时间	相关主要内容
《完善生物质发电项目建设运行的实施方案》	国家发展改革委（2020年）	坚持"以收定补、新老划段、有序建设、平稳发展"，进一步完善生物质发电建设运行管理，合理安排2020年中央新增生物质发电补贴资金，全面落实各项支持政策，推动产业技术进步，提升项目运行管理水平，逐步形成有效的生物质发电市场化运行机制，促进生物质发电行业持续健康发展
《关于促进非水可再生能源发电健康发展的若干意见》	财政部、国家发展改革委、能源局（2020年）	为促进非水可再生能源发电健康稳定发展，提出包括完善现行补贴方式，完善市场配置资源和补贴退补机制，优化补贴兑付流程，加强组织领导等具体措施
《产业结构调整指导目录（2019年）》	国家发展改革委（2019年）	生物质能的工程项目与装备制造等全领域进入了鼓励类目录
《可再生能源电价附加资金管理办法》	财政部、国家发展改革委、能源局（2020年）	国家发展改革委、国家能源局应按照以收定支原则，制定可再生能源发电项目分类型的管理办法；电网企业应按照本办法要求，定期公布、及时调整符合补助条件的可再生能源发电补助项目清单，并定期将公布情况报送财政部、国家发展改革委、国家能源局
《关于深化燃煤发电上网电价形成机制改革的指导意见》	国家发展改革委（2019年）	坚持市场化方向，按照"管住中间、放开两头"的体制架构，进一步深化燃煤发电上网电价机制改革，加快构建能够有效反映电力供求变化、与市场化交易机制有机衔接的价格形成机制，为全面有序放开竞争性环节电力价格、加快确立市场在电力资源配置中的决定性作用和更好发挥政府作用奠定坚实基础

续表

名称	颁布单位及时间	相关主要内容
《循环发展引领行动》	国家发展改革委等14部委（2017年）	推动生产系统和生活系统能源共享。积极发展热电联产、热电冷三联供，推动钢铁、化工等企业余热用于城市集中供暖
《关于促进开发区改革和创新发展的若干意见》	国务院办公厅（2017年）	完善公共设施和服务体系，引导工业项目向开发区集中，促进产业集聚、资源集约、绿色发展，切实发挥开发区规模经济效应
《热电联产管理办法》	国家发展改革委等5部委（2016年）	对热电联产的规划建设、机组选型、网源协调、环境保护、政策措施、监督管理进行了规定。背压燃煤热电联产机组建设容量不受国家燃煤电站总量控制目标限制
《政府核准的投资项目目录（2016年）》	国务院（2016年）	热电站（含自备电站）：由地方政府核准，其中抽凝式燃煤热电项目由省级政府在国家依据总量控制制定的建设规划内核准
《关于进一步深化电力体制改革的若干意见》	中共中央、国务院（2015年）	提出"三放开、一独立、三加强"，有序放开输配以外的竞争性环节电价，有序向社会资本放开配售电业务，有序放开公益性和调节性以外的发用电计划；交易机构相对独立，规范运行；强化政府监管，强化电力统筹规划，强化电力安全高效运行和可靠供应
《关于印发电力体制改革配套文件的通知》	国家发展改革委、能源局（2015年）	针对"电改9号文"印发6个电力体制改革配套文件，包括输配电价改革、电力市场建设、电力交易机制组建和规范运行、有序放开发用电计划、售电侧改革、燃煤自备电厂监督管理
《国家发展改革委关于完善垃圾焚烧发电价格政策的通知》	国家发展改革委（2012年）	进一步完善垃圾焚烧发电价格政策，包括：进一步规范垃圾焚烧发电价格政策；完善垃圾焚烧发电费用分摊制度；切实加强垃圾焚烧发电价格监管等措施

另一方面，产业政策发展导向正在调整。新嘉爱斯热电公司服务的客户，主要是位于杭嘉湖地区产业聚集区内的印染企业。随着绿色发展理念深入人心和环保政策要求的提高，产业聚集区内的印染行业数量在陆续减少、外迁开始增多，直接降低了热电厂的终端客户数量。

以上两个问题，无疑又给物产中大环能公司的发展蒙上了新的阴影。

2.3.3 举措与创新

物产中大环能公司面对新困难不畏惧，进行了积极的应对。

1.创新贸易模式

（1）集购分销。物产中大环能公司通过热电厂自用煤炭的供应获得贸易机会，集聚内部热电企业的需求，整合平台优势，集中向国际、国内供应商采购，扩大采购量，签订年度协议，锁定相对低价，充分发挥了资源渠道优势，在降低采购成本的同时也实现了热电企业降本增效。

（2）筛分配煤。在收购新嘉爱斯后，物产中大环能公司实现一、二次能源结合经营的突破口。公司以新嘉爱斯这一实业平台探索研制适合热电厂最佳的适烧煤种和配煤方案，以最少的煤耗取得最大的热能效应和社会环境效应，进而不断提升效益。

（3）现期结合。通过现期结合，物产中大环能公司实现了动态库存管理。一方面，当公司现货在途库存较大，销售渠道不畅通，而行情下跌趋势已确立之时，利用期货做空机制，在盘面快速去库存；另一方面，当公司存在远期销售合同，而现货库存较低，行情涨势已确立时，利用期货渠道快速建立虚拟库存，使公司库存处于一个合理的水平，并帮助降低煤炭采购成本。从表2-6可以看出，2018—2020 年，尽管物产中大环能公司煤炭现期结合业务交易量与公司煤炭总销量相比规模较小，但逐年增长。

表2-6　　　　　物产中大环能公司2018—2020期货交易量　　单位：万吨

项　目	2020年	2019年	2018年
套期保值类业务	2611.78	430.78	339.16
基差类业务	331.56	258.02	–
合计	2943.34	688.80	339.16

（4）物流集成。物产中大环能公司利用与港口、海运等物流企业签订战

略合作协议，通过公司统一协调海运租船业务、船型选择等方式，实现费率优惠，降低物流成本。同时，物产中大环能公司也利用好新嘉爱斯相关物流设施，形成外海内河联动格局，为浙北地区的物流布局和集成化运作打下坚实基础。

通过贸易板块四个模式的联动，物产中大环能公司成功在热电联产供应链的采购端实现降本目标，为热电企业赢得发展先机。

2. 推进精细管理

为降低煤价变动对热电企业的影响，物产中大环能公司深挖内部潜能，加强技术性操作，包括夜间锅炉压火、白天开汽动给水泵，在低负荷生产时尽量控制煤耗和外购电，减少亏损；制定降本增效措施，科学调度机组运行结构，通过降低管损、自用电、物料消耗等降低内部消耗，严控成本。同时，积极引入数字化管理手段，提升经营效率。

（1）降低供热管损。除更换高灵敏度流量计和保温材料外，物产中大环能公司积极开展和浙江大学的合作，进行数字模拟和大数据分析，逐一定位排查管损较大的供热管线，采取有效措施控制供热管损。

（2）降低厂用电率。热电企业针对自身机组运行情况，根据用汽高峰、低谷负荷特性，积极通过汽动给水泵代替电动给水泵、变频代替工频的措施，切实降低厂用电量。以新嘉爱斯为例，其通过合理增加汽动给水泵和汽动空压机使用频率，将厂用电率控制在 19% 以内。

（3）提高能源利用率。热电企业通过控制尾部出口温度在 90 ~ 95℃，提高低温省煤器回收热量，年可节约标准煤 3700 吨；通过集中回收生产疏水和排污尾气，减少排放热损失，提升热效率；通过加装余热回收装置，每小时可节约 5000 大卡的原煤 1.5 吨，年可节约成本约 500 万元。

（4）数字化平台建设。物产中大环能公司以建设数字化的系统平台为抓手，联合浙江大学等专业机构，进行了产学研合作，开发了"智慧环保云平台"，实现对热电生产过程中的大数据进行挖掘以及烟气超低排放过程的智能管控，达到平稳生产、稳定排放和智慧协同的目的。

热电企业通过实施技改项目、数字化管控等方式，实现生产平稳运行，同时有效提升了能源利用效率，切实加强降本增效力度。

3. 加速科技创新

为解决未来可能出现的产业政策限制问题，物产中大环能公司走在时代前沿，积极创新热电厂产品，包括污泥焚烧综合利用、生物质综合利用、集中供压缩空气等，在创造经济效益的同时为未来的转型发展奠定了基础。

（1）污泥焚烧综合利用。为了积极响应建设生态嘉兴的号召，切实履行好企业的社会责任，2009 年新嘉爱斯针对国内外污泥处理方式和污泥处理处置技术还不成熟的情况，积极创新，努力实践符合规范化、规模化、无害化和资源化要求的污泥处理处置技术和工艺，探索污泥干化系统集成技术，投资 3.5 亿元建成了具有企业自主知识产权的污泥干化焚烧综合利用项目，包括日处理 2050 吨的污泥干化生产线和 220 吨 / 时的高温高压循环流化床污泥焚烧锅炉，并配套 1 台 50 兆瓦背压式汽轮发电机组。

污泥焚烧锅炉采用低氮等清洁燃烧技术，烟气处理采用炉内喷石灰石粉一级脱硫 + 高效静电除尘 + 活性碳喷雾 + 布袋除尘 + 炉外烟气双碱法二级脱硫净化工艺。2016 年 5 月，新嘉爱斯 2 台污泥焚烧锅炉全部完成烟气超低排放改造，烟气排放浓度达到燃气轮机组的排放要求。项目后续经提升改造，现日处置污泥能力 2340 吨，最大日处置污泥能力 2500 吨，年处理污泥超过80 万吨（图 2-4、图 2-5、图 2-6）。新嘉爱斯热电与浙江大学合作研发的污泥干化焚烧技术也获得了"国家科技进步二等奖"。

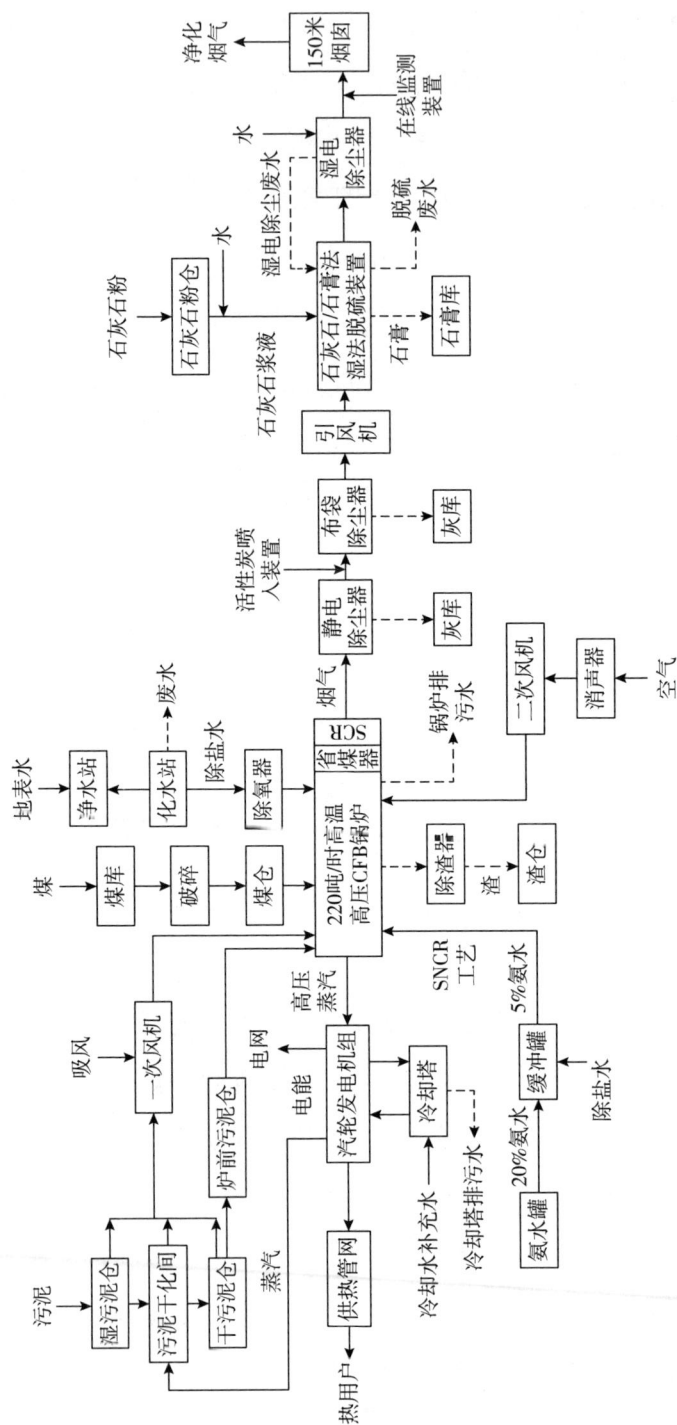

图 2-4　新嘉爱斯热电现有污泥焚烧热电联产机组生产工艺流程示意图

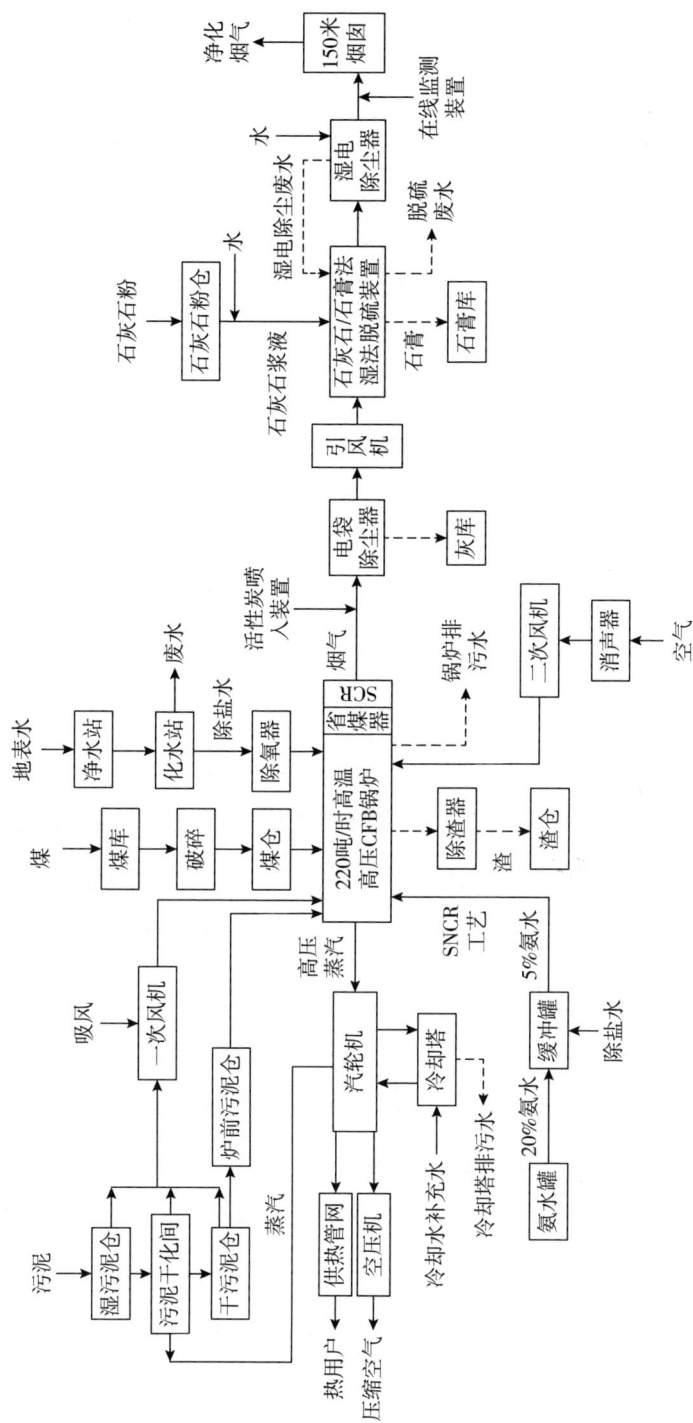

图 2-5 新嘉爱斯热电现有污泥焚烧集中供压缩空气机组生产工艺流程示意图

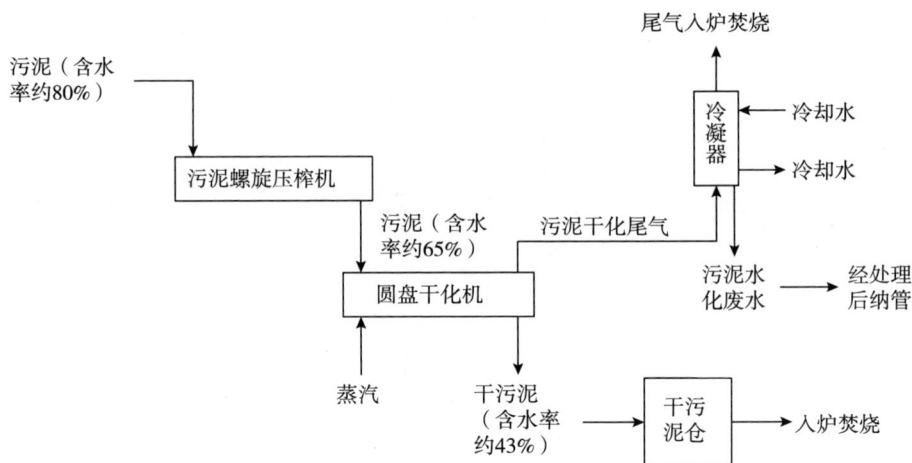

图 2-6　新嘉爱斯热电现有污泥干化线生产工艺流程示意图

（2）生物质焚烧综合利用。嘉兴是一个传统的农业大市，农业废弃物（秸秆）资源十分丰富。随着农村生活水平的提高和新农村建设的推进，作为燃料的秸秆被大量替代，产生大量剩余，为赶季节农民不得不在田间直接焚烧，产生的烟雾影响了交通安全，既浪费了宝贵的资源，又严重污染了环境，还有可能造成人身伤害。同时，大量的湿地芦苇、树枝、废旧木质家具、装修和拆迁废木料以及废旧建筑模板废弃，对环境造成压力。规模化地开发、利用这部分生物质废弃物，可有效解决上述问题，促进和谐社会、生态社会以及循环经济的发展。有鉴于此，新嘉爱斯上马了生物质焚烧综合利用项目。但是，万事开头难。当混合农林业废弃物的燃料首次通过行车装载入投料系统时，就出现了皮带运送电流异常问题。由于其中的木料韧性强，生物质料无法落料。仅仅半分钟，守候在现场的技术人员就穿戴好防护用具，开始挥舞着料刀，抢通输送系统。整整 24 个小时，为了能让生物质料不断地投运，3 组技术人员交替工作，锅炉运行操作工们也同样全神贯注地调控着锅炉的状态，终于确保了新嘉爱斯热电生物质项目试运行成功。此后，新嘉爱斯根据试运行数据和遇到的问题，成立攻关小组，逐一解决了燃料稳定供应、锅炉燃烧效率等问题，在生物质发电技术上取得 5 项国家发明专利和 11 项实用新型专利，年消耗生物质（秸秆、湿地芦苇、树枝、废旧木质家具、装修和拆迁废木料以及废旧建筑模板的粉碎料等）超过 20 万吨，替代标准煤约 10 万吨，新增年发电量约 1.781 亿千瓦时，年供汽量约 23.6 万吨，从而实现年减排二氧化碳约 25 万吨，灰渣也能进一步综合利用（图 2-7）。

（3）集中供压缩空气。新嘉爱斯还建有 3 台由汽轮机驱动的 1500 立方米 / 分空气压缩机以及相应的配套设施，向周边约 54 家用户供应压缩空气，年压缩空气供应量达 20 亿立方米，实现了集中供气替代分散、低效小型空气压缩机供气的节能目标。同时，利用现有锅炉配套建设了 1 台 12 兆瓦高背压式汽轮发电机组以及中压供热管道，以 3.5 兆帕中压蒸汽替代关停周边区域小型的、热效率低的印染企业导热油锅炉，提高能源利用效率，为政府推进"能源双控"作贡献（图 2-8）。

上述项目的实施，有力地提升了新嘉爱斯的节能减排工作水平和服务于嘉兴市大力实施"生态立市"战略的能力，推进了物产中大环能公司建设资源节约型和环境友好型企业目标的实现，也为"生态嘉兴"及"五水共治"作出了积极贡献。

◢ 2.3.4　应用与评价

新嘉爱斯的快速成长，让物产中大环能公司尝到了热电联产的甜头。

1. 实现了模式复制规模扩张

物产中大环能公司通过"贸实结合、双轮驱动"，不仅成就了规模扩张，还实现了模式复制。目前，物产中大环能公司拥有嘉兴新嘉爱斯热电有限公司、桐乡泰爱斯环保能源有限公司、浙江物产中大环能公司浦江热

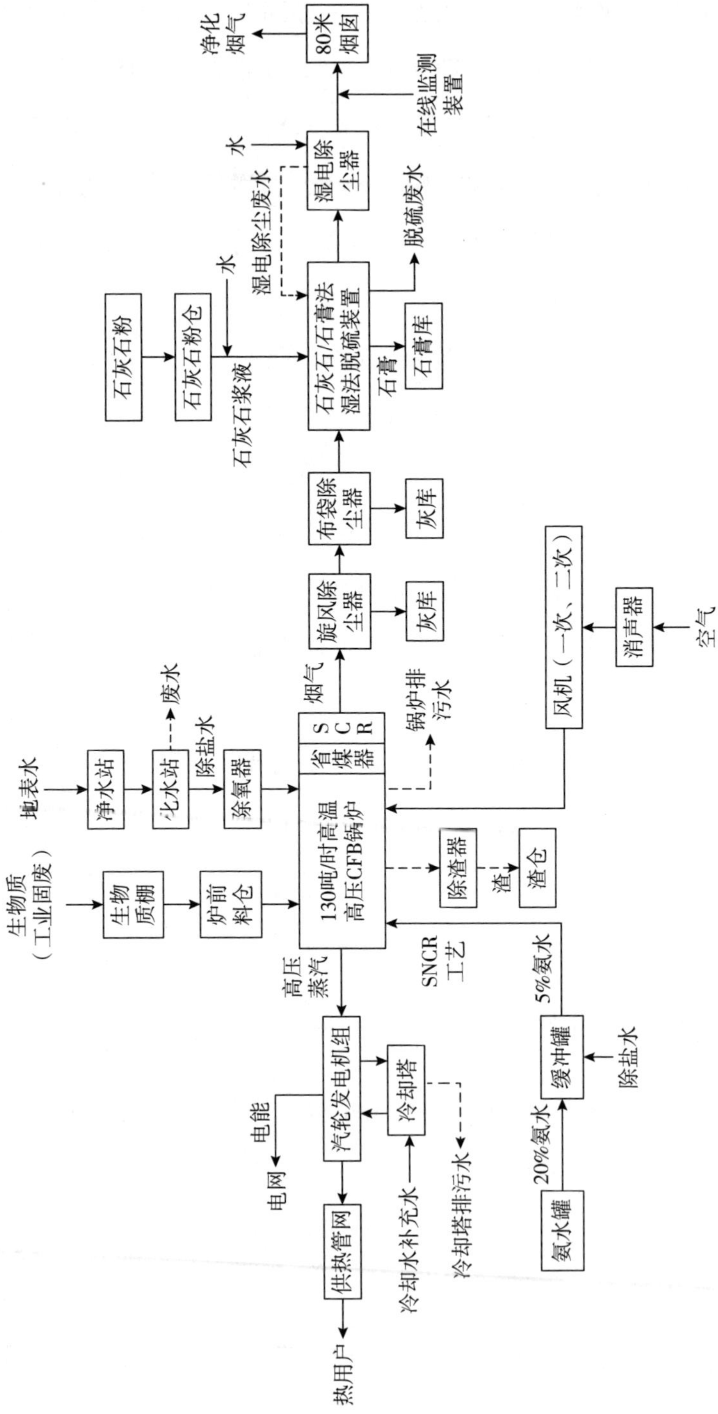

图 2-7 新嘉爱斯热电农业生物质（工业固废）热电联产机组生产工艺流程示意图

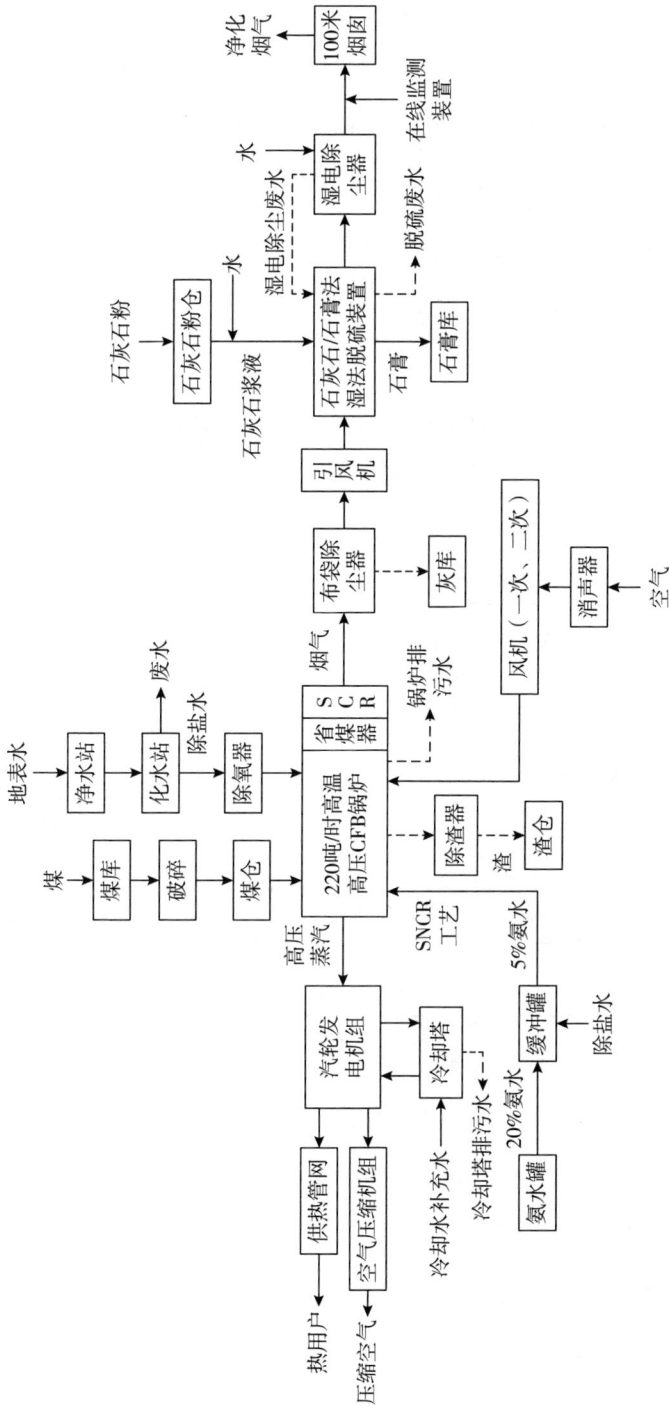

图 2-8 新嘉爱斯热电现有压缩空气供应机组生产工艺流程示意图

电有限公司、浙江秀舟热电有限公司、嘉兴市富欣热电有限公司、浙江物产山鹰热电有限公司（在建）、浙江物产金义生物质热电有限公司（在建）等7家热电联产企业，年供热能力1962.90万吨、发电31.76亿千瓦时、压缩空气45.22亿立方米，覆盖热网主管道511千米，为包括嘉兴地区王江泾工业园区，桐乡经济开发区，南湖区凤桥镇、余新镇，秀洲区新丰镇、大桥镇，金华地区浦江经济开发区、金义新区在内的多家用能企业提供绿色清洁能源（表2-7）。

表2-7　　　　　　　　物产中大环能公司热电联产各热电项目具体情况

业务主体	热电联产具体业务	获取方式
一、已投产项目		
新嘉爱斯热电	蒸汽、电力、压缩空气、污泥处置	收购
桐乡泰爱斯环保能源	蒸汽、电力、压缩空气	与当地政府接洽，协商后投建
浦江热电	蒸汽、电力、压缩空气、污泥处置	与当地政府接洽，协商后投建
秀舟热电	蒸汽、电力	收购
富欣热电	蒸汽、电力	收购
二、在建项目		
物产山鹰热电	蒸汽、电力	与当地政府接洽，协商后投建
物产金义生物质热电	蒸汽、电力	招投标获得

物产中大环能公司将新嘉爱斯污泥焚烧综合利用项目、生物质综合利用项目以及集中供压缩空气项目的成熟技术工艺，推广到其他热电联产企业，其中桐乡泰爱斯环保能源、浦江热电采用集中供压缩空气技术方案（图2-9、图2-10），浦江热电还采用了污泥焚烧综合利用技术方案，建设中的金义生物质热电将采用生物质综合利用技术方案。

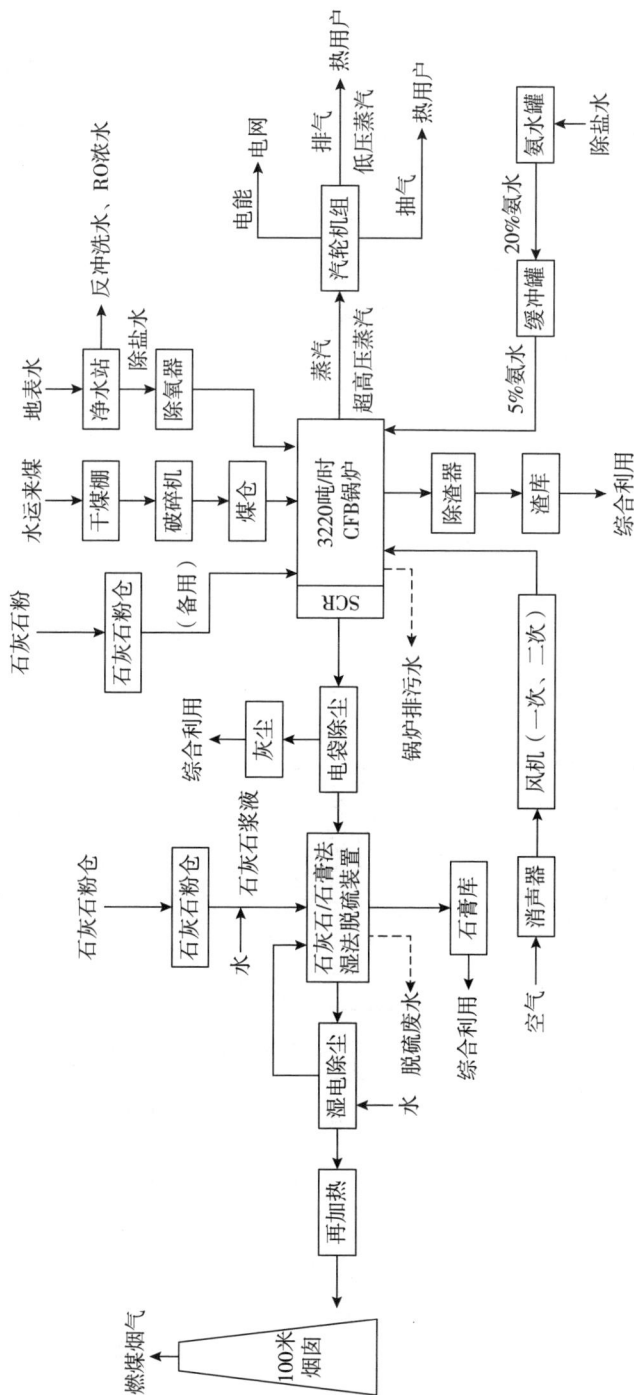

图 2-9　桐乡泰爱斯环保能源现有燃煤锅炉工艺流程示意图

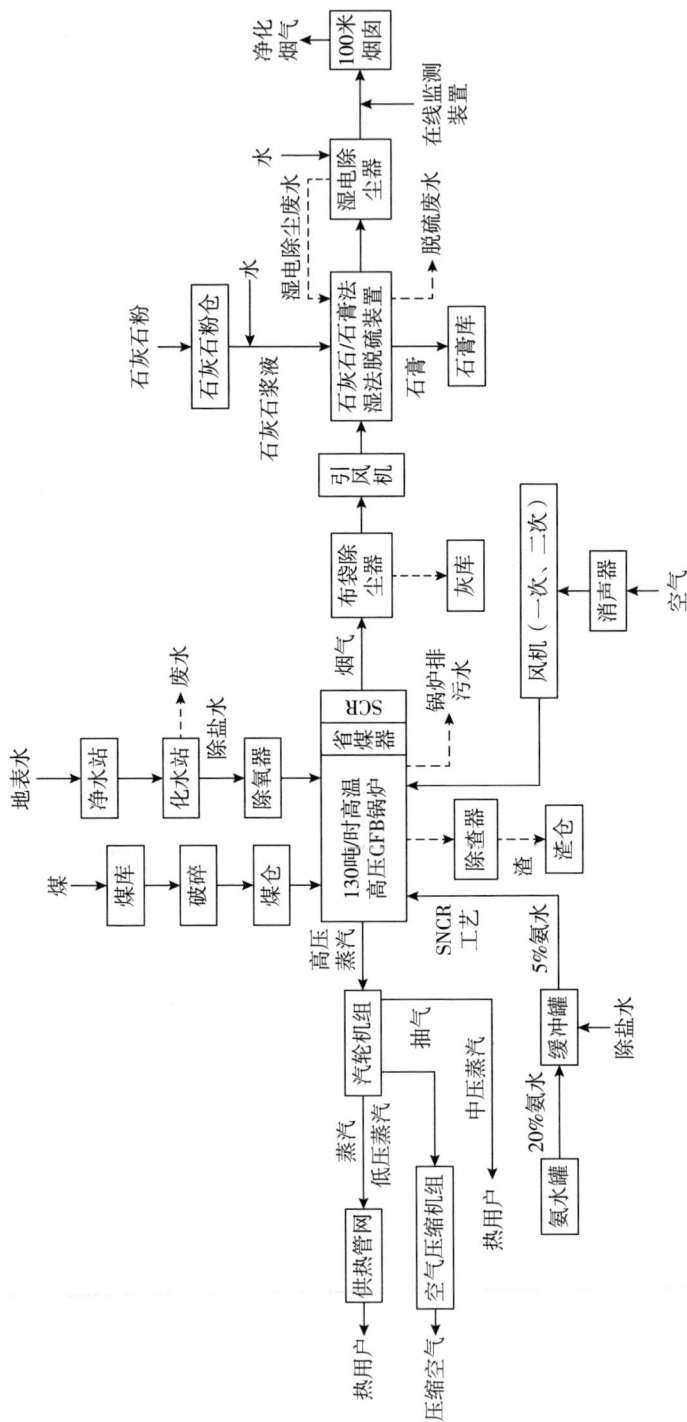

图 2-10 浦江热电现有燃煤锅炉工艺流程示意图

2. 实现了煤炭贸易持续发展

物产中大环能公司煤炭流通业务的上游是煤炭生产企业或其他煤炭贸易企业，下游是电力、建材、造纸、冶金、化工等煤炭消费企业（图 2-11）。

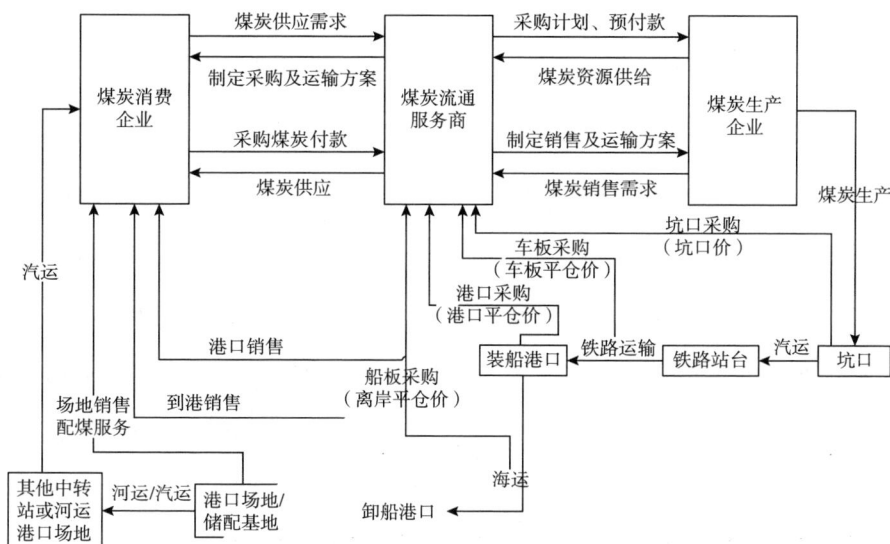

图 2-11　物产中大环能公司煤炭流通业务整体流程

物产中大环能公司依托嘉兴新嘉爱斯热电有限公司、桐乡泰爱斯环保能源有限公司、浙江物产中大环能公司浦江热电有限公司、浙江秀舟热电有限公司、嘉兴市富欣热电有限公司等热电联产企业，一方面实现了"比市场更懂工厂，比工厂更懂市场"，即通过管理与运营旗下热电联产企业，提升了上游煤炭与下游热电联产企业需求匹配服务能力，不仅可以为旗下热电联产企业提供质优价廉的煤炭，还可以为其他企业提供煤炭采购、运输、配煤等服务，从而进一步做深做精了细分市场；另一方面，推动了集采降本工作，即通过集中物产中大环能公司自身煤炭需求和外部煤炭需求，提高了对上游煤炭生产企业的议价能力。物产中大环能公司专门设立了浙江物产电力燃料有限公司作为热电联产企业自用煤炭的统一采购平台。2020 年，物产中大环能公司通过集采平台，为旗下电厂采购煤炭 188 万吨，各热电企业预算标准煤成本低于预算目标

4223 万元，比 2019 年到厂标准煤成本降低 3761 万元，低于 CCI 月均价 858 万元。

2016 年以来，物产中大环能公司煤炭流通业务实物销售量及销售利润率不断攀升。其中，实物销售量从 2016 年的 5062.86 万吨，上升至 2020 年的 5831.6 万吨，销售利润率也从 2016 年的 1.35% 提升至 2020 年的 2.78%。

3. 实现了人才引领创新驱动

物产中大环能公司深知创新是企业持续发展的根本动力，多年来在创新平台建设上投入大量人力、物力，2018 年成立物产中大"新嘉爱斯张远航院士工作站"、博士后工作站；2019 年成立省级院士专家工作站。2020 年企业创新研发投入超过 8800 万元。物产中大环能公司目前已建设有 2 家企业研究院、3 家技术（研发）中心，共有科研人员 170 人，其中专职科研人员 113 人。

2018—2020 年，物产中大环能公司累计获得授权发明专利 4 项，授权实用新型专利 32 项，授权软件著作权 8 项，发表论文 25 篇。通过科技创新，物产中大环能公司还荣获了浙江省科技进步二等奖、浙江省专利优秀奖，入选蓝天行动示范工程，荣获"国家知识产权优势企业"等荣誉。2012 年，污泥焚烧综合利用项目荣获"国家能源科技进步三等奖"，2014 年、2015 年 2 项污泥处置技术分别荣获"浙江省科技进步二等奖"、住房和城乡建设部"华夏建设科学技术一等奖"。与浙江大学等单位共同申报的"污泥搅动型间接热干化和复合循环流化床清洁焚烧集成技术"获 2014 年度"国家科技进步二等奖"，自主发明专利"污泥处理方法及污泥处理系统"获 2017 年"浙江省专利优秀奖"。

回顾热电联产的发展过程，正是因为物产中大环能公司不断进行模式转型、科技创新，从而推动了热电联产的规模拓展，从最初新嘉爱斯 1 家发展到了目前 7 家的规模，实现了与能源贸易齐头并进的良好发展态势。

2021 年 11 月 20 日，物产中大环能公司首次公开发行股票并在上交所主板上市取得证监会核准批复。作为 A 股首家由主板分拆到主板上市的企业，物产中大环能公司的 IPO（首次公开募股）申报备受瞩目。物产中大集团和物产中大环能公司均希望通过本次分拆，能够进一步提升环能公司资本实力、核心竞争力、盈利水平和市场份额，将环能公司打造成为能源环保综合利用服务业务的独立上市平台（表 2-8）。同年 12 月 16 日，物产中大环能公司正式上市，股票代码 603071。

表2-8　　　　　　　　　物产中大环能公司IPO基本情况

股票种类	人民币普通股（A股）
每股面值	1.00元
发行数量及占发行后总股本的比例	本次拟发行股票10043.18万股，约占发行后总股本的18%。本次发行采取全部发行新股的方式，公司股东不公开发售股份
每股发行价格	15.42元/股
发行市盈率	17.70倍（按每股发行价格除以发行后每股收益计算）
发行前每股收益	1.0625元（以2020年度经审计的扣除非经常性损益前后孰低的归属于母公司所有者的净利润除以本次发行前总股本计算）
发行后每股收益	0.8713元（以2020年度经审计的扣除非经常性损益前后孰低的归属于母公司所有者的净利润除以本次发行后总股本计算）
发行前每股净资产	3.82元（以2021年6月30日经审计的归属于母公司所有者权益除以本次发行前总股本计算）
发行后每股净资产	5.80元（以2021年6月30日经审计的归属于母公司所有者权益和本次发行预计募集资金净额除以发行后总股本计算）
发行市净率	2.66倍（按每股发行价格除以发行后每股净资产计算）
发行方式	采用网下向询价对象询价配售与网上按市值申购定价发行相结合的方式
发行对象	符合中国证监会等证券监管机构相关资格要求的询价对象以及已在上海证券交易所开立A股证券账户的自然人、法人及其他机构投资者（中国法律、法规、规章及规范性文件禁止者除外）
承销方式	主承销商余额包销
上市地点	上海证券交易所
募集资金总额	154865.84万元
募集资金净额	148823.46万元

续表

股票种类	人民币普通股（A股）
发行费用概算	本次发行费用合计6042.38万元，明细如下： 保荐及承销费用：4602.15万元； 审计及验资等费用：660.38万元； 律师费用：191.51万元； 用于本次发行的信息披露费用：498.11万元； 发行上市手续费及材料制作费用：90.23万元。 注：以上发行费用均为不包含增值税的金额

物产中大环能公司将以上市为契机，更加主动地研判政策、分析市场、推进创新，以成为"绿色高效的环保能源综合服务引领者"为目标，继续坚持能源实业与能源贸易双轮驱动，努力走出一条具有环能特色的绿色发展道路。

2.4 物产中大化工公司兰溪嘉宝化工项目

"公司这两年发展好了，我们也跟着享福了。这要是放在几年前，我们想都不敢想！"2021年国庆前夕，在嘉宝化工公司工作了14年的生产一线员工老杨在公司的组织下免费去北京旅游了4天，一起去北京旅游的还有90多名像他一样在嘉宝化工公司工作了10年以上的老员工。大家听说老板要自掏腰包组织大家旅游，都非常激动，直夸跟对了老板，跟对了公司。老杨他们这些年见证了嘉宝化工公司的成长，也见证了物产中大化工公司2018年以来以"四链融合"的供应链创新商业模式赋能民营企业，实现由"输血式"帮扶向增强自我发展能力的"造血式"赋能的转变。

所谓"四链融合"模式，是物产中大化工公司秉持物产中大集团"物通全球 产济天下"的企业使命，坚持创新供应链集成服务模式，打造了具有自身特色的智慧供应链、垂直产业链、平台生态链、持续价值链的"四链融合"模式。

（1）智慧供应链：与实体企业开展原料供应、生产加工到成品销售一体化的全要素供应链集成服务。

（2）垂直产业链：打通从上游到下游，从原料、辅料、中间产品直到终端消费的全产业链。

（3）平台生态链：作为生态组织者，协同各种优势资源共同打造产业生态圈。

（4）持续价值链：从业务经营，发展到资产经营和资本运作。

2018 年以来，在"四链融合"模式赋能下，嘉宝化工公司月产量增长了85%，月销量增长了89%，企业发展迸发新动能。

◢ 2.4.1 突遇困境："明星企业"遭遇"发展烦恼"

嘉宝化工公司成立于 2005 年，位于兰溪市，注册资金 1.28 亿元。在与物产中大化工公司合作前，其拥有三大优势：一是区域品牌优势。嘉宝化工公司是金华兰溪市一家颇具规模的专业生产皂粒、洗衣皂、香皂的化工明星企业，获得过"中国肥（香）皂行业领军企业""金华市百强企业""兰溪市纳税前 20 强工业企业"等荣誉。二是技术设备优势。当时嘉宝化工公司拥有年产 10 万吨透明皂制皂能力，从意大利进口的高压油脂水解装置 1 套、连续中和真空干燥装置 2 套，从日本进口的皂粒自动包装生产线 2 条、制皂成型生产线 7 条，无论从设备配合抑或是技术储备，都在行业内处于领先地位。三是资源合作优势。嘉宝化工公司是某国际知名日化公司主要产品的独家供应商，自成立之初起，嘉宝化工公司即与该国际公司合作，该国际公司具有成熟的供应链管理体系，在其帮助下，嘉宝化工公司完成了现代化的工厂管理体系构建。企业管理采用 ERP 信息化管理，产品质量通过 ISO9001 国际质量管理体系认证，实行以 QA 为中心的企业质量管理系统，形成一套完整的 QA 质量保障体系。同时，嘉宝化工公司利用 DCS 等计算机技术全天候实时生产运行控制，采用高压水解的生产工艺，污染治理成本较低，环保达到国家标准要求（图 2-12）。

图 2-12　嘉宝项目厂区图

嘉宝化工公司本身盈利能力突出，但到了 2017 年下半年，受关联方企业拖累，流动资金紧张，产能仅为满负荷的 1/3，公司遇到了成立以来前所未有的困境。

危急时刻，嘉宝化工公司需要一家强有力的企业来合作，助其走出困境。经兰溪市政府领导和物产中大集团共同研究，物产中大化工公司承担起"救急任务"。2018 年 1 月，物产中大化工公司新成立供应链拓展部，负责兰溪嘉宝项目，并任命 1986 年出生的 WX 为这个新成立部门的责任人，在平均年龄 25 岁左右的 5 名项目组成员中，WX 是唯一的"老大哥"。在此之前，他刚完成了另外一个供应链项目，且已有 9 年项目外派经历，在项目运营方式设计，项目财务、物流管控，以及如何参与合作方的经营管理等方面积累了较为丰富的经验。

兰溪嘉宝项目是物产中大化工公司供应链拓展部新成立以来的第一个项目，且项目所涉足的日化品行业是物产中大化工公司未曾接触过的领域，这些都给项目组带来巨大的挑战。因此，一接到任务后，以 WX 带头的项目组一刻也不松懈，马不停蹄地对嘉宝化工公司的产品生产情况、市场情况、盈利能力、双方合作模式及内容、厂内仓库、抵押和担保能力、债务偿还能力、现金流周转等进行了重点考察与协商。

经过详尽的调研考察和多方洽谈，项目组坚定了合作的信心和决心，并确定运用物产中大化工公司的"四链融合"模式与嘉宝化工公司开展合作。合作开展之后，依照物产中大化工公司成熟的供应链运营模式，把嘉宝化工公司的采购、销售、品牌剥离出来，由物产中大化工公司经营，应用互联网＋、多层次商品市场、金融服务、科技革新等智慧技术，可立马提高嘉宝化工公司开工率，降低生产成本，项目发展前景可观。

2018 年 10 月 10 日，在经历了 4 个月时间的调研考察后，嘉宝化工公司供应链项目顺利启动，各车间马力全开，往日熟悉的机器轰鸣声响彻耳畔，工人忙碌的身影和轰鸣的机器构成一幅稳生产的和谐画卷。此情此景，令物产中大化工公司嘉宝项目组成员心潮澎湃——"这是大家在零贸易基础上开展的首个供应链项目，首次开拓了物产中大化工公司的油脂化工板块！"

2.4.2 造血赋能："组合出击"实现"扭亏为盈"

项目的启动仅仅是一个良好的开端，摆在项目组面前最现实的难题是如何在最短时间内通过供应链服务为嘉宝化工公司带来良好收益。

降低成本、提高产能、打通销售渠道、降低融资成本，成为解决这一难题的关键。虽然之前从来没有从事过日化品行业，但项目组认为，工厂的经营管理是相通的，物产中大化工公司在经营理念、品牌、信誉、资金、人才、管理、市场开拓等方面的供应链集成服务能力优势，能够为提振实体企业经营效率注入强大资源和发展动力。于是，项目组重点围绕五个方面进行赋能。

1. 围绕融合赋能，快速规范管理流程

团队融合是项目合作的基石。一方是国企的实力，一方是民企的活力，如何做好团队融合，是物产中大化工公司首先要考虑的问题。"我们首先要做的，就是让嘉宝化工感受到合作双方有一致目标，在此目标下，双方愿意最大化发挥各自优势，尽自己最大的努力来达成目标。"项目组的负责人 WX 说道，"国企民企虽然企业性质不同，但合作前双方明确目标，讲明底线，画出最大'同心圆'，朝着一个长远目标努力，最终能实现'1+1>2'的融合效果。"

经过双方深入接触，嘉宝化工公司逐步认可物产中大化工公司"无价值不分享"的企业文化。在此基础上，经过协商，双方决定共同委派人员组成项目组，作为日常运营的管理机构，配套制定了相应的管理制度，共同进行项目管理。双方针对原料采购、产品生产、产品销售、物流监管配套制定了一系列的管理制度和操作流程，最大化发挥各自优势，共同推进项目管理。

2. 围绕采购赋能，大幅降低采购成本

在介入嘉宝项目后，物产中大化工公司发现，在原料采购端，原来的油脂原材料采购均是从国内采购，当时国内采购的价格明显比国外价格高。于是，项目组负责人 WX 当机立断，利用物产中大化工公司境外贸易开证优势、品牌信誉优势，改变原材料进口渠道，从东南亚、澳大利亚、新西兰等国家和地区寻找物美价廉的原材料替代国内原材料，由原先的 100% 依赖国内采购转变为 80% 以上原料直接进口，大幅度降低了采购成本。同时，物产中大化工公司加强了原材料价格走势研判，往往能够在价格最便宜的时候，使用大量资金集中采购原材料，进一步稳固了采购成本优势。

3. 围绕研发赋能，科学甄选产品配方

物产中大化工公司认为，企业既要做创新，创造差异化的产品和服务，还要做营销，将品牌打造成为用户心目中的首选。在"创造差异化的产品和服务"方面，物产中大化工公司也和嘉宝化工联合打出了"互助拳"。WX 讲道："嘉宝化工公司在产品研发上有其独特的优势和实力，仅产品生产配方就积累了 100 多种。我们需要做的，就是联合嘉宝化工公司技术人员，从这 100 多种配方中，甄选出成本最适合、配方最优化、使用效果最优良的主打产品作为主要生产品类，形成新产品矩阵。"

4. 围绕生产赋能，快速提升生产产能

"工欲善其事，必先利其器。"研发端问题解决后，随之而来的是生产端难题。产品销量增加后，要保证生产端有足够的供应能力，就必须加大生产设备技改优化和安全环保投入。在评估了原有生产设备情况后，物产中大化工公司决定加大对嘉宝化工公司的生产设备技改和安全环保投入，共花费了超过600万元新购买了卸油槽、甘油蒸发器、中压水解装置、尾气吸收装置等设备。通过设备技改优化，每吨产品成本降低了约50元。如果按照一年10万吨的产能计算，嘉宝化工公司全年能够因此节约500万元。

5. 围绕销售赋能，快速打开市场销路

经过详细的市场调研和客户分析，物产中大化工公司发觉原有市场相对局限，应该进一步拓展区域市场。特别是SJZ这个全国最大的皂粒基地，先前嘉宝化工公司一直未能进入，如果能够成功进入该市场，一定能够带来较大的客户流量。物产中大化工公司经过多次走访市场、寻找渠道、拜访客户、整合资源，最终凭借综合成本优势成功打开了SJZ市场。物产中大化工公司还采用相同的办法开拓了其他省的皂粒市场，构建了区域营销新格局。

物产中大化工公司不仅注意区域营销"从无到有"，更关注"从有到优"稳固客户。经过客户分析和分级，物产中大化工公司确定了一批重点品牌客户，着重加强品牌客户的走访对接，定期召开品牌客户答谢会，及时深入了解品牌客户诉求。比如品牌客户对皂粒颜色、黏度等提出更高要求后，物产中大化工公司立即针对品牌客户要求优化配方、改进工艺、提升质量。

谈及物产中大化工公司给工厂带来的改变，嘉宝化工公司董事长XSP难掩内心的喜悦："这两年工厂产量销量稳步提升的同时，营收利润稳步提升，项目的运行取得了一定阶段性成果"。

如今，走在嘉宝化工公司的厂区里，处处生机勃勃、变化可喜，一个聚焦油脂化工的肥皂王国呼之欲出。

2.4.3　升级关系："合作伙伴"转为"联姻重生"

尽管供应链合作取得了阶段性成果，项目组和嘉宝化工公司却不止于当下，脚步不停，因为可持续发展、不断创造新的价值才是双方的共同追求。双方开始思索，如何通过国企和民企更深度的合作，推动嘉宝化工公司构建具有自身特色和比较优势的产业体系，从而增强其内生动力。

"以供应链思维，做产业链整合。构建持续价值链，从业务经营发展到资产经营和资本运作。"这是物产中大化工公司经过充分论证调查，并拥有在省内外产业集聚区进行产业整合的成功案例之后给出的实施路径。

物产中大化工公司给出的实施路径得到嘉宝化工公司的响应和认可。嘉宝化工公司董事长 XSP 表示，物产中大化工公司供应链集成服务从金融、配套服务、工业互联网等多维度提升了经济实体的产业格局，帮助民营企业解决痛点，突破产业困局，嘉宝化工公司很乐意与物产中大化工公司深化合作，推动长远发展。

在双方共识的推动下，2020 年 11 月，物产中大化工公司完成嘉宝化工公司资产收购，并在后续新成立了浙江物产生物科技有限公司。通过复工复产打通供应链，创造生产价值确保资产保值增值，通过资产重组使企业重新焕发活力，这标志着物产中大化工公司"四链融合"的发展模式在新领域再次落地生根、开花结果。

2.4.4　团队传承："年轻小将"带出"新生力量"

时光是最伟大的书写者，记录着每个奋斗者的脚步。从无到有，从有到优，从优到精，项目组在供应链集成服务探索创新道路的同时，也历练了新一代的生力军。

1. "头雁" 领航

作为项目组的 "老大哥" WX，其实只是 1986 年出生的 "小将"，从项目启动筹备到正式运作的 4 个月时间里，从兰溪到绍兴，仅仅两个多小时的车程，WX 却没有回过一次家，无数次辜负了两个年幼孩子的等待。

项目组成员都知道，WX 常把 "我们唯一的优势就是比别人学得更快" 当作口头禅，从基础报表、库存盘点、生产工艺到销售策略、企业经营，WX 始终坚守在项目一线学习，短短时间内已成为跨行业的行家里手。嘉宝化工公司董事长 XSP 忍不住夸奖："他比在这行业干了几十年的人还懂生产工艺和技术。" 众望所归，WX 也荣获物产中大集团 2019 年十大年度人物。

2. "群雁" 齐飞

项目组里的另外 4 名 "90 后" 年轻成员和 WX 一样，为项目挥洒汗水，奉献青春：项目外派物流人员 ZJF，凌晨两点攀上了油罐抽罐打尺，监控油脂液面是否处于正常水平；项目外派财务人员 DL，驻点在项目工作组，从初来乍到的人生地不熟，到现今与业务单元建立良好的合作关系，其间的辛苦走访和付出历历在目；项目采购 XC 和销售 HCG 往返奔波，把高铁高速当成了日常，也当成了成长。

正因为他们脚踏实地，一步一个脚印，一串串深深的足迹，一个个沉甸甸的业绩，优异地完成了各项任务，为打造供应链产业链融合创新发展的领航企业书写了浓墨重彩的一笔。

3. "雁阵" 再造

如今，36 岁的 WX 已成为浙江物产生物科技有限公司董事长，掌舵并领航公司发展。原本的项目组成员各有重担，都已从原来的"小年轻"成长为独当一面的"新干将"，愿意留在浙江物产生物科技有限公司的人，都被委以重任，HCG担任了销售部部长，XC担任了采购部部长，各自带了新团队，助力新公司做优、做大、做强。

成绩振奋人心，未来令人期待！近期，项目组成员又收获一个好消息，物产生物科技公司在保持某知名企业独家供应商基础上，又开始洽谈新的代工项目。这只是项目组描绘的清晰发展蓝图里的第一步。展望未来，浙江物产生物科技有限公司将实施"皂—粉—液"一体化战略，未来5年，年产值有望超过15亿元，公司将积极争当洗涤化工行业的领航企业，努力在洗涤化工行业打造"物产中大样板"，努力为服务地方经济贡献更多的"物产中大力量"。

2.5 元通公司整车及后服务案例

浙江物产元通汽车集团有限公司（简称"元通公司"）是物产中大集团生活板块的核心公司之一。目前，元通公司汽车经销业务已经覆盖50多个国内外知名汽车品牌，拥有近200家成员企业的汽车经销服务体系，积累了200多万客户资源。自2016年开始，元通公司已连续5年位居全国汽车经销商集团前10位。其中，2020年位于全国汽车经销商集团第7位。

2.5.1 背景与挑战

汽车产业链比较长。以汽车整车制造业为核心，汽车产业链向上可延伸至汽车零部件制造业以及和零部件制造相关的其他基础工业，向下可延伸至服务贸易领域，包括汽车销售、维修、金融等服务。元通公司目前的主要业务处于汽车产业链下游领域，即销售、维修、金融等后服务。

尽管当前独立品牌汽车 4S 店经营模式仍然是汽车流通领域中最重要的商业模式，但是随着中国汽车销售市场竞争加剧和汽车消费者需求变化，元通公司在汽车整车销售及后服务业务中已经感受到了强烈的挑战和压力。

1. 流通模式多元化的挑战和压力

造车新势力、电商互联网、跨界参与者及风投资本的加入，推动了汽车流通模式的创新。这些新的流通服务模式覆盖了 4S 店布局的薄弱之处，更好地解决了一些客户需求痛点，与传统 4S 店形成了差异化竞争，正在以下面三种方式不断抢夺传统 4S 店的市场份额。

一是直营销售模式。最具代表性的是特斯拉的直营模式，分离了销售与售后板块，在主要城市中心开设展厅，在市郊建立维修点。这一模式取消了经销商环节，实现了车企直接与终端客户对话。

二是汽车商城模式。多品牌综合化的汽车商城，一方面，抢先实现渠道下沉，激发了消费潜能，满足了四、五线城市，县城甚至乡村的消费需求；另一方面，形成了渠道优势，使客户到一家门店即可对比选择各类特惠车型。

三是社区快修店等维修网点。多品牌综合化的快修服务，一方面，解决客户最后一公里的维修需求，方便附近客户完成简单的维修保养，满足了临时、随机、便利等客户需求；另一方面，具备价格优势，无厂家硬性规定与要求，产品方面有更多选择，这正契合了部分客户追求低价的需求。

2. 品牌持续分化的挑战和压力

随着汽车消费的升级，中国车市近年来的一个显著变化就是，豪华车销售"风景这边独好"，高端品牌汽车越来越受消费者青睐。根据乘用车市场信息联席会（以下简称"全国乘联会"）数据，2020 年豪华车市场销量为 279 万辆，同比增幅高达 19.9%，连续 3 年逆势大涨——2018 年、2019 年、

2020 年是中国汽车市场销量连续下跌的 3 年，国产狭义乘用车新车销量分别下跌 3.9%、9.2% 和 6.3%，但同期豪华车市场销量分别上涨 17.6%、11.7% 和 19.9%[①]。越来越多的消费者更加倾向于将豪华品牌的产品作为其首要选择，甚至旗舰车型、高性能车型等曾经被打上"小众""贵族"标签的产品也快速进入了日常生活。

以主流豪华品牌——奥迪、宝马、奔驰为例，3 个品牌纷纷在国内开始了本土化生产以及经销网络布局，随着各自引进车型的不断丰富、国产规模的持续提升，在华业务量也节节攀升，奥迪、宝马、奔驰在中国已初步形成了三足鼎立之势。2016 年奥迪、宝马和奔驰的全国销量分别达到了 58.9 万辆、51.6 万辆和 47.3 万辆，到了 2020 年则分别实现了 72.6 万辆、75.8 万辆和 77.4 万辆，5 年的累计增幅分别超过了 23%、45% 和 63%。这 3 个品牌是豪华车市场中绝对的头部核心品牌。

经销商的经营业绩与其所代理的品牌有着直接的关系。近几年，定位于豪华品牌的经销商集团，借助豪华品牌的强势表现，营收规模持续提高；而其他经销商则表现平平，甚至出售和关店。由此引发了汽车经销商对品牌架构的重新思考，前期专注品牌授权代理的做法，已经无法适应新阶段新格局。越是动荡的市场分化趋势，越是充满了机遇与挑战，考验经销商既要有重点地申领品牌，实现利益最大化，又要合理配置品牌类别与规模，规避产品变化的风险。

3. 行业头部效应的挑战和压力

随着供给侧改革力度加大，汽车流通行业内资源正不断向头部企业聚拢，"强者恒强，弱者愈弱"的态势越来越明显。汽车经销商正在从以下三点通过

---

① 总评2020中国豪华车市场：劲增20%，风景这边独好! https://auto.ifeng.com/quanmeiti/20210121/1528154.shtml.

多元化、资本运作与战略布局等手段和方法，努力保持行业优势地位。

一是通过收购兼并，拓展网络布局。自 2016 年以来，行业头部企业不断通过收购兼并，把优质企业纳入囊中，推动"业务做大、品牌做强、区域做广"。比如，广汇汽车分别收购了宝信汽车 75% 的股份和尊荣亿方公司 100% 股权、深圳鹏峰 17 家 4S 店等；中升控股收购嘉华伟业 65% 股权；永达汽车收购江苏宝尊；润东收购华为汽车全部股权；申华控股收购东昌汽投等。广汇汽车已持续多年保持营收超过千亿元的规模。近几年中升集团凭借豪华品牌的发展战略，豪华品牌的经销网络数量大幅增加，2020 年已跃升为全国第 2 家千亿企业。

二是从资产经营转变为资本运营。目前我国前十大经销商集团中已有 7 家上市，融资规模均超过了 200 亿元。其中，绿地控股出售绿地润东全部股份，旨在放弃传统业务，布局新能源等新业务；永达汽车借壳扬子新材回归 A 股，意欲通过资本市场实现股权融资缓解自营金融资金压力，并借助杠杆的力量实现经营规模的快速提升。

三是拓展新业务，尝试战略转型。各主流经销商集团借助现有资源优势，紧跟"互联网＋"的时代步伐，发力新能源汽车、平行进口、维修保养、出行方式、汽车金融、电商平台、二手车等诸多领域，尝试战略转型，拓展产业链和新方向。比如，国机汽车投资 80 亿元进军新能源汽车；广汇汽车做大强化金融业务，其融资租赁公司现已位居中国乘用车融资租赁市场份额第 1 名等。

元通公司一直关注着这些行业变化新动向，寻找化挑战为机遇、化压力为动力的办法。最终，尝试走上了依托 4S 店的集成化服务之路，实现了商业模式的根本变化——从制造端与消费端之间的桥梁转型成为整合汽车产品与服务资源，满足客户集成服务需求的服务商（图 2-13）。

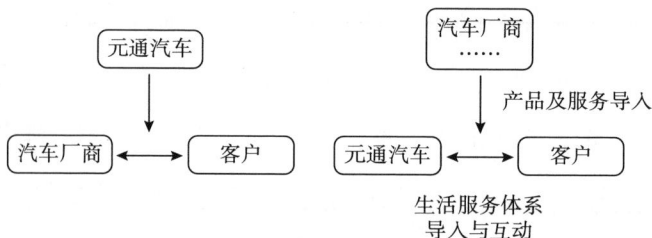

图 2-13　元通公司新旧发展模式对比

2.5.2　元通公司 4S 店服务集成化的实践

元通公司依托 4S 店，坚持"以客户需求为核心"的发展理念，多项服务叠加、多类品牌组合、多地区域联动，向客户提供覆盖汽车全生命周期的集成化服务，努力实现"汽车之路、元通相伴"的目标。

1. 多项服务叠加

在汽车流通领域，4S 店——集整车销售、零配件、售后服务和信息反馈于一体的销售及服务方式是目前最主要的终端商业模式，承担了客户及现金流量的关键入口作用以及利润来源的底部支撑作用。同时，由于汽车技术和机器构造等知识的掌握难度较高，大部分汽车消费者还是将 4S 店作为解决自用汽车所有问题的重要场所。根据中国汽车流通协会统计，目前在传统燃油车领域，90% 的新车依然通过 4S 店售出，在新车质保期内，超过 90% 的售后服务都由 4S 店提供。因此，4S 店在燃油汽车流通领域的主体地位还无人能撼动[1]。

元通公司在 4S 店基础服务之上，叠加二手车、汽车金融、精品装潢、道路救援等业务。同时，根据汽车使用情况和客户驾车特征的数据分析，主动为客户提供定制化的车辆集成服务解决方案，适时提供相应服务。由

---

[1]　2020年6月，《财经国家周刊》对中国汽车流通协会会长沈进军的专访。https：//baijiahao.baidu.com/s?id=1669724988403147225&wfr=spider&for=pc.

此，元通公司也从汽车服务生态的参与者，转型成为汽车服务生态的组织者（图2-14）。

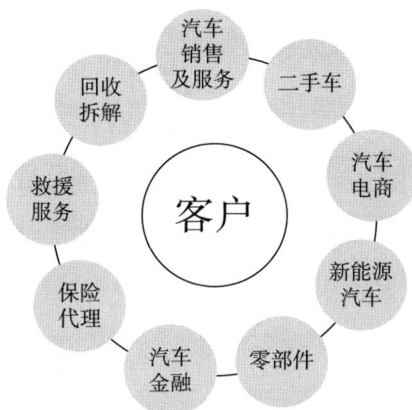

图2-14 元通公司涉足的客户汽车服务领域

2. 多类品牌组合

元通公司将"集成化"思维注入品牌结构的优化工作之中，形成了与时俱进的覆盖广、有规模、有梯度的汽车品牌结构——在优先拓展高端豪华车业务的同时，兼顾中等收入群体的需求，适度保留了一些主流品牌业务，而且还抓住新能源车发展大势开拓了新能源车业务。比如，豪华品牌方面，同时拥有着被誉为"德系三驾马车"的奔驰、宝马和奥迪以及"日系新贵"雷克萨斯等重点品牌的经销权；中端品牌方面，代理着如丰田、大众、通用、现代、日产等诸多主流品牌；新能源品牌方面，已获得了极狐、零跑等造车新势力的授权；商用车品牌方面，也拥有了依维柯、一汽解放、长安等主要品牌。

通过多类品牌集成形成合理的品牌矩阵，元通公司不但能够满足绝大多数客户对于汽车品牌的复杂需求，而且还能够对冲单一品牌市场销量波动的风险（图2-15）。

图 2-15　元通公司阶梯式的品牌结构

3. 多地区域联动

在美国，4S 店的服务半径一般是 13 千米。这是因为主机厂调研后发现，一旦超出 13 千米的服务半径，4S 店为客户提供优质服务的能力就会弱化。在中国，4S 店的服务半径同样存在，而且与汽车品牌等级、居民收入水平、区域风俗文化等因素密切相关。比如汽车品牌等级分为顶奢品牌、高奢品牌、轻奢品牌、一线豪华品牌、二线豪华品牌、一线普通品牌、二线普通品牌、三线普通品牌及其他品牌。一般来说，越高等级的品牌 4S 店数量越少，服务半径越大。但是，如果是在居民收入较高的富裕地区，因为居民购买力强、攀比心理旺，旺销高等级品牌 4S 店的数量也需要增加，服务半径也必须缩短。

元通公司业务重点聚焦在中、高端汽车品牌，因此一直坚持"以深耕杭州市场为起点、覆盖浙江全省为重点、辐射国内重点区域为突破"的发展路径。目前，在杭州区域，已建成了超过 50 家品牌店，形成了充足优势的汽车集成服务网络体系，在市场控制力、行业影响力以及客户服务能力方面均达到了较高水平；在浙江区域内的 100 多家品牌店，更促进了各地区之间的集成服务体系相互关联与协同，市场份额与行业地位进一步强化的同时，客户体验感和满足感也节节攀升；在全国区域，初步完成了在长三角及赣、陕、川、渝、青等中西部重点地区豪华品牌 4S 店的布局规划，形成了东中西梯次配置、区域联动的发展格局，并正在继续推进扩面工作。

◢ 2.5.3　元通公司后服务平台化集成服务的实践

元通公司后服务主要包括二手车综合服务、零部件综合服务、汽车救援服务三个方面。

1. 二手车平台化集成服务

这里所说的二手车，是指在公安交通管理机关登记注册，在达到国家规定的报废标准之前仍可继续使用的机动车辆。当前，随着中国国内汽车保有量和换购人群迅速增加，二手车市场规模不断扩大。国家有关部门因势利导，持续出台二手车利好政策。例如，1998 年为规范管理交易秩序，原国内贸易部出台《旧机动车交易管理办法》，明确提出以建立旧机动车交易中心为旧机动车主要交易场所。2005 年国家多部委联合发布《二手车流通管理办法》，明确二手车交易实体市场为二手车交易的集中管理场所。二手车交易市场依托开票垄断权，形成了收取"开票费、摊位费"的盈利模式，成为二手车经营主平台。2016 年，《国务院办公厅关于促进二手车便利交易的若干意见》指出，提出"营造二手车自由流通的市场环境、进一步完善二手车交易登记管理、加快完善二手车流通信息平台、加强二手车市场主体信用体系建设、优化二手车交易税收政策、加大金融服务支持力度、积极推动二手车流通模式创新、完善二手车流通制度体系建设"等 8 条针对性方案。2019 年国家正式取消二手车限迁政策，2020 年 5 月 1 日调低二手车增值税，由 2% 降至 0.5%。

从国内外情况看，二手车也为 4S 店带来无限商机。比如在美国，经销商新车和二手车销量比为 6∶4，利润额比为 4∶6。如果能够依托 4S 店，发挥自身销售和售后具备的优势，尽快实现新车和二手车"两条腿走路"，将进一步拓展 4S 店未来利润增长空间。

基于以上分析，元通公司自 2010 年就开始试水二手车业务，开设了全国首家二手车 4S 店，并经过 10 多年的探索，逐步构筑了自营交易市场、托管交易市场、评估拍卖、精品二手车、二手车出口、二手车服务平台的六位一体的服务体系，全面提升了元通公司二手车业务的规模和盈利水平。仅2020年，元通公司二手车平台的交易规模就已超过13.5万辆。

走进元通公司精品二手车4S店展厅，就能看到里面的展车被擦拭得一尘不染。如果不问，你肯定以为这里卖的是新车。展厅销售的二手车，收购时对车龄和车况都有严格要求，出售前还要经过整修和保养，确保车况达到最佳状态。凡是元通公司二手车4S店认证过的精品二手车，可享受5000千米或3个月的质保。此外，元通公司二手车4S店还开设了维修车间，为二手车提供维修服务。在这里修车，配件质量可以得到保证，同时相比新车4S店具有明显的价格优势。也就是说，在这里买了二手车，可以像新车一样用得放心。为了方便车主，元通公司二手车4S店还推出了寄售服务，非常便捷。目前，元通汽车依托自身众多的销售服务网络，设立了多个收销中心，消费者既可以在线评估，还能预约免费上门精准评估。

为解决二手车评估的公信度问题，元通公司专门成立浙江元通旧机动车鉴定评估事务有限公司，出台二手车评估标准，并通过承担浙江省高级二手车鉴定评估师培训工作不断推进行业交流，完善相关标准。比如，国家级的标准化试点项目《二手车经营服务管理规范》和地方标准《二手车检查评估规范》等。

随着省内、国内二手车业务的快速发展，元通公司对元通二手车平台提出了构建"立足浙江，面向全国，走向世界"的业务格局的要求。2019年8月2日，元通公司旗下台州市隆通汽车销售服务有限公司完成了省内首单二手车出口业务——将一辆价格为12968美元的别克二手车通过海上运输的方式出口至科特迪瓦，出口证号为19-11-115918。2019年因此被元通公司视为国际化元年。从这一年开始，已有几千辆优质二手车通过元通公司出口到了东南亚、非洲等地，出口规模与创汇金额均位居全国前茅。

2.零部件的平台化集成服务

元通公司的零部件业务涵盖汽车用品和配件，是 4S 店重点组成业务。零部件产品的安全性和性价比，不仅直接影响 C 端客户服务满意度和忠诚度，同时更关系到服务单位、上游生产企业等 B 端客户的价值创造情况。因此，是各方关注的重点。

目前，元通公司主要通过集采业务、仓储配供业务与供应链业务解决 C、B 两端客户的痛点（图 2-16）。

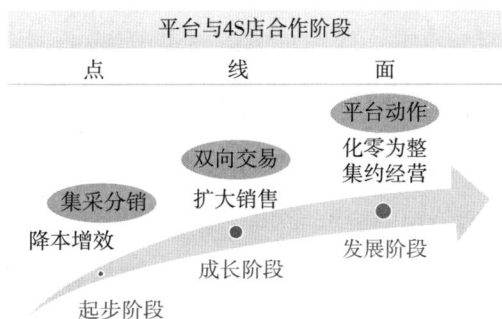

图 2-16 零部件集成服务平台发展路径

集采业务方面，从机油、轮胎、零配件、电子产品、内饰件和车身车窗膜六大类客户刚需且高频使用的核心产品切入，集合市场优质汽车零部件分销商和代理商，化零为整、集采分销。向售后服务单位等多种客户提供订货、配送、安装等全流程服务。这打破了原有垂直供应链结构，保证了客户服务一步到位。

供应链业务方面，在集采的基础上，发挥自身需求和资源优势，贯通上下游、链接制造商和大客户，推动产融及贸工融结合。从需求端拉动产业端，形成双边贸易形态，为上游企业提供原料和产品的供应链资源。并协调组织对应下游流通需求，实现从终端客户向服务提供商的模式转换。

在向供应链集成服务商转型过程中，仓储物流的升级是增强业务水平的重要辅助力量。通过自营与三方物流公司协作、总仓与合作仓组合的运营模式升级，提升平台整体仓储物流能力，为集采与供应链服务提供坚实支撑。

零部件集成服务平台凭借"交易＋供应链服务"双轮驱动，促进企业间合作共生共赢，驱动规模效益双增长。平台的社会化业务已连续多年超过集团内部业务，2020 年平台的社会化业务占比超过 60%。

3. 汽车金融平台化集成服务

汽车金融服务是终端客户对于产品及服务的延伸诉求。以往客户需要往返于不同的金融机构、保险公司等企业间寻找、比较并购买金融产品和服务。元通公司在风险可控的前提下，以满足客户需求为核心，与汽车全产业链及金融、保险机构密切合作，开发以金融、保险资源为核心要素的服务产品，整合多元化资源，满足不同类型的客户需要。

金融方面，以元通公司的资金资源，为产业链各环节的核心企业提供一揽子解决方案。针对产业链上游的制造企业，提供包括长、短期贷款等金融产品及项目融资和营运资金融通等服务；对于产业链下游的服务商企业，主要为库存、营运设备融资等提供金融服务；面向终端客户，基于 4S 店按揭业务，设计优化产品服务，特别是在汽车融资租赁等方面，满足个性化金融需求。同时，以金融嵌入的新零售业务得到快速发展。2020 年平台的营收规模增幅超过 160%。

保险方面，综合保险集成服务意味着更丰富、更具特色的产品和服务组合。元通公司全面协同保险公司等内外部服务资源，积极融合车管家等增值服务。打造了集轮胎保、财产险等多险种的"安心包"组合，为客户及乘车人员提供风险和人身安全保障，满足多元化保险需求。自平台全面拓展集成化服务以来，保险业务年均单量一直保持在 18 万单以上。

当前，除上述平台化集成服务以外，元通公司还在更多领域不断探索着，全力推进高端品牌汽车使用的全生命周期管理。

2.6　物产中大期货公司风险管理案例

20世纪70年代美国布雷顿森林体系瓦解之后，美元对其他国家货币的汇率波动加剧，人们意识到铁矿石、钢材、原油等大宗商品相对于外汇、普通股而言具有相似的流动性和更低风险，可以作为一种独特的保守性资产。因此，大宗商品被纳入投资组合作为投资性资产，被人们广泛用来对冲通胀风险。随着期货市场的发展，大宗商品金融属性进一步增强，大宗商品贸易商必须使用各类金融工具才能够有效规避风险，达到预期业绩。

物产中大期货公司是物产中大集团的核心成员之一，也是我国第一批开展现期结合业务的老牌期货公司，经营范围包括商品期货经纪、金融期货经纪、期货投资咨询、资产管理、基金销售。长期以来，物产中大期货公司秉持服务实体经济的宗旨，始终把服务客户作为一切工作的出发点和着眼点，在产业链、品种板块、现期结合、基差规律等领域进行了深入研究和探索，努力打通场内场外、境内境外、现货期货的路径，积极运用金融工具为供应链集成服务顺利开展保驾护航。

在此，列举远期定价、期货＋保险、外汇保值3个案例进行具体阐述。

2.6.1　远期定价助力工程锁价

1. 背景与挑战

期现结合是近几年大宗商品行业讨论最多的高频词之一。其实，早在2012年中国期货业协会就对外发布了《期货公司设立子公司开展以风险管理服务为主的业务试点工作指引》，同意期货公司成立子公司，开展仓单服务、合作套保、定价服务、基差交易等风险管理服务试点业务。这些业务都是与现货企业密切相关的业务。《期货公司设立子公司开展以风险管理服务为主的业务试点工作指引》的发布也标志着中国期货公司"期现结合业务"的开闸。

近年来，为推动期现联动、规范期现结合、降低大宗商品价格波动对实体经济冲击影响，国家和地方密集发布了一批政策文件。如2020年3月26日，《国务院关于支持中国（浙江）自由贸易试验区油气全产业链开放发展若干措施的批复》（国函〔2020〕32号）明确提出："推动大宗商品期现市场联动发展。支持浙江自贸试验区与上海期货交易所等国内期货现货交易平台合作，共同建设以油品为主的大宗商品现货交易市场。制定浙江自贸试验区大宗商品现货交易市场管理办法，以'期现合作'为纽带，开展原油、成品油、燃料油等大宗商品现货交易。条件成熟时向铁矿石等大宗商品拓展，并与有对应品种的期货交易所开展合作。在风险防范措施完善的前提下，允许境内外行业内企业进入浙江自贸试验区大宗商品现货交易市场开展交易业务。"再如2021年4月23日《中共中央　国务院关于新时代推动中部地区高质量发展的意见》明确指出："增加郑州商品交易所上市产品，支持山西与现有期货交易所合作开展能源商品期现结合交易。"2021年8月2日国务院印发《关于推进自由贸易试验区贸易投资便利化改革创新若干措施的通知》要求，上海、辽宁、河南自贸试验区进一步丰富商品期货品种，强化自贸试验区与期货交易所的合作，从国内市场需求强烈、对外依存度高、国际市场发展相对成熟的商品入手，上市航运期货等交易新品种。同时，加快引入境外交易者参与期货交易。加强自贸试验区内现有期货产品国际交易平台建设，发挥自贸试验区在交割仓库、仓储物流、金融服务等方面的功能，提升大宗商品期货市场对外开放水平。以现货国际化程度较高的已上市成熟品种为载体，加快引入境外交易者，建设以人民币计价、结算的国际大宗商品期货市场，形成境内外交易者共同参与、共同认可、具有广泛代表性的期货价格。在风险可控前提下，优化境外交易者从事期货交易外汇管理的开户、交易、结算和资金存管模式。

物产中大集团在期现结合"开闸"之时，就依托下属期货公司积极开展了试点业务。而且，物产中大集团一直强调，依托现货贸易、扎根实体经济、开展现期结合。为树立、强化这个理念，物产中大集团一直将"期现结合"表述为"现期结合"。

供给侧改革后，螺纹钢价格中枢逐步上移，站上了 3500 ~ 4000 元 / 吨价格区间；同时螺纹钢价格波动幅度加大，这使建筑企业在原料采购上压力加大。许多工程项目采用先招标、中标后采购的方式，因此考虑到成本预算等问题，建筑企业需要对施工中用到的建筑原料进行锁价。

2. 现实情况

2019 年 3 月，宁波某工地与宁波某建设集团达成协议，工地项目由宁波某建设集团负责施工建造，项目计划于 2019 年 8 月开工，工期约 5 个月，约使用螺纹钢 5000 吨。工地项目预算中螺纹钢预估成本为 4300 元 / 吨，为了规避螺纹钢未来价格的大幅上涨，使最终实际采购成本尽可能不超过项目预算，宁波某建设集团需要对螺纹钢进行锁价。但若直接采购备货工程项目需要的螺纹钢，需要占用大量的资金并产生较高的资金利息，从而大幅增加成本。

3. 举措与创新

物产中扬与物产中大期货研究院经过讨论，为宁波某建设集团制定了远期定价进行锁价的方案。根据盘面主力合约对当下现货升贴水的幅度，进行季节性调整，针对未来 5 个月的螺纹钢价格进行报价，并计算所有月份远期价格的加权平均值，以加权平均值作为基准价，以基准价 + 品牌升贴水的方式二次结算确定最终价格（图 2-17）。

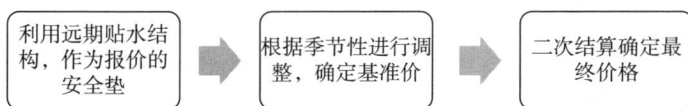

利用远期贴水结构，作为报价的安全垫　➡　根据季节性进行调整，确定基准价　➡　二次结算确定最终价格

图 2-17　远期定价助力工程锁价流程示意图

4.应用与评价

2019年3月30日物产中扬与宁波某建设集团签订合同，从2019年7月至2019年11月，每月月底前物产中扬根据宁波某建设集团实际工程需求进行采购配送，并按照3650元/吨进行一次结算，累计采购配送5000吨。宁波某建设集团在每月月底前需根据工程项目实际所需螺纹钢品牌、规格等与物产中扬进行进一步沟通，双方按照合同约定的基准价格对实际所用的货物参照配送当日网价价差进行二次定价结算。为了防范违约风险，宁波某建设集团需在合同签订日按照结算价格支付货款总额的10%作为履约保证金，并在每月提货日付清相应货款，履约保证金冲抵最后一次货款。

物产中扬在与宁波某建设集团达成协议时，同时在期货RB2110合约及RB2201合约分别买入300手与200手进行对冲操作，在每月月底交货前进行现货采购时，期货端再进行相应的平仓操作，确保头寸风险敞口始终为零。

2019年8月至9月由于季节性淡季需求较弱，螺纹持续累库，造成价格持续下跌，实际市场现货价格低于工地锁价价格，未能为工地节约潜在成本。进入10月，随着需求持续释放，叠加国庆前后限产加严供应收缩，螺纹钢价格企稳并逐渐进入上行通道，现货价格超过工地锁价价格，有效达到了降低成本的效果。同时考虑到品牌及规格价差，品牌升贴水最终确定为100元/吨，即该项目中使用到的所有螺纹钢结算价格为3750元/吨。对于宁波某建设集团来说，该锁价业务整体仍满足了工地的需求，对冲了价格潜在大幅上涨的风险。具体效果见表2-9。

表2-9　　　　　　　　　　锁价效果对比表　　　　　　　　单位：元/吨

月份	8月	9月	10月	11月	12月
市场价	3730	3740	3730	3970	3920
实际采购价			3750		
单吨节省成本	−20	−10	−20	220	170

通过远期定价模式，物产中扬和宁波某建设集团实现了以低于预算的价格锁定了螺纹钢的采购成本，同时规避了螺纹钢价格上涨给企业带来的潜在损失，保证了项目的顺利完工。物产中扬通过期货对冲风险的同时，获得一部分基差收益。因此，项目涉及的三方均从中受益，物产中大期货公司和物产中扬为宁波某建设集团的工地项目成功地规避了潜在风险，稳定和降低了采购和配送成本，平缓了企业经营风险。

5. 反思与展望

物产中大期货公司和物产中扬在进行远期报价时选择了以基准价加品牌价差的方式跟宁波某建设集团进行实际结算。宁波某建设集团实际上还承担了一部分品牌规格价差波动的风险。未来报价时可以按照客户实际需求，将这些规格价差的风险因素一并考虑在内进行远期报价，优化客户报价和结算方式，进一步降低采购成本。

◢ 2.6.2 "期货＋保险"助力养殖企业应对猪周期

1. 背景与挑战

2021 年中央一号文件提出，将地方优势特色农产品保险以奖代补做法逐步扩大到全国，健全农业再保险制度，发挥"保险＋期货"在服务乡村产业发展中的作用。这是中央一号文件连续六年明确写明开展"保险＋期货"试点，表明了中央对采用期货、期权等现代化风险管理工具管理实体产业尤其是农产品价格风险的认可和鼓励态度。

当前"三农"领域有不少必须完成的硬任务，其中一项核心任务就是完成"市场定价、价补分离"的农业供给侧结构改革。物产中大期货公司认为，完成该任务的主要手段就是"保险＋期货"。因为开展"保险＋期货"能有效引导农业产业参与者适应市场化定价、合理配置生产资源、有效提高精准扶贫的效率，同时也能帮助农业生产者稳定收益，规避农产品价格波动带来的风险。

生猪产业作为我国农业和农村经济的支柱产业之一，与"三农"密切相关，其稳定发展是巩固拓展脱贫攻坚成果和乡村振兴的重要抓手。江西省吉安市新干县是全国生猪调出大县，近几年来的生猪存栏量维持在55万头左右，年出栏在百万头以上。2022年以来，由于供给不断增长，猪肉价格出现断崖式下跌，肉价触及养殖成本线，当地农户及养殖企业受到严重影响，面临全面亏损的风险。

2. 现实情况

物产中大期货公司及其子公司物产中大资本在生猪期货上市初期，就已经对生猪"保险+期货"项目进行可行性分析论证，并且结合生产周期和行情预判，设计合适的期权产品。通过"保险+期货"的形式将两种金融工具相融合，充分发挥其互补优势，为生猪养殖企业提供有效的价格风险管理方案，以市场化方式缓解猪周期波动。

3. 举措与创新

江西省吉安市新干县生猪价格"保险+期货"试点项目，按照政府引导、大连商品交易所（简称"大商所"）支持、保险组织安排投保并分散价格风险、期货公司及其风险管理子公司对冲市场价格风险，通过保障生猪价格，从而保障养殖户的基本收入，形成风险分散转移的试点模式。其中"保险+期货"为项目主体环节，农户和新型农业经营主体向保险公司购买价格保险，以此规避生猪价格下跌风险，保险公司向期货风险管理子公司购买场外期权保障赔付，期货公司风险管理子公司在期货市场进行相应的复制看跌期权操作，进一步分散风险。

具体项目进程如图2-18。

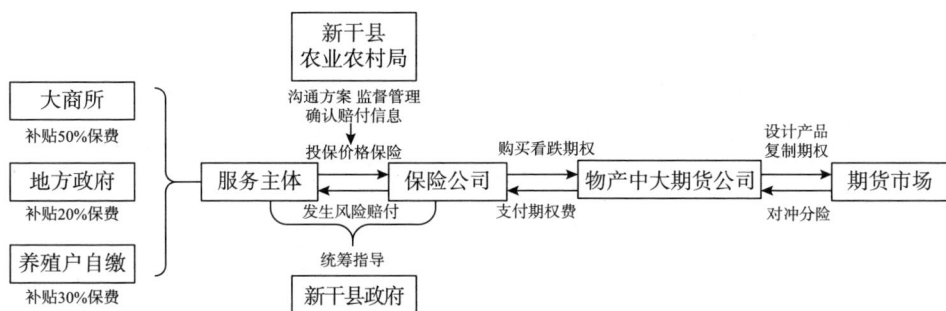

图 2-18　生猪价格"保险＋期货"试点项目流程图

本项目中农户购买的保险产品为生猪价格保险产品，若保险期内大商所生猪期货 LH2109（LH2201）结算价低于目标保障价格 19350.55 元 / 吨，则保险公司将对农户进行理赔。项目期限 3 个月，分 3 期执行，总保费 200 万元，参保生猪数量 17116 头（1711.6 吨），参保生猪养殖企业 7 家、建档立卡贫困户 3 户。保费来源方面，江西新干县政府对该项目给予 40 万元的保费补贴，农户自缴保费 60 万元，大商所提供保费支持 100 万元。

项目实际运行中，保险公司向物产中大期货公司购买项目挂钩标的 LH2109 合约的增强亚式看跌期权做风险对冲，期权到期日为 10 月 10 日，期权采价期为 7 月 10 日至 10 月 10 日每月一期一采，行权价为 19350.55 元 / 吨，行权数量为 1711.6 吨（分 3 期，单期 570.5 吨）。

期权对冲策略上，物产中大期货公司将动态对冲管理程序分为以下 3 个阶段：建立初始头寸、日常对冲管理、期权到期（或平仓）操作。首先是初始对冲阶段，根据对冲交易模型，物产中大期货公司以 19000 元 / 吨的价格卖出开仓 13 手 LH2109 合约，同时买入 25 手执行价为 19000 元 / 吨的 LH2109 平值看跌期权。

随后是日常对冲管理，主要以动态 Delta 中性为主，其他希腊字母作为辅助对冲。项目运行期间，每日风险对冲均严格按照对冲原则执行，每日收盘前核验当日 Delta 敞口，将敞口暴露控制在可控范围内，尽量达到隔夜不留方向性敞口的目的。同时，为达到平滑对冲曲线的目的，在对冲过程中，物产中大期货公司对冲团队通过场内期权，并参考 Whally-Willmott 对冲策略设置 Delta 对冲带，辅助 Delta 对冲。对冲带的设置主要是针对生猪品种波动特点，在 Gamma 较大区间设置，平滑对冲效果。

最后是期权到期或提前平仓时，会将该笔期权对应的对冲数量全部在到期日或提前平仓时了结掉。最终，保险公司到期行权后，物产中大期货公司支付保险公司期权费 361.63 万元。

整个项目运行期间，物产中大期货公司拟定了系统的风险控制流程，建立了事前、事中、事后的风险控制流程，覆盖业务的各个环节，确保项目平稳运行。

4. 应用与评价

项目期间，物产中大期货公司通过实施生猪"保险＋期货"项目，实际覆盖新干县生猪 22550 头，最终在 2021 年 11 月 10 日项目到期后产生 361.63 万元的赔付，赔付率达 180.82%。

项目最终达成了以下两大成果。

一是保障农户收益。本项目通过价格保险方式帮助农户规避了生猪价格下跌的风险。在 2021 年 7—11 月生猪价格大幅下跌的情况下，仍保障了参保农户的养殖收益。同时，通过本次试点项目，引导当地学习、使用各种现代化的风险管理手段，通过对农产品价格风险的管理来保障农户收入，放大政府财政补贴效用，探索市场化的可持续发展路径。

二是成功探索生猪产品"期货＋保险"业务模式。未来在交易所和地方政府的指导下，物产中大期货公司将继续深耕"保险＋期货"业务，通过期货工具的创新，解决农户和企业用期货工具管理价格风险的难题，提升服务实体经济的广度与精准度，为服务乡村振兴和实现共同富裕贡献力量。

5. 反思与展望

本次项目虽取得巨大成功，但由于某些客观原因，仍存在一些不足。首先是对冲策略方面，本项目为增强亚式期权，定价采用了蒙特卡洛模拟的方法，但蒙特卡洛模拟方法也有一些限制。例如，蒙特卡洛模拟假设标的对数化收益率符合标准正态分布，但市场实际情况并不完全符合标准正态分布，存在模型失效的风险。其次是各市场主体对高额保费的认识与接受度仍较低，很大程度上仍依赖交易所和政府提供的资金支持。解决方案上，物产中大期货公司未来将通过不断研发更先进的对冲策略，在有效降低风险的同时，进一步减少费用支出，提高项目推广价值，更有效地为我国农产品期权及场外市场发展和金融体系服务实体经济作贡献。

2.6.3　汇率工具助力贸易公司管理外汇风险

1. 背景与挑战

近年来，人民币汇率在总体保持稳定的基础上，局部波动有所扩大。对于一些从事进出口贸易的企业而言，如何进行汇率风险的管理，成为必须解决的一个课题。

银行远期结售汇是贸易公司最常使用的工具，存在两个明显的缺陷。一个缺陷体现在交易时间上。当日银行系统轧账后即不可交易，尤其无法应对晚间汇率波动可能带来的不利影响；同时，企业在办理业务前需要向各家银行分别询价，价格实时性较差，影响成交效率。另一个缺陷体现在价格上。远期结售汇报价基于中间价，结合银行操作成本和对汇率变动的预判来拟定，相对可能偏高，一般 3M 结售汇成本在 350 ~ 500bp；此外，企业贸易如果提前结束，或行情发生趋势性反转时，需要先做掉期并支付掉期的费用，额外增加成本。

2. 现实情况

涉及进出口业务的公司在实践过程中，根据具体业务的特点，希望能有一种汇率风险对冲工具，既能够在时间上满足随时交易的需要，又能够保证较低的成本，同时还能够随时根据业务变化调整头寸而不显著增加成本。

3. 举措与创新

人民币期权是另一类常用的汇率风险管理工具，期权的成本与封顶价的选定有关，实际成本比同期限银行远期优惠 100 ~ 150bp，成本上具有一定优势。物产中大期货公司境外子公司利用境外交易所的汇率衍生品工具进行锁汇管理，具有锁汇成本更低、交易时间长、市场价格透明、操作相对灵活、技术支持到位等特点。交易所工具能够解决银行工具在时间和价格成本上的两个缺陷，同时变更锁汇期限成本低，能够较好匹配贸易公司的实际需求。图 2-19 为远期锁汇中的流程与步骤。

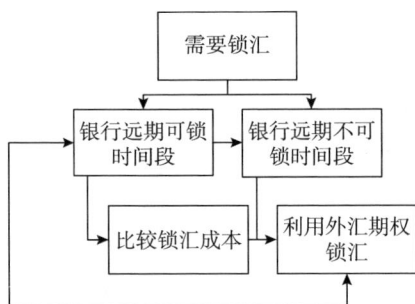

图 2-19 远期锁汇步骤图示

4. 应用与评价

物产中大国际公司在业务开展过程中，有时需要根据国外客户的工作时间签订采购销售合同，如果使用银行工具锁汇，则必须在第二天上午才能询价，一旦当天晚间外汇行情大幅波动，会带来额外的风险。相较于银行工具，交易所工具扩展了交易时间。其中香港交易所 UC 合约交易时间覆盖了上午 8：30 至下午 4：03、下午 5：15 至次日 3：00；而新加坡交易所 CUS 合约交易时间则覆盖了上午 7：25 至下午 5：55、下午 6：15 至次日 5：15。综合使用两种交易所工具，基本覆盖了东西方主要工作时间段，当市场行情波动较大时，具备明显优势。

例如，2021 年 5 月 6 日，人民币离岸汇率呈现升势，当天晚间 20：00 离岸即期汇率在 6.4657，此时企业签订了一笔出口销售合同；第二天 9：00 银行开市时离岸汇率已升至 6.4362，其间相差 295 bp。如果企业使用银行工具锁汇，到第二天再锁汇将净损失掉这中间的差价，而使用交易所工具的话，能够及时操作，避免了时间差带来的风险。

与银行工具和期权相比，交易所工具在锁汇成本上也具有优势。2019 年 3 月 12 日，离岸汇率在 6.7068，此时银行 1M 远期锁汇价格 6.7530，成本 462bp。物产化工此时签订了两笔价值各 800 万美元的采购合同，需要对一个月后的汇率进行锁汇。如果直接采用银行工具，将直接付出 462bp 的点差成本，而如果采用期权工具，此时的成本也在 300 ~ 350bp（表 2–10）。

表2-10　　　　　　　　　　境内银行锁汇价格

锁汇日	锁汇金额（美元）	锁汇价格	锁汇交割日
2019/3/12	8000000	6.753	2019/4/15
2019/3/13	8000000	6.748	2019/4/15

在选择采用交易所工具对冲后，物产化工 3 月 12 日、13 日分别在香港交易所 UC 05 上买入开仓对应 800 万美元的期货合约。到了 4 月 15 日合同执行日卖出平仓，其间扣除手续费和保证金利息后，最终锁汇成本分别为 110bp 和 61bp，显著低于银行工具和期权工具，节约了大量交易成本（表 2–11）。

表2-11　　　　　　　　　　香港交易所离岸人民币

买开05合约价格	买开日期	卖平05合约价格	卖平日期	到期即期汇率	锁汇价格	手续费	保证金利息	最终锁汇价格	锁汇成本
6.72	2019/3/12	6.7105	2019/4/15	6.72	6.7295	0.0004	0.0011	6.7310	110bp
6.7151	2019/3/13	6.7105	2019/4/15	6.72	6.7246	0.0004	0.0011	6.7261	61bp

5. 反思与展望

交易所工具一次期限变动仅增加成本 2 ~ 4bp，因此即使在锁汇过程中合同发生变更，也能调整头寸而不显著增加成本。另外，交易所汇率期货的基准是离岸即期汇率，是由市场交易决定，往往更加公允，同时波动更大。离岸汇率基差、离岸—在岸汇差会对操作结果产生影响，当基差较小，离岸较在岸汇率更低时，更有利于出口方操作；基差较大，离岸较在岸汇率更高时，更有利于进口方操作。通过选择在合适的位置入场操作，不仅能够对冲风险，还能取得降本增收的效果。

第 3 章 ▶▶

物产中大集团智慧供应链集成服务的探索

借国家提升产业链供应链现代化水平的春风，沐浙江省推进数字化改革的细雨，物产中大集团正在通过数字化转型，加速由中国供应链集成服务引领者升级为中国智慧供应链集成服务引领者，在努力畅通"大动脉"的同时，疏通面向终端消费者的"毛细血管"，为国内外客户提供钢铁、煤炭、化工等主营大宗商品和汽车、轮胎、白酒、美妆、电器等中高端生活消费品，助力构建以国内大循环为主体、国内国际双循环相互促进的新发展格局。

3.1 "数字物产中大"建设的谋划和探索

◢ 3.1.1 "数字物产中大"建设背景

物产中大集团于 2009 年开始推进信息化建设，较早地实施完成了 SAP ERP 核心系统、OA 协同办公系统，支撑了集团业财一体化管理和办公自动化管理，同时也根据当时业务发展试点上线了 BI 数据分析系统和 CRM 客户管理系统，服务于集团和成员公司试点业务板块的经营管理和报表统计分析。为更好顺应数字贸易发展态势，充分整合共享各成员公司数据，消除"数据孤岛"，提高客户的服务响应速度，物产中大集团 2020 年启动了数字化转型工作，谋划推进"数字物产中大"建设。为此，物产中大集团成立了"数字物产中大"项目专班，邀请了国内外领先的咨询公司、一流高校和知名企业，紧紧围绕"数字化转型的目的是什么""数字化转型的主要内容是什么""数字化转型存在的阻碍有哪些"等问题，积极探索数字化转型赋能企业发展的科学路径。

▲ 3.1.2 "数字物产中大"建设方向

数字化变革将颠覆行业应用和现有商业模式，催生出新的商业模式，同时促进资源整合与生态合作。例如，物联网会实现供应链生产、运输环节的设备与网络平台连接，提高数据采集效率；区块链的不可逆性和可追踪性满足了供应链金融环节的追溯真实性，提高了可信性与安全性；大数据技术对分析预测市场需求、供应链物流、客户个性化服务等方面提供了有效支撑。

"数字物产中大"项目专班结合集团业务属性，运用"数字化转型指数"，全方位评估物产中大集团的现实数字化水平，达成了"数字物产中大"建设的四点初步思考：第一，要建立明确、前瞻且体系化的数字化战略和路线图设计；第二，要提升客户全生命周期的服务管理能力，建设线上线下融合的全方位渠道，助力核心业务增长；第三，要建设数字化企业架构，助力数字化业务转变，打造数字化运营体系；第四，要基于客户个性化需求，运用数字技术，创新商业模式，逐步形成供应链集成服务新产品。

围绕以上四点，"数字物产中大"项目专班选取了三井物产、三菱商事、托克集团、欧冶云商、找钢网、瑞茂通等分别进行分析，对集团"供应链集成服务"核心主业从战略方向、运营体系、商业模式、组织保障、数字化平台推进等方面进行了整体分析，对集团"金融、实业"板块进行了模块分析。经过反复讨论，"数字物产中大"项目专班最终认为，"数字物产中大"建设要服从集团"十四五"发展战略，借鉴领先流通 B2B 电商平台 B2C 的模式，以更好服务客户为目标，建立数字化组织架构，开展数字化营销，加强数据资产积累工作，开拓数字化产品和数字化应用，逐步创新商业模式。

"数字物产中大"建设的具体方向为：聚焦"精益管理支撑、卓越运营赋能、数智业务孵化"，深化提炼供应链集成服务业务运营、职能管控两方面端到端的数字化场景需求，通过流程再造、技术应用、架构设计等，实现"业务数字化、管理智能化、数字业务化"的目标，推动集团及各级成员公司数字赋能、高效协同、全面智治。

"数字物产中大"建设核心包括以下三方面内容。

第一方面，业务数字化的建设，核心是提升业务在线化，重点在于完善和升级供应链集成服务相关业务管理系统，打通集团与成员公司间的数据壁垒，并引入中台架构为业务赋能。

第二方面，管理智能化的建设，核心是实现供应链集成服务的智能决策，通过综合运用新一代信息技术，围绕职能和运营管理，深度挖掘计划、执行、控制、决策全过程智能化应用场景，优化企业资源配置，促进业务运营快速响应市场。

第三方面，数字业务化的建设，核心是数据赋能供应链集成服务业务发展，基于数字化转型过程中沉淀下来的数字化能力，对外提供供应链集成服务业务相关数字化产品或数据服务，从而创造新的商业价值，推动商业模式创新。

▲ 3.1.3　谋划构建"数字物产中大"企业架构

基于集团业态多元、业务多样的特点，在数字化企业架构设计环节，"数字物产中大"项目专班也曾有过争论。比如，整体数字化企业架构设计应该以服务成员公司业务运营，还是以围绕集团战略管控为主线；数字化管控方面，国际领先运营管控架构与集团战略管控、成员公司法人主体经营的母子公司模式，较难适配多元化的管理方式；数字化应用方面，要深度考虑集团大宗商品流通领域的业务品种非标较多，客户主体需求个性化较多，如何将非标逐步转标准化去顺应数字化转型的特性；数字技术层面，目前先进人工智能技术应用的 2C 端场景，无法直接借鉴到集团 2B 端业务场景，大数据模型在 2C 端大流量化的应用，无法直接移植到 2B 端客户个性化、专用化服务的应用等。这些争议，经过一次次沟通，最终都得到消除。"数字物产中大"的谋划清晰了起来。

1. "数字物产中大"企业架构整体原则

"数字物产中大"项目专班认识到单一方式考虑数字化企业架构设计，无法满足集团业务运营管理现状，结合目前较为传统的信息化企业架构，构建"数字物产中大"企业架构要以业务快速响应、管控精准高效、资源科学配置为核心，选择"统分结合"的混合轻量级架构最为合适。在架构的设计、建设、应用和赋能上要坚持以下四点原则。

一是"一盘棋"谋划。"数字物产中大"企业架构由集团统一规划，围绕业务场景作为转型升级的核心，数据作为赋能运营与管理的重要抓手，整体支撑集团"智慧供应链集成服务"的战略落地。

二是"一体化"建设。"数字物产中大"企业架构按"统分结合"的建设模式，核心功能和集中管控部分统一规划并建设，满足企业实现风险管控、成本控制等精细化管理要求，成员公司在统一建设的架构基础上，开展应用建设或按集团统一标准自行建设。

三是"一线化"应用。围绕供应链集成服务业务前端用户个性化、差异化、灵活多变的需求，找准痛点、攻克难点、疏通堵点，推进业务线上化，融合数字技术感知业务操作节点，实现业务协同和客户服务的准确、高效、便捷。

四是"一张网"赋能。集团统筹开展数据治理，统一规划建设数据中台，集中汇集供应链集成服务业务主要数据，围绕运营管理需求导向分级挖掘数据价值，实现数据资产赋能集团业务发展和商业模式创新。

2.“数字物产中大”企业架构设计

围绕集团供应链集成服务、金融服务、高端制造 3 个业务板块业务运营场景，以及战略、产业研究、人力资源、财务、资金、投资、风险管理、协同管理、数字化、法务等职能管理场景，“数字物产中大”项目专班展开了为期 4 个月的调研访谈、问卷填写、现状评估、能力分析等工作，为数字化企业架构设计提供了有效的基础数据和用户需求支撑。具体通过“缺乏此功能将导致后续工作难以高效进行”“缺乏此功能将导致后续工作受到一定影响”“缺乏此功能不影响后续工作”3 个定性维度，从 2021—2025 年中选择，明确了数字化应用层面重要性和紧迫性的优先级，同步匹配设计底层技术架构、中间数据架构层面。

“数字物产中大”企业架构由应用架构、数据架构、技术架构及数字化管控架构组成，如图 3-1 所示。

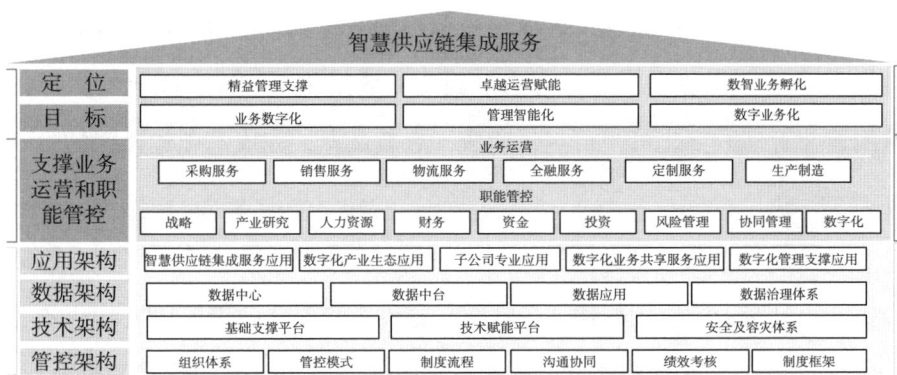

图 3-1 “数字物产中大”企业架构

应用架构主要支撑集团数字化业务应用的五大板块，包括数字化流通业务应用、数字化产业生态应用、子公司专业应用、数字化业务共享服务应用和数字化管理支撑应用。

数据架构包含数据中心、数据中台、数据应用和数据治理体系，主要支撑集团全域数据的汇集并存储、各域数据资产的分类、数据的深度挖掘和加工处理，实现数据应用、可视化展示、资产化运营，并需配套建立数据标准、治理组织和运营机制，保障数据质量和价值发挥。

技术架构包括基础支撑平台、技术赋能平台和安全及容灾体系，为数据架构和应用架构提供基础设施，保障"数字物产中大"运行的安全、稳定、高效。技术平台还涵盖人工智能、物联网、区块链等各类数字技术，支撑业务应用的自动化和智能化水平提升。

管控架构保障数字化转型顺利推进、有效落地的体制机制，包括组织体系、管控模式、沟通协同、绩效考核、制度框架和制度流程支撑工具。

3."数字物产中大"企业架构建设路径

"数字物产中大"项目专班将"数字物产中大"企业架构建设分为三个阶段，逐步推进。

第一阶段重点是"夯实基础，补齐短板"。集团总部补齐完善集约化和标准化管控的中后台数字化建设，成员公司优化提升业务运营、客户服务、风险管理等前台数字化建设，上下协同推进业务数据化、管理智能化的目标，实现集团运营管理数字化可视可查，达成"启航试点，完成基础建设"的阶段性目标。

第二阶段重点是"平台赋能，融合协同"。通过一体化技术架构、数据架构，协同统分结合的应用架构，依托统一移动工作平台赋能职能管理高效、便捷，依托数字技术赋能平台实现业务运营服务的数字智能，达成"精细运作，转型产生实效"的阶段性目标。

第三阶段重点是"生态拓展，智能提升"。整合行业、供应链上下游数据资源，大力开展数据应用推动数据业务化，提升推进智慧供应链集成服务的重塑升级，通过智能化水平实现产业生态的有效组织和优化整合，推进实现"高效赋能，数字产生价值"的总体目标。

4."数字物产中大"实施方案和策略

为了实现"数字物产中大"的应用架构、数据架构、技术架构及数字化管控架构的搭建，"数字物产中大"项目专班综合考虑信息化架构完善和数字化业务发展的要求，制定了具体建设实施内容，并按不同实施内容选择合理的策略推进建设（建设策略分类如图 3-2 所示）。

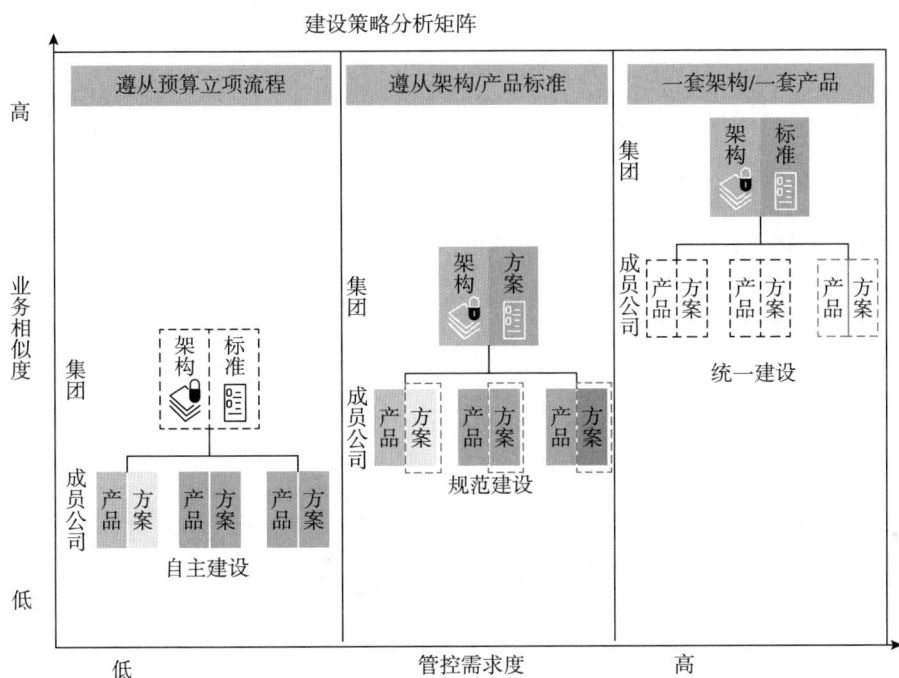

图 3-2　数字化建设策略分析

——建设"一朵云"，积极打造云上物产中大。具体是建设高效、敏捷、优质的云基础设施，通过统筹管理数据、服务、应用等 IT 资源，打造快速扩容、海量存储、安全可靠的基础支撑能力。"一朵云"作为数字化基础设施，要求高度统一管控，由集团统一建设管理，分级授权资源为成员公司提供服务。

——建设"二平台"，大力实施平台战略。一是建设大数据平台，统一归集数据资产，持续开展数据治理，提升业务数据质量，通过数据应用为决策、运营、服务等提供数据支撑和重要风险预警；二是建设技术赋能平台，推进人工智能、位置服务、物联网、RPA 等数字技术应用，融合赋能业务发展，提升运营管控智能化水平。"二平台"作为数字化核心能力，要求运营标准一致，由集团统一建设管理，分级授权成员公司使用。

——建设"三体系"，补齐数字化建设短板。"三体系"建设内容包括三方面：一是建设完善的财务、人力、投资、风控、审计等各类数字化综合支撑后台应用系统和中台共享系统，提升集团战略管控数字化能力；二是建设形成完善的数字化组织人员、制度流程等，打造集团数字化运营管控体系；三是建设加固网络与信息安全体系，为数字化运行提供"横向到边、纵向到底"的安全保障。其中，综合支撑后台应用系统和职能中台共享系统是集团总部战略职能管理的数字化支撑，由集团统一建设运营，成员公司使用。业务中台共享系统是成员公司业务发展运营管理的数字化支撑，由成员公司试点建设运营，共享能力复用并沉淀后，升级由集团统一运营管理。数字化运营管控体系、网络与信息安全体系是集团和成员公司共同数字化转型的基础保障，由集团和成员公司分职分责共同推进建设。

——建设"数字化创新示范"前台应用系统，强化数字化实际应用。紧紧围绕以业务驱动为导向，推进数字技术应用业务场景的深度融合，"十四五"期间重点在智慧供应链集成服务、产业互联网、智慧物流、智慧门店、大数据风控和智能制造六类领域，建设开展 X 个数字化创新示范，切实推进集团数字化改革产生应用实效。数字化前台应用系统是成员公司供应链集成业务运营管理的数字化支撑，成员公司根据自身业务品种、业务模式、运营流程、管理要求和客户服务需求，自主、规范推进建设。

3.1.4 智慧供应链集成服务应用的探索

1. 试点应用探索

2021 年作为物产中大集团数字化改革实施的第一年，集团建设完成了物产云 2.0（一期）平台，持续推进数据治理和数据应用分析，并实施了一批职能管控中后台应用系统及成员公司业务运营管理前台应用系统。

为了鼓励集团及成员公司数字化改革，加快推进试点探索建设，积极以点带面、示范引领作用，2021 年集团组织开展了数字化示范工程评选。围绕供应链商流、信息流、物流、资金流四流有效联动和集成服务，聚焦业务敏捷响应、运营效率提升、服务价值提高、经营风险管控、管理决策智能等方面，成员公司有 10 个多跨场景的速盈业务前台应用建设成效突出。

——金属公司建设"智链平台"，从孤立的业务体系与数据体系向高度共享的业务和数据架构进行转变，打通钢厂、仓储、配送、项目等多方数据壁垒，推进流程标准化、销售在线化、风险预警管理。

——元通智慧门店建设试点探索，通过数据多元化集成，实现销售、售后、救援、汽车生活等全产业链产品、服务的跨品牌、跨场景式一体化触达和专业服务，支撑业务一键触达、全场景在线、实时客户交互，提高服务质量。

——云商公司围绕美妆、酒水等核心业务营销新渠道，初步建立"大闭环 + 小闭环"的私域流量，实现跨部门协同，实现运营流程的数字化闭环管理，突破 2C 端应用专项赋能，为精准触达和营销提供支撑。

——国际公司启动打造"板材产业链智慧赋能平台"，以整合板材产业链的客户需求、痛点，分析产业链矛盾，实现客户需求精准定位，从单点业务服务向链条式服务升级。

——环能公司优化升级智慧环保云平台，围绕碳达峰、碳中和目标，通过数字技术与经营管理业务的深度融合，打通了不同环保设备系统间的数据壁垒，保障了环保排放数据达标率，助推物产环能实现成为综合能源服务供应商的愿景目标。

——化工公司完成智慧供应链平台试点上线，推进"物产经编产业大脑"服务平台建设，基于海宁经编产业客户企业信息采集，到中台数据清洗、加工、分析，在业务全链条上实现闭环管理，构建园区企业数字画像。

——物流公司建设智慧仓库，通过升级软件、改造设备，结合外部供应链物流数据对接，实现物资在途及库内的全物流信息跟踪，推进物流过程动态化、可视化管理，有效支撑交易风险预判，提升物流集成服务能力。

——欧泰公司建设卡车司机数字化营销运营平台，高度融合公司橡胶和油品两大主营业务需求，紧紧围绕卡车司机的后市场服务，以数字化营销为突破口，实现客户、门店、工厂全产业链上的生产定制化、采购集成化、销售连锁化、渠道垂直化、门店场景化。

——浙油中心建设保税商品登记系统，对接上海期贸交易所标准仓单管理系统、浙油中心仓单管理系统、存货凭证管理系统，以及海关、外汇局、人民银行征信等系统数据，实现物流、票据流、资金流、信息流的完整呈现，助力政府部门实现智慧监管，打造油气产业互联互通的数字化生态圈。

——中大实业推进"智慧工厂"建设，升级智能化设备，结合 AR 技术，加强数字技术的运用，基本实现智能化车间的样板展示，促进生产透明化、物流智能化、管理移动化和决策数据化，构建智能制造平台。

2. 深化"数字物产中大"应用探索

物产中大集团坚持顶层设计与基层探索的"双向赋能"，坚持自上而下与自下而上的"双向互动"，坚持技术创新与机制创新的"双轮驱动"，以推动集团高质量发展为目的，以建设"数字物产中大"、打造智慧供应链为目标，以"小切口"科学推进"大系统"实施，以"小场景"科学突破"大市场"覆盖，通过系统化创新方式逐步实现端到端、全场景、全链条的数字化改革，继续推进探索六类应用平台。

（1）智慧供应链集成基础平台。基于大宗商品标准化产品的供应链集成服务业务需求梳理，在优化完善 ERP 等核心业务管理系统的基础上，通过集团大数据平台，与集团内现期结合、供应链物流、供应链金融等相关应用系统实现对接，与客户核心业务系统实现对接，与外部征信等数据对接，通过提升和抽象通用化功能，推进搭建智慧供应链集成基础平台（如图 3-3 所示），为供应链集成服务提供端到端的基础业务运营底座支撑，建立供应链集成服务经营分析体系，提供决策服务支持。物产中大金属、物产中大化工已分别推进了供应链智配平台、智慧供应链业务平台的建设，将逐步更新迭代实现智慧供应链集成基础平台。

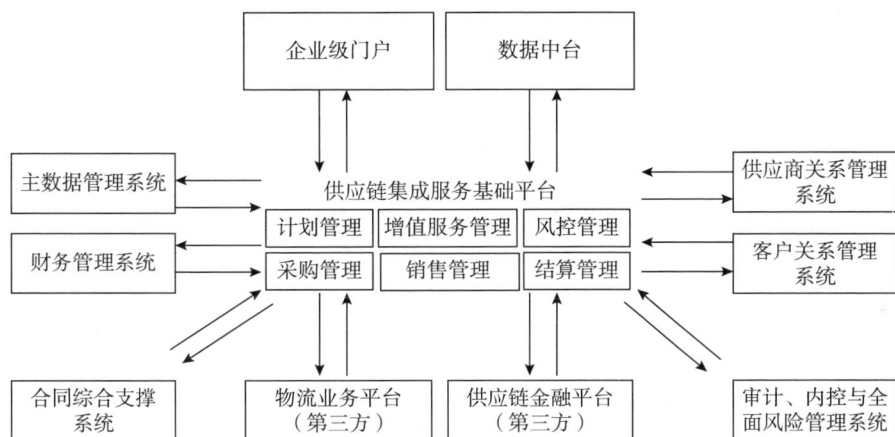

图 3-3 供应链集成服务基础平台参考图

（2）产业互联网平台。产业互联网平台由供应链集成服务、数字化生产和数字化营销电商等平台构成，支撑采购、生产、销售、物流、金融、管理咨询等全链条各环节产业综合服务，利用贴合产业特性的数字化技术分析全链条的产业数据，辅以优势互补的资源匹配机制，从而实现供需精准匹配与产业间跨界协同（如图 3-4 所示）。集团成员公司物产中大化工、物产中大欧泰分别在经编产业和轮胎产业链上，根据实际的供应链集成服务产品特点、业务模式和业务基础等情况，选择从不同的切入点，如轮胎可从数字化营销切入，不断根据客户需求迭代升级并完善产业链平台功能组成，实现平台间互联互通，逐步推进涵盖原材料供应商、生产工厂、金融机构、物流服务商、客户等产业互联网平台建设。

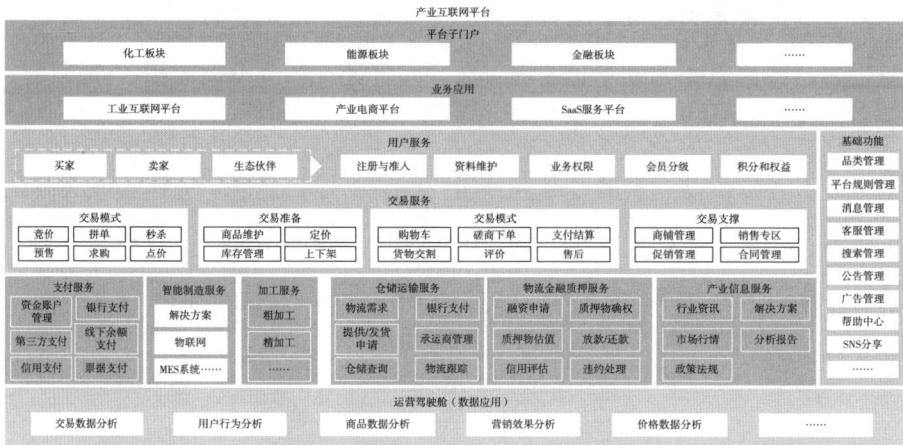

图3-4 产业互联网平台参考图

（3）智慧物流平台。供应链集成服务业务涉及多个仓储、运输的物流环节，与服务周期、交付时点、业务成本、风险管控等密切相关，智慧物流主要通过利用车联网、物联网、机器视觉等数字化技术或与第三方系统（如 WMS、TMS 等）信息共享，进行物流状态、物流成本等数据采集，有效整合物流资源，转化为可视化物流信息，进行智能处理和分析，如图 3-5 所示物流仓储环节，星号节点可结合数字技术提升优化改造，有效降低供应链集成服务业务的物流成本，提高物流环节运营效率，控制物流风险，支撑一体化物流方案和智能化物流决策。

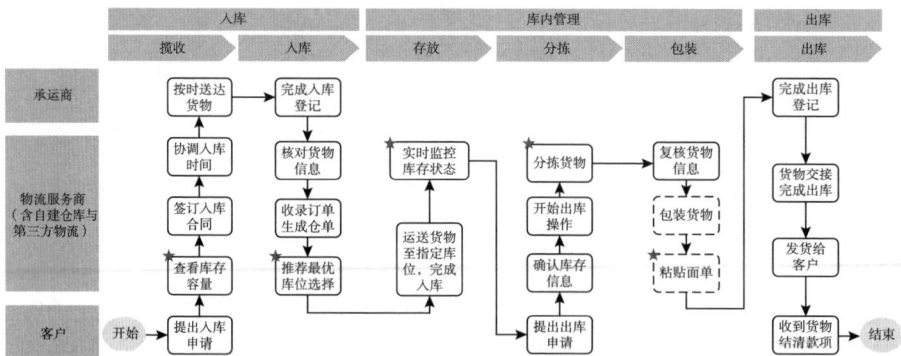

图3-5 物流仓储流程智能优化改造参考图

（4）智慧门店。基于集团汽车板块业务发展，通过线上平台与线下 4S 店的融合，解决客户体验和客户迫切需求，推进客户车辆全生命周期管理，进而挖掘汽车供应链相关增值服务，实现业务规模提升。线下应用数字技术、智能设备推进现有 4S 店的智能化改造，重构传统场景，完善与优化实体服务流程，实现以客户为中心的全新购车体验；线上延伸线下客户需求，通过公域流量、小程序、企业微信等各线上门店运营体系，服务客户全生命周期中相关触点的诉求，提高定制化服务能力、增强服务管理能力、持续提升服务质量，如图 3-6 所示智慧门店涉及线上线下环节，星号节点可结合数字技术提升优化改造。

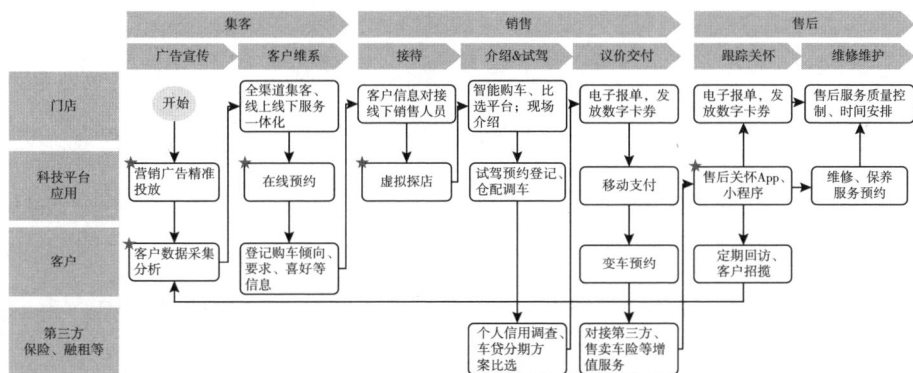

图 3-6　智慧门店流程优化改造参考图

（5）大数据风控。基于集团融资租赁等金融服务板块发展，以数据为基础，以风控模型为工具，以风险指标为决策依据，采用大数据分析建立风险识别、计量、处置等覆盖全风控环节的全景式智能风控体系（如图 3-7 所示融资租赁业务流程，星号节点可结合数字技术提升优化改造），解决传统风控的滞后性，降低金融服务板块业务审核和风险成本，提升融资审批效率，并有效进行贷后可视化监测，实现及时预警，为优化风险管理解决方案提供支撑保障，全面赋能金融服务业务板块。

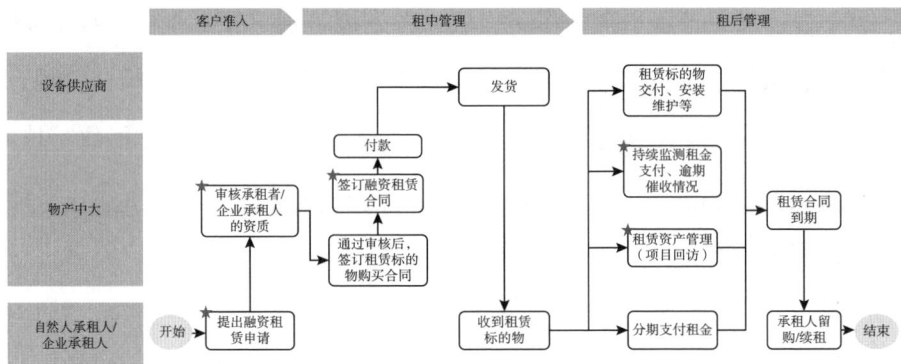

图 3-7 融资租赁业务流程智能优化改造参考图

3.2 元通公司"智慧救援集成服务模式"

汽车救援行业是一个专业性很强的行业，不光需要精良独特的专业装备，还需要一定数量、吃苦耐劳的专业技术人员；不光需要丰富的救援经验，还需要一定密度、布局广泛的网点。因此，开展汽车救援业务，必须有雄厚的资金和先进的管理模式作为后盾。

2005 年 12 月，元通汽车集团成立了浙江元通汽车救援服务有限公司（以下简称"元通救援"），专门从事浙江省内的道路救援服务，正式进军汽车救援领域。历经 10 多年的辛勤耕耘，元通救援获得了行业认同和用户的良好口碑。尤其是 2016 年以来，元通救援抓住了行业转型的风口，以"元通汽车救援服务平台"树立了更快捷、更优质、更全面的汽车救援行业品牌形象，从一家过去仅有 60 余辆救援车辆的浙江省内线下实体救援企业成功转型为营收过亿元、利润过千万元、全国性的平台型互联网企业。

3.2.1 项目背景

1. 庞大的汽车救援需求与汽车救援资源供给不匹配的矛盾十分突出

根据公安部数据，截至 2022 年底全国机动车保有量达 4.17 亿辆，其中汽车 3.19 亿辆；机动车驾驶人 5.02 亿人，其中汽车驾驶人 4.64 亿人。业内的共识是，随着汽车的爆发式增长，在今后几年将完全进入后市场，后市场的服务需求强劲，有望形成万亿级的市场规模。

汽车在使用过程中，难免会出现故障而抛锚，这时候就衍生出了汽车救援需求。统计表明：我国的年汽车救援需求车辆（次）数，一般占汽车总保有量的 9%～10%。以此估算，全国汽车道路救援的年需求辆（次）数近 3000 万次。而目前，市场的救援车保有量仅 5 万辆左右，而且这些总量相对较少的救援车辆还分布在全国 5000 多家大小不一的救援单位中，平均每个救援单位仅拥有 10 辆的救援车辆。再如浙江省，保有专业救援车辆约 4300 辆，剔除高速等定向救援车辆，从事地面救援市场化运营的救援车辆仅有约 2500 辆，分布于 150 余家救援公司及个人业主，而且又以一人一板车的小型救援公司占多数。由于救援需求出现很强的偶然性和随机性，因此这些一人一板车的小型救援公司基本上没有业务，其救援车辆常处于闲置状态。

2. 我国汽车救援行业存在较多"乱象"

虽然救援需求日益增长，但是总体看目前我国汽车救援行业仍处于成长阶段，行业发展存在诸多问题，比如救援服务不规范、价格不透明，"天价救援"状况频发；从业人员素质相对偏低，救援手段落后，无法提供高效、高质量的救援服务；救援机构没有形成协作网络，重复投入，各自为政，资源浪费。这些问题叠加在一起，不但让接受服务的消费者"心里没了底"，更让救援行业发展"慌了神"，从而导致整个行业的发展缺乏规划，长期处于"小散乱"的状况。

3. 汽车救援实体公司面临"内卷"的困境

"内卷"可以理解为非理性、不必要的竞争，这种竞争是对个人精力、时间甚至是金钱的白白消耗，并没有什么实质性的用处。由于消费者追求价廉物美的汽车救援服务，汽车救援实体公司也一直努力在服务中突出"低价"和

"优质"特色。但是由于汽车救援实体公司数量众多、服务差异性不显著，消费者可以选择的同类型救援服务供应商实在太多，因此汽车救援实体公司通常采用低价竞争策略来争夺客户和市场份额。但是这样一来，又难以弥补自身运营成本，很容易造成亏损，影响救援服务后续投入。比如，以特种车型来说，为满足地库拖车、新车驳运，需要配备地库专用牵引车、全封闭厢车、双位板清障车、三位板清障车等车型，单车投入少则 15 万 ~ 20 万，高则上百万元。另外，GPS 管理设备、车辆监控设备，以及电瓶检测仪、辅助轮、绑带等专用工具的花费也不是小数。汽车救援实体公司迫切需要汽车救援产业联盟或者平台进行业务协调，缓解"内卷"加剧态势。

4. 汽车救援行业向规范化、标准化、信息化发展是大势所趋

2016 年 7 月 15 日，中国汽车流通协会正式批准并发布由中国汽车流通协会汽车俱乐部分会等单位联合起草的团体标准《汽车救援服务管理规范》。该标准将为汽车救援企业提供统一的经营管理体系，对救援企业的服务管理体系、安全保障体系等方面进行了规范。业内认为，《汽车救援服务管理规范》的出台，意在引导汽车救援行业走向规范建设发展之路，促进汽车救援企业标准化、规范化管理，建立规范有序、成熟稳健的汽车救援市场，更好地服务消费者。从近年发展情况看，《汽车救援服务管理规范》也日益被汽车救援行业广泛认知与引用！

同时，随着互联网的深入发展，平台化运营模式成为传统汽车救援服务企业转型的方向，即汽车救援从过去线下实体救援企业直接为车主客户提供服务或承接业务外包的模式，过渡为由平台根据服务资源的综合情况调派体系内的优质服务商为客户提供服务的模式。不主动变革、不主动触网的企业，甚至是一些行业龙头企业和有外资背景的大企业，也被"供应链 + 互联网"的平台变革"后浪"拍死在了沙滩上。

3.2.2　项目实施情况

元通救援为更好服务客户，通过数字化改造、可视化运营、融合化发展、网格化布局，精准对接平台上下游供给侧与需求层信息，加快构建"智慧救援集成服务模式"，从一家线下实体救援企业转型为"四流合一"的平台型互联网企业（图3-8）。

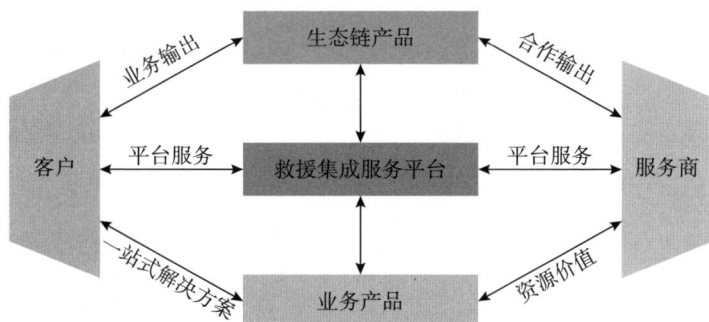

图 3-8　元通救援智慧救援集成服务模式

1. 元通救援开展的主要工作

（1）数字化改造。元通救援通过上线自主研发的 SaaS 系统，将过去诸多的人工不规范操作转变为自动化电子作业，利用全面的信息化管控，实现对线下救援作业的全链路管控，一举改变了救援服务不规范、救援服务信息不透明、救援效率低下等弊病。完成数字化改造后的元通救援数字化运营体系，总体上看已处于行业领先水平。

首先，重塑救援作业流程。元通救援建立了一套从案件接收到服务完成的全步骤顺序作业的统一执行流程。元通汽车救援服务平台自动记录每个标准作业的时间和地理位置记录，实现了线上全面管控与线下规范操作相结合。

其次，在救援行业中引入"网约车"模式。元通汽车救援服务平台自主开发的智能调度逻辑，实现了需求与服务资源的点对点智能匹配，利用移动设备实时动态呈现救援服务资源的最新动态，为企业客户、车主客户提供多种渠道（车主 App、微信公众号端、PC 端）的全过程、动态展示的救援服务体验，打造了救援行业的"网约车"模式（图 3-16）。

最后，实现各方数据共享。元通救援通过基于 J2EE 企业级应用框架和微服务框架搭建的元通汽车救援服务平台，实行开放的标准接口，具备良好的开放性和兼容性。目前，该平台已经与全国主流保险机构以及汽车经销商、物流运输企业共计 550 余家 B 端客户实现了接口对接。同时，还打通了平台与客户管理系统的数据壁垒，形成了完整的元通救援数字化运营系统（图 3-9）。

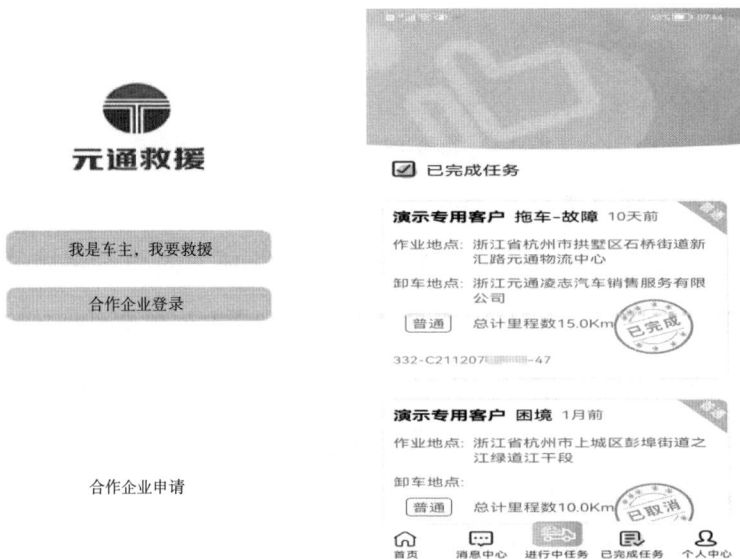

图 3-9 元通救援车主端和技师端 App 界面

当前，元通救援数字化运营系统为更好满足业务开展，按照单日平台救援案件处理 1 万单进行了平台日均承载量提升改造，具备了支撑元通救援全国业务的综合能力，形成了元通救援车主—上游客户—下游服务商线上线下结合的 B2B2C 商业模式（图 3-10）。

图 3-10　元通救援的网约车模式：B2B2C 模式

（2）可视化运营。元通救援平台通过车载定位、技师端 App、SaaS 管理系统、平台管理系统实现对救援车辆与救援技师的实时信息归集。同时，实时采集上传工况、GPS 坐标、语音、图片等数字信息，通过大数据智能分析救援需求的区域分布、天气状况、时间分布等数据，为前置救援车辆安排、输出高效救援服务奠定基础。

可视化运营具体体现在以下两个环节。

一是线下救援服务产生的实时信息实时呈现。客户、救援技师、救援服务商等所有相关方都可以通过 App 端、微信端、PC 端，实时查看车辆救援的最新动态，了解车辆救援的每一个进程，解决各方因盲目等待而焦虑的痛点。

二是线上全渠道数据监测分析。元通救援基于 BI 搭建的救援监控可视化平台，利用实时的数字化监控、数据融合分析和自动推理等先进的大数据技术，成功打通了平台运营与服务输出管理之间的隔阂，实现对平台内"人"（客户、技师、客服人员）、"车"（救援车辆）和"业务"（救援案件）全要素的智能化管理。例如，实时统计全国各地的案件量、案件类型及客户类型；实时分析各地服务资源的密集度、闲置情况并给客服、服务商和技师相应的提示；在线评估上线救援服务商的当日服务质量，以更好地匹配服务需求。一旦出现超时预警或投诉，客服与相关业务部门会在第一时间联系客户或平台服务商进行具体处理。

（3）网格化布局。近年来，元通救援通过整合线下资源，将救援力量拓展至全国 31 个省（区、市）、281 个地级市（州）和 2857 个县区，完成了覆盖全国的"省、市、区"三级化救援网格化体系的铺设，拥有实体服务商近千家，服务运力近万辆。

元通救援的高密度线下资源迅速延展其服务半径，提升了元通救援平台的接单处置能力。一旦发生异常情况或极端灾害，元通汽车救援服务平台能够立即根据地理网格坐标，就近派出救援力量，保证一年 365 天、一天 24 小时、全时段、全气候的高效服务承诺兑现。

（4）融合化发展。元通救援平台以打造集成服务为方向，以供应链协同为抓手，充分挖掘上下游之间的"痛点"，拓宽交互维度，延伸服务触角，服务内容既包括传统的"救援订单和交易撮合"，又包括"基于救援产品的增值服务"和"基于客户需求的定制服务"，充分体现了融合发展思路，提升了竞争壁垒。

比如，元通救援以救援实体服务商在运营过程中常见的运营成本高、运力不足、管理方式粗放、现金流不足等痛点为解决问题的切入口，通过引入如租赁公司、保险代理公司等三方服务，从业务、车辆、管理、技师等各方面赋能实体服务商的综合运营能力，并给予其在业务引流、SaaS 系统使用、运营培训、技师培养、类金融产品等多方面的支持，使服务商与平台形成更紧密的连接（图 3-11）。

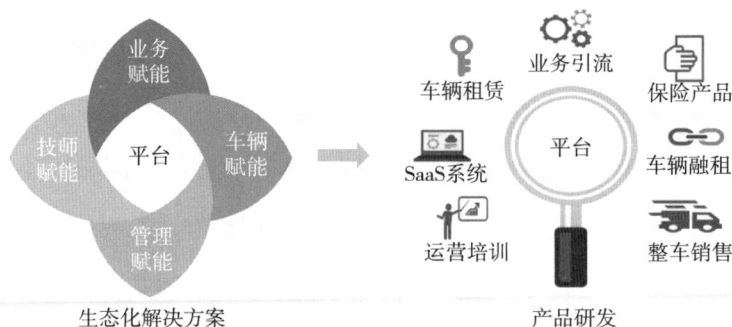

图 3-11　元通救援业务融合发展图示

为加快救援实体服务商设备购置、更新、升级，元通救援特别开发了"救援清障车销售—融租—配套保险与服务—二手清障车回购"项目，实现了对救援清障车从生产到销售到金融服务到回收的全周期、全闭环发展（图3-12）。

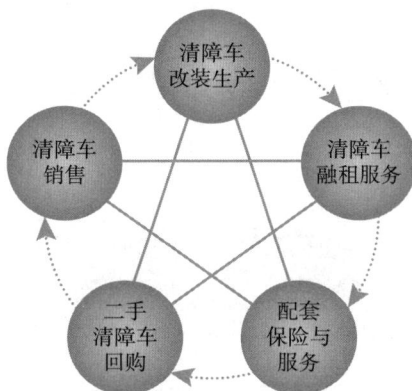

图3-12 元通救援"清障车全周期"运营服务模式

在"清障车全周期"运营服务模式的"清障车销售"和"清障车融租服务"环节，元通救援通过集合实体救援服务商的车辆采购、融租需求，引入改装车厂和融租平台，定制产品，串起了车辆交易和融租交易，从而形成新的业务融合。比如，通过实施车辆集采，改装车厂提高了销量；实体服务商降低了车辆采购成本，享受到优惠的车辆融租利率；租赁公司则扩大了融租规模。如此一来，平台也进一步加强了与各方的黏合度，达成四方共赢（图3-13）。

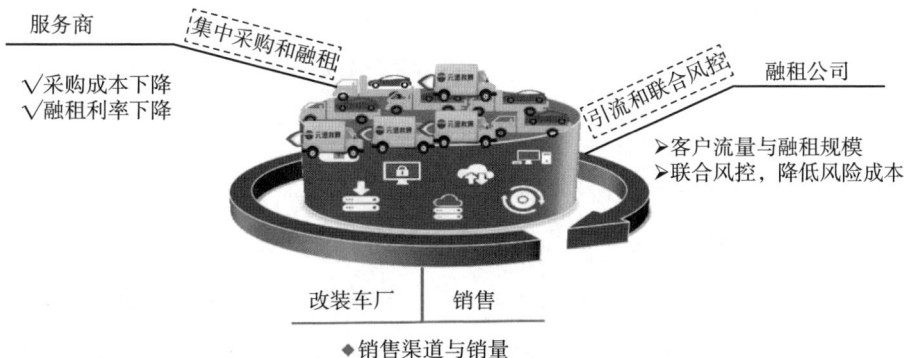

图3-13 救援车整车融租销售运营模式

在"清障车全周期"运营服务模式的"清障车保险和服务"环节，元通救援通过集中实体汽车救援服务商的保险需求，以保代平台为中介，整合救援车保费规模，向保险公司集中采购、定制，获得政策更优、保障更全、服务更好的保险产品与服务。同时，利用救援车保费规模优势，更多地撬动保险公司的救援业务资源，通过双向交互，获得救援业务更大的份额（图 3-14）。

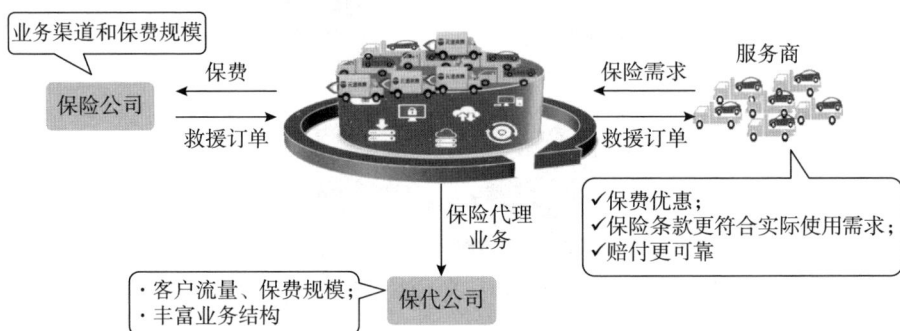

图 3-14　救援车保险运营模式图

同时，为回应实体服务商"结算周转"的要求，元通救援推出"T+结算"服务。一般情况下，实体服务商享受与元通汽车救援服务平台月结的服务。若实体服务商在每月的综合考核中表现优异，可享受"T+结算"的金融优惠奖励。目前，元通汽车救援服务平台体系内已有超过30%的实体服务商、救援车近千台享受了平台提供的优质金融产品与服务。这进一步提高了元通汽车救援服务平台在救援实体服务商中的影响力和吸引力。

此外，元通救援不仅面向实体服务商开发出了一系列融合化的产品和服务，也面向汽车物流业务中以经销商集团为代表的大客户和以维修厂为典型的中小型企业分别提供了专属的服务。其具体做法如下：首先，基于客户的行业类型对客户进行基本分类，并根据客户需求确定客户经营模式；其次，利用专业数据库分析和信用分析模型确定客户的信用等级，提供相应的增值服务。比如，针对经销商集团客户的"业务输出管控"要求，提供实时的业务流水、精准的计费凭证；针对维修厂一类的中小型企业客户，基于"价格敏感"的特点，提供"积分兑换"的奖励。

3.2.3 项目成效

元通救援 2016 年开始构建元通汽车救援服务平台，推动了转型、提升了服务、扩大了影响，可谓成效显著。

1. 推动了元通救援成功转型为互联网平台型公司

2017—2021 年，借助元通汽车救援服务平台，元通救援核心指标年均复合增长率呈现超高速增长态势，如营收规模年均复合增长率为 89%，救援台次年均复合增长率为 118%，权责利润年均复合增长率为 180%，成绩远超过去 10 年实体发展总和（图 3-15、图 3-16、图 3-17）。2020 年，元通救援位列"全国救援企业"第 7 名，已从一家救援车辆少、区域性的线下实体救援企业成功转型为救援车辆调度能力强、全国性的平台型汽车救援互联网企业。

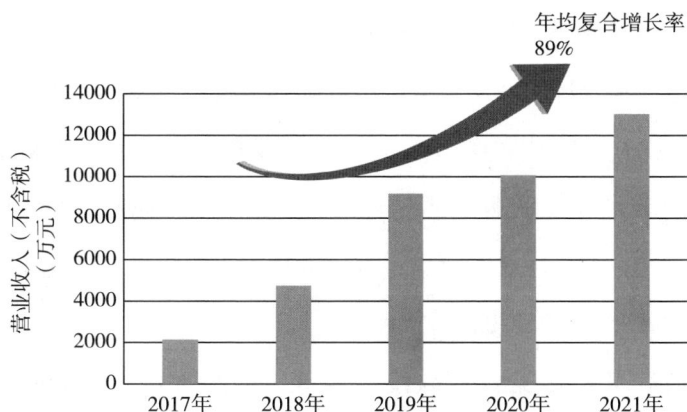

图 3-15　2017—2021 年元通救援营收情况

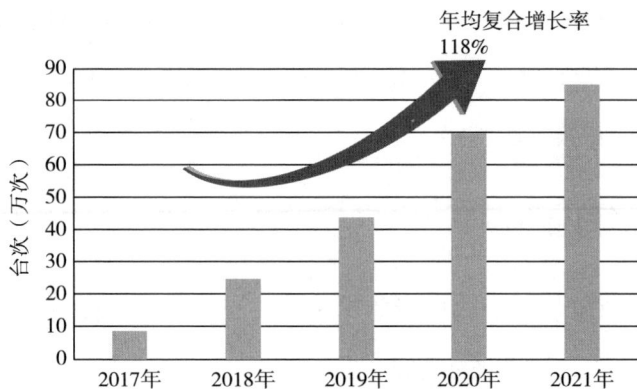

图 3-16　2017—2021 年元通救援服务台次情况

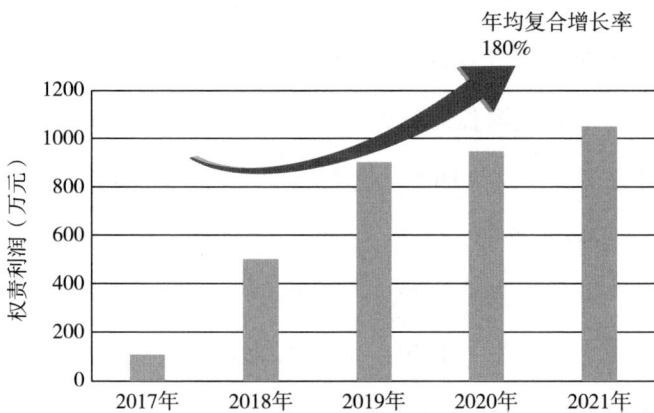

图 3-17　2017—2021 年元通救援权责利润情况

2. 提升了元通救援专业服务能力

一是元通汽车救援服务平台汇聚了近万辆注册救援车辆，占全国救援车保有量的 16% 以上。其中，专门为高档车型提供拖车服务的落地板型救援车占注册车总量的 1/3，全封闭厢车占比近 1/20；专门用于地库拖车的地库专用牵引车占比近 1/10。平台注册车辆中，有一款救援车采购成本高达 150 万元，名为"5 吨落地板"，是最贵的救援特种车。

二是元通汽车救援服务平台通过整合线下资源助力元通救援形成了以京、浙、赣、湘、辽、苏、冀、云、吉等 9 省市为重点的覆盖全国的高密度救援资源布局。根据统计，元通救援每月服务案件已经超过 8 万单，日最大订单量超过 5000 单，相当于每分钟完成 3.5 次汽车救援。

三是元通汽车救援服务平台显著提升了元通汽车救援服务响应速度。从表 3-1 可以看出，在数字化改造前，元通汽车救援服务平台调度时长为 5 ~ 10 分钟，救援准备时长为 8 分钟，技师到达平均时长为 60 分钟，均劣于行业平均水平；在数字化改造后，元通汽车救援服务平台调度时长缩短为秒级，救援准备时长缩短至 4 分钟及以内，技师到达平均时长缩短至 40 分钟及以内，均优于行业平均水平。

表3-1　　　　　　　　　　元通汽车救援服务平台数字化改造前后对比

项目	数字化改造前	数字化改造后	行业平均水平
调度时长	5 ~ 10分钟	秒级	2分钟
救援准备时长	8分钟	≤4分钟	6分钟
技师到达平均时长	60分钟	≤40分钟	50分钟

四是元通汽车救援服务平台提升了元通救援的服务效能和价值创造能力。从表 3-2 可以看出，近年来元通救援客服月处理能力逐年上升，2017 年为 250 单 / 人，2018 年为 1300 单 / 人，2019 年为 2069 单 / 人，2020 年为 2442 单 / 人，2021 年达到了 3006 单 / 人。

表3-2　　　　　　　　　　元通救援服务效能提升情况

	客服人数（人）	客服月处理量（单/人）	平台服务满意度
2017年	13	250	99%
2018年	18	1300	99.2%
2019年	22	2069	99.5%
2020年	24	2442	99.6%
2021年	24	3006	99.86%

3. 提升了汽车救援行业信息化应用水平

元通救援以智能化 SaaS 平台系统为载体、以数字化运营管理为手段，推动了整个救援平台行业的变化。2017 年 9 月，元通救援自主研发的 SaaS 系统准备上线。当时，浙江省内近 70 家主要实体服务商依然采用传统的线下方式，即接到电话报案后，通过电话或即时通信软件联系驾驶员，再由驾驶员电话联系客户，导致服务效能低下，投诉频繁发生。为了改变这种情况，元通救援坚决要求平台内的所有服务商都要使用驾驶员 App 和 SaaS 系统。为了达成这个目标，元通救援对所有平台内的实体服务商进行了一对一的培训，培训内容涉及 SaaS 系统的使用、救援驾驶员 App 的操作，以及标准化的服务输出规范、沟通技巧与话术，等等。

面对省内一些老牌实体服务商对 SaaS 平台使用的抵触情绪，元通救援的团队耐心讲解行业发展的趋势、可视化救援带来的服务提升等。经历一个多月的"阵痛期"，实体服务商逐渐适应了系统，并且真实地感受到利用信息化手段带来的整体提升。台州区域的实体汽车救援服务商对元通救援自主开发的救援驾驶员 App 赞不绝口。他们说："自从我们的师傅用你们的 App 执行案件以来，有了统一的步骤指示，按照这个顺序进行作业，我们的驾驶员的操作变得规范了，不仅投诉变少了，还受到了不少客户的表扬。"温州区域的实体汽车救援服务商评价说："通过使用你们的 SaaS 平台和救援驾驶员 App，后台自动记录每个作业步骤的时间和地理位置，让我们这些老板们能够真实知道自己师傅的救援过程和效率，并且帮我们避免了过去虚报里程数的现象，我们的运营成本有了明显下降。对我们做实体的来说真是太好了！"

随着元通救援平台全国化进程步伐的加快，元通救援保持着"每季度对重点区域进行至少一次的现场培训，每月两次远程培训，并不定期发布最新的规范标准和特殊案件处理话术"的培训安排，帮助实体服务商提升服务水平。

4. 延伸了元通汽车服务链条并拓展了业务生态圈

目前，元通救援除了提供救援服务外，还能够提供软件信息服务、救援车辆整合销售、融资金融、保险代理、二手车回收等与集团业务相关的附加服务，并在积极探索救援平台与 C 端客户的汽车配件及汽车维修的服务的对接新模式。由此，元通汽车就有望加快构建汽车供应链上下游之间合作共赢的协同发展机制，为整个产业链提供综合服务解决方案，实现价值的倍增效应。

3.2.4　案例集萃

1. 救援无疆——珠峰大营救

2019 年 11 月 9 日早上 8:33，元通救援接到来自西藏日喀则地区定日县扎西宗乡曲宗村的紧急案件——张先生自驾游西藏，途经珠峰大本营时车辆抛锚了，请求拖车救援。救援地点已经靠近尼泊尔边境。

元通救援在接到报案后，通过 SaaS 系统找到了线上与报案地最近的服务资源，并立刻与实施落地服务的救援师傅进行了施救沟通。救援师傅在接到救援案件后，立刻与客户核实确认基本情况，出发前往救援地。

由于西藏高原的天气和路况瞬息万变，救援路程又较远，对安全性要求极高。据救援师傅回忆说，当时天气较冷，去那么远的地方进行救援心里也有点犯怵，但是想到客户车子因故障滞留在原地的无助感，想到元通平台对救援全程进行在线评估与实时指导，便坚定了出车救援必胜的信心。

高原上温度很低、空气稀薄，元通救援的客服为了缓解客户等待的焦虑情绪，通过短信、微信等形式对客户进行持续安抚，及时告知救援车辆位置。最终，历时 12 小时，元通救援以高度的责任心、专业的工作能力，为客户提供了有温度的救援服务，受到了客户的好评。

2. 2019 年江西大灾救援

2019 年 7 月，江西省多地汛情告急，多次发生超警戒洪水。元通救援第一时间启动大灾应急预案。线上元通救援 SaaS 系统基于对案件流量、案件集中发生区域的实时统计，根据"距离优先、地域优先"的原则智能调度线下服务资源。线下调度团队根据线上的实时信息对线下可用的救援服务依据案件实时流量进行补充。同时，整编元通救援自有救援车辆和浙江省的服务商车辆组成的混合救援抢险队伍，赶赴江西一线施救。

元通救援在江西当地的应急指挥团队负责人前往应急指挥中心，与当地防汛应急指挥人员作好现场沟通，了解最新的情况。应急指挥团队的其他人在抢险车队现场作好整体调度与后勤保障。即使灾情严峻，元通救援的高效率和高标准始终如一。赶赴灾区的救援师傅们克服连夜赶路、浸水严重、持续暴雨、水土不服等诸多不利因素，连续3天每天超过15小时施救，泡在近1米的深水中，为出险车辆提供了优质、高效的救援服务，用实际行动在救灾一线展现了先锋队的风采。在萍乡的救援安置点，当地群众那一句"感谢你们浙江人，感谢你们元通人为我们萍乡人民的贡献"让我们的救援技师们纷纷泪目。

鉴于东南沿海地区夏季灾害天气频发，在经历2019年江西暴雨救援后，元通救援认真总结了灾害救援的经验，专门针对暴雨、台风、暴雪等灾害天气做了应急响应方案，配备了固定的应急救援力量和后备救援力量。在历次抗险救灾过程中，有效满足了特殊时期大规模快速集结救援力量的需求，并按"预警—组织—施救—善后"四个阶段实施差异化的服务机制，高效完成应急救援任务。之后，在抗击"利奇马""米娜""烟花"等台风灾害过程中，共计接到救援案件27800余单，协助施救、转移车辆15437台，省内外多家保险公司送来锦旗，发来感谢信。

3.3 化工公司经编智慧供应链平台

化纤—纺织产业链较长，产业链结构上表现为"金字塔"型（图3–18），即上游参与者集中、规模大、进入门槛高，下游参与者分散、规模小、进入门槛低。

图 3-18　化纤—纺织供应链

2015 年开始，随着大型化纤聚酯企业借助资本优势不断兼并重组、技改扩产，产业链上游环节的集中度显著增强，对传统商贸流通企业产生了愈来愈强的挤出效应。

面对产业结构的变局，物产中大化工集团有限公司（以下简称"物产中大化工"）积极拥抱变化，立足公司多年积累的供应链管理能力和资源配置优势，创新性地提出"区域产业集群 + 现代生产性服务业"的智慧供应链模式，推动智能制造与现代供应链联动发展。

2017 年 3 月 1 日，是项目负责人 SGJ 的生日。在这特殊的一天，SGJ 带领团队第一次来到海宁经编产业园。经过一年多的市场需求调研和交易尝试，物产中大化工于 2018 年 8 月正式成立浙江物产经编供应链有限公司（以下简称"物产经编"），将其作为打造"基于工业互联网的经编智慧供应链集成服务平台"的运营主体，为经编企业提供资金支撑、价格管理、厂库监管、智能制造等多项服务。

截至 2021 年年底，经编智慧供应链集成服务平台已累计服务海宁经编及周边企业 1000 余家，占园区比例近八成，向园区中小实体企业客户提供供应链流动资金超过 40 亿元（资金常态占用近 5 亿元），帮助周转原材料采购货款超过 2 万单，承载定向支付原材料流量超过 80 万吨，合计金额超过 40 亿元，普遍降低经编企业融资成本约 2 个百分点。由此实现了园区内的流量集聚、资源整合以及数字优化协同，有力地推动了海宁经编产业集聚区的转型升级。

目前，物产经编智慧供应链平台，不仅成为物产中大集团智慧供应链样板工程，还被列入浙江省工业互联网平台（区域级）、浙江省供应链创新与应用试点企业、嘉兴市服务业重点企业、海宁市产业互联网公共服务平台等，并多次获得《人民日报》、CCTV2 肯定性的宣传报道。

▲ 3.3.1 项目背景

经编是织造工艺的一种，指将经纱纵行结圈针织连成织物。经编产业是纺织行业的重要支柱，其上游是化纤制造业和棉纺业，下游为服装、家纺、工业等领域（图 3-19）。

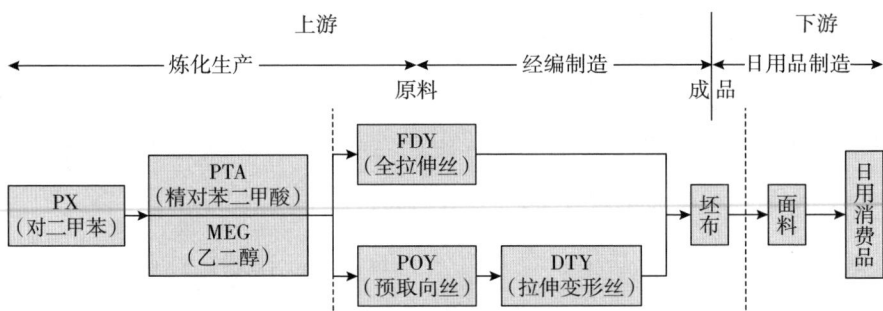

图 3-19 经编织造流程示意

20 世纪 80 年代以前经编产业主要集中在欧洲和美国等地区，20 世纪 80 年代之后经编产业逐步向东亚、东南亚地区转移。过去数十年，中国经编产业的规模、效益保持稳定快速增长，目前已是全球最大的经编产业集中地，且占比仍在持续提高，同时还呈现出典型的区域集聚发展的趋势。

据统计，世界经编产能的 80% 以上聚集在中国，而中国经编产能的 20% 聚集在海宁。浙江海宁经编产业园区位于浙江省海宁市，拥有入园企业近千家，85% 以上的园区企业从事经编相关行业，其中经编制造企业 500 多家，拥有经编机设备 4000 多台（套），产品涵盖了服饰面料、家纺面料、产用篷布、灯箱布、土工格栅、玻璃纤维等，形成了从原料、织造到深加工、成品较为完善的产业链结构。园区生产的灯箱布、土工格栅全国市场占有率分别达 70% 和 40%，堪称"中国经编腹地"。

但是长期以来，海宁经编园区内的企业一直存在原料采购成本高、融资成本高、用工成本高、数字化应用水平低、仓储物流管理能力低、企业间协同关联性弱、整体抗风险能力弱等"三高两低两弱"七大问题。

1. 原材料采购批量小单位成本高

经编企业多为中小企业，年产值大部分在 2000 万元至 1 亿元。而上游基本都是规模较大的聚酯化纤企业，6 家龙头企业桐昆、新凤鸣、荣盛、恒力、恒逸、盛虹均为世界 500 强企业，共计占据了 60% 以上的涤纶丝市场份额。园区内的中小经编企业全年采购量相对于上游主流供应商的产销量来说都不大，因此在与上游开展业务时候，缺乏很强的议价能力，没办法享受到大批量采购的价格优惠、结算优惠等。

2. 融资成本居高难下

海宁经编园区内的中小企业向上游供应商采购原料时需要预付全额货款，对下游客户销售时却普遍采用赊销的方式且应收账款账期一般为 1~3 个月，这对经编企业的流动资金配置提出了较高要求。而且，在物产中大化工经编智慧供应链项目组进入园区之前，经编企业受限于传统制造业的行业属性，往往难以获得金融部门的信贷支持。企业主只能通过土地厂房抵押融资，部分融资条件不佳的企业甚至需要付出基准利率上浮 30%~50% 的高额融资成本。

3. 用工贵招工难

海宁靠近上海和杭州，县域经济比较发达，居民生活比较富裕，当地用工成本相对较高，普通工人的工资收入很早就达到了每月 7000~9000 元。当时的很多经编企业仍然使用传统经编设备，需要较大的用工量。这都导致海宁经编园区的企业用工成本难以下降。而且，受周边经济更发达区域的"虹吸效应"影响，很多本地年轻人和外来的打工者都离开了海宁，海宁经编企业又遭遇了招工难、留人难的问题。比如 2018 年春节后，经编行业利润好、订单多，却由于招不到人、用工短缺，90% 以上的企业无法满负荷生产，行业整体开机率不到七成。

4. 行业数字化水平总体偏低

2017 年时，受自有资金、精益管理意识局限等影响，海宁经编园区中多数中小经编企业生产设备自动化程度不高，数字化改造动力不足且投入偏少，主要依靠人工解决产品疵点检测等生产问题。同时，中小经编企业一般不注意保存生产管理数据，不善于统计分析生产能耗、有效开机率、次品率等关键数据；园区内数字化产品开发公司少、专业技术人员匮乏，很难实现面向中小经编企业的低成本定制化服务；中小经编企业的招工条件普遍不高，招收的工人文化水平有限，难以接受数字工厂生产和管理的知识，影响了"机器换人"的推进。因此在用工效率、生产成本、产品品控、产销库存管理方面都存在很大的优化空间。

5. 仓储物流管理能力低

海宁经编园区用地成本高，2017 年的时候园区工业用地的价格已经超过 200 万元 / 亩，给企业带来巨大的经营成本压力。很多经编企业没有仓库，只能利用厂房存储原材料和产成品，既带来了生产安全隐患，又不利于园区其他企业了解真实生产和库存情况，加剧了经编生产的盲目性。同时，由于园区内单个经编企业规模小、产量少，物流服务价格议价能力也很弱，导致不仅物流单价相对较高，对物流过程也很难实现有效监管，甚至出现未通知"被发货"，货物"缺斤短两"以及发错货物、发错收货地址的情况，直接影响了企业的日常生产经营和行业信誉。

6. 企业间协同关联性弱

经编园区虽然已具备较完整的经编产业链，但经编产业链供应链同环节的企业间关系较为松散，习惯各自为战、缺乏协同，其从原料采购到生产再到销售，以及配套的运输仓储业务等都较为独立。亟待加强同业协作，组建成海宁经编园区"虚拟型大企业"，充分发挥出产业集群的规模经济效益。

7. 整体抗风险能力弱

聚酯—纺织产业链上游 PTA、MEG 等聚酯原料在大宗商品市场中的波动会直接影响涤纶丝价格的稳定性。比如，在 2018 年 7 月 19 日到 2018 年 8 月 17 日不到一个月的时间内，涤纶丝主要原料 PTA 的价格从 6015 元 / 吨迅速攀升至 8300 元 / 吨，上涨幅度接近 40%；相应地，海宁经编园区使用的主流规格涤纶丝价格也从 11305 元 / 吨上涨到了 13990 元 / 吨，单吨涨幅近 3000 元。价格暴涨的 PTA 和涤纶丝价格引起了央视的关注，2018 年 8 月 29 日，中央电视台《经济信息联播》专题报道了价格暴涨的纺织原料。

即便如此暴涨的行情，原料却依然供不应求。中小经编企业通常采用先接订单再采购原料的生产模式，备库一般维持在 7~15 天，由于缺乏独立的行情研判能力和价格管理能力，在原材料价格剧烈上涨的行情中，企业利润就会遭受严重损失。时任浙江海宁经编产业园区管委会副主任表示："有的企业考虑停机减产。签订订单时涤纶长丝价格处于低点，采购时价格却涨了上去，企业利润被压缩，有的甚至还出现了销售价和成本价倒挂的现象。"

2018 年 8 月 4 日，浙江桐乡经编商会对外发布停产倡议书，宣布因为上游化纤原料丝大幅不合理涨价，经编企业的生产经营受到严重影响，因此，在清完库存的原料丝后，商会所属的 39 家经编企业将停产放假，共同抵制化纤原料丝的大幅不合理涨价。

3.3.2 项目实施情况

管理大师彼得·德鲁克（Peter F. Drucker）曾指出："企业的本质是为社会解决问题，一个社会问题就是一个商业机会。"物产中大化工始终把客户的呼声作为第一信号，把解决客户的问题作为第一目标，把满足客户的需求作为第一追求，立足经编园区中小企业共性问题，深入分析核心需求，加快提升经编智慧供应链平台，着力解决制约经编园区企业发展的紧迫问题。

1. 推行合伙化创业

物产中大化工不仅专门成立"合伙"企业——物产经编，还设计了一套独特的股权结构，充分调动方方面面的积极性。目前，浙江物产经编供应链有限公司由物产中大化工持股51%，浙江海宁经编产业园区开发有限公司持股15.29%，另有 9 家园区龙头企业合计持股33.69%（表 3-3）。

表3-3　　　　　　　　　　物产经编股权

序号	股东名称	持股比例
1	物产中大化工集团有限公司	51%
2	浙江海宁经编产业园区开发有限公司	15.29%
3	海宁市春晟经编有限公司	33.69%
4	浙江万方新材料股份有限公司	33.69%
5	海宁市盛星经编有限公司	33.69%
6	浙江华昌纺织有限公司	33.69%
7	海宁立海经编有限公司	33.69%
8	浙江超达新材料股份有限公司	33.69%
9	海宁景怡昇茂新能源科技有限公司	33.69%
10	海宁市万事达纺织有限公司	33.69%
11	浙江大祺针纺股份有限公司	33.69%

2. 构建供应链集成化服务平台

物产中大化工从 2017 年 3 月开始，逐步向园区的经编生产型企业提供供应链服务，同步谋划搭建了经编智慧供应链集成服务平台，为园区经编企业提供多项实实在在的服务和赋能。

（1）提供"一站式"集成服务。智慧供应链平台帮助园区生产企业实现除研发、制造两大核心功能外的非核心业务外包，使其生产专业化。以供应链服务平台为基础，物产中大化工逐步向园区的经编生产型企业提供了主辅料采购、集中备库、物流配送、信息服务、智能制造等标准化、模块化、定制化的平台服务。

借助物产经编智慧供应链集成服务平台，供应链上企业实现了核心生产功能的聚焦、非核心功能的外包：一方面，聚焦研发制造，提高产品的差异化；另一方面，通过三方服务实现成本领先，综合提升了供应链和实体企业的竞争力。

（2）发挥平台链接功能。物产中大化工以供应链服务平台为基础，将供应商、金融机构、物流企业等环节紧密链接，实现采销、生产、库存动态互联，以"新流通"汇集产业集群内企业闲置仓储、库存产品、原料采购、物流配送等资源，优化资源配置，使要素"零闲置"，产销更顺畅，帮助企业实现精益生产。

目前，物产经编智慧供应链集成服务平台已覆盖上游主流供应商和园区七成以上经编生产企业，对接金融、物流、仓储、工业互联网等专业服务提供商15 家，实现了产业链各环节的分工协作和融合共生，初步形成基于区域产业集群的产业生态系统。

依托物产经编智慧供应链集成服务平台，中小经编企业的融资成本降低了约 2 个百分点，单吨原料成本降低了约 100 元，企业生产效益得到了显著提升。

（3）构筑"蜂巢网络"。为解决经编企业仓储问题、加快库存变现，物产经编创新性地提出并实施了"园区集中仓＋分布式前置仓"的组合式仓储方案。由于经编园区的仓库单库面积普遍较小，因此这种组合式仓储类似于在园区内搭建起了一个"蜂巢网络"。物产经编一方面充分利用经编园区内部已有的仓库，建设了一批分布式"物产监管仓"，鼓励每五家相邻企业共用一个监管仓，并以监管仓库为样板带动周边经编企业开展存货质押业务，即为经编企业提供通过"以布换丝"等融货服务，盘活其库存的涤纶丝、经编坯布等动产的价值，帮助实体企业缓解因上下游供需不对称、行情波动等带来的现金流压力。另一方面，物产经编在经编园区内租用了一间2200平方米的"物产经编仓"，作为"蜂巢"的周转集中仓，为各个"物产监管仓"调库提供缓存空间和缓存时间，在一定程度上解决原材料集中采购和经编产品集中上市时段的库容问题。

3. 推进智能化改造

随着对市场需求的理解不断深入，物产中大化工对客户的服务也不断丰富和深化，平台服务的客户数和承载的流量不断增加。到2021年，平台单月的涤纶丝实物交易量已经突破3万吨，占园区涤纶丝采购量的20%以上。

客户数量和供应链授信额度的不断增长，对物产经编智慧供应链集成服务平台的风险管理和运营能力都提出了更高的要求。基于此，物产中大化工开始在供应链管理中传统的物流、资金流、信息流"三流"基础上，进一步细分提出知识流和技术流，并根据"五流"驱动，积极推进"基于工业互联网的智慧供应链平台"升级为产业集群大数据平台（"物产经编产业大脑"）。

（1）开发了具有物产辨识度的智能化专业设备。经编纺织使用的主流设备为进口的德国卡尔迈耶经编机。2019 年之前，由于国内对进口经编设备的接口技术存在瓶颈，仅单台机器的接口开放费用就高达 1 万元，严重制约了经编行业的数字化进程，中小经编企业的数字化"不会转""不敢转""转不起"。

为破解这一难题，物产中大化工协同专业智能化解决方案提供商，专注经编纺织这一长期被忽视但对国民经济意义重大的细分市场，开发出专用的经编机器信号采集设备。该设备借助物联网技术，有效采集经编机器在生产过程中的数据和信息，捕捉机器的开机情况、运行效率、产品质量、产量等，完成经编生产设备的数字化改造。同时，借助技术革新，将数字化成本降低超过 60%。

2019 年 11 月，历时近一年，面向经编行业定制的数据采集、生产过程执行管理系统（MES）开发完成，但随后面向市场的推广依然阻力重重。由于经编企业普遍规模小，作为中小型传统制造业企业，经营者对数字化的理解和接受水平有限，其数字化改造之路必然是漫长的、艰苦的。

"创业者为本，实践长才干"，这是物产经编数字化方向负责人 LC 最深的感悟。研发是复杂的，将数字化理念植入传统中小企业集群是更艰难的。接下来一年的时间，他走遍了经编园区绝大部分工厂，深入车间倾听挡车工、上轴工的烦恼，观察厂长日常的工作调度，和企业主深度详谈，不断梳理、挖掘经编企业最真实的需求，寻找最适合的数字化应用场景。虽然一次次遭到拒绝，但他从不放弃。终于，找到了上料错误预警规避、产成品编码追溯这两个重要的现实需求，打动了企业主的心。2020 年 12 月 22 日，海宁万联经编股份有限公司数字工厂正式交付，成为首家数字工厂标杆企业，21 台机器的生产经营数据获得授权，上云物产经编云平台，树起了产业大脑对生产数据采集并授权"上云"的重要里程碑。

2021 年 1 月 22 日，中央电视台《经济信息联播》的《开局"十四五"

现代供应链支撑国内经济高质量》采访组来到经编园区，对物产经编的供应链集成服务和数字工厂建设进行专题报道。经编企业代表WCH表示："上线了全套的智能化管理系统后，一块屏幕上可以清晰地看到整个工厂的运行情况，可以实时掌握机器的开工率和生产效率，同时降低了生产环节的失误率，提升了产品质量。我们的订单量增加了大概15%，而错误率直接控制在零。"

（2）建立了两大信息化应用系统。目前，经编智慧供应链平台已建立起包含生产设备数据采集模块、四通道射频模块、自动穿轴机器人、生产过程执行管理系统（MES）、企业资源计划系统（ERP）、盘头库调度系统、经编智慧营销系统等的经编行业标准数字化产品包。通过对生产线、物流、仓库的智能化改造，全流程接入工业互联网，实现信息化、智能化管控，降低了用工成本。

数据采集模块实现经编机、整经机、加弹机的米数、主轴速、实时密度、启停、落布信号等生产数据的实时、自动化采集，同时对编码器信号进行了光耦隔离，不影响机器正常运行。

生产过程执行管理系统基于设备、工装、人员、物料，进行工单的排产优化，对生产进度和质量实时把控，实现厂内物料精准追溯，保障准时、高质量生产交货。

车间内生产过程的实时数据接入企业资源计划系统后，联结仓库、资金、物流、人力资源等多道环节，实现企业内资源的高效及时应用（图3-20）。

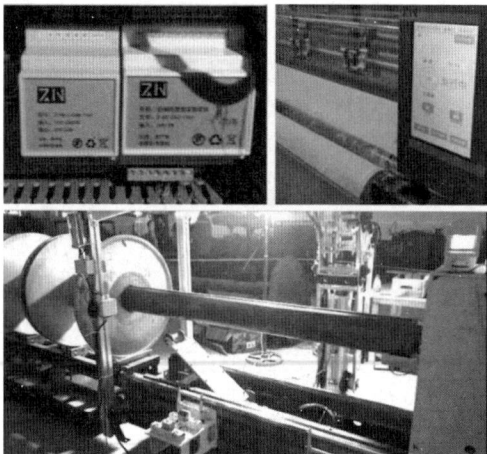

图3-20　经编数字化软硬件解决方案

（3）实现了数据授权采集。经

用户授权，物产经编智慧供应链集成服务平台捕捉的生产效率、产品品质、库存产销比等数据可以有效地辅助企业主改进生产方式，提高现场管理的精准性，并将成本控制在中小企业可接受的范围内，显著降低企业用工数量、缩短产品交货期、促进企业销售增长。这无疑激发了中小经编企业数字化建设的热情。目前，物产中大化工已经完成了关键技术的攻坚突破和量产推广，成功签约上云近 1000 台关键设备，在海宁经编园区为物产中大集团打造了数字工厂先行示范样板（图 3-21）。

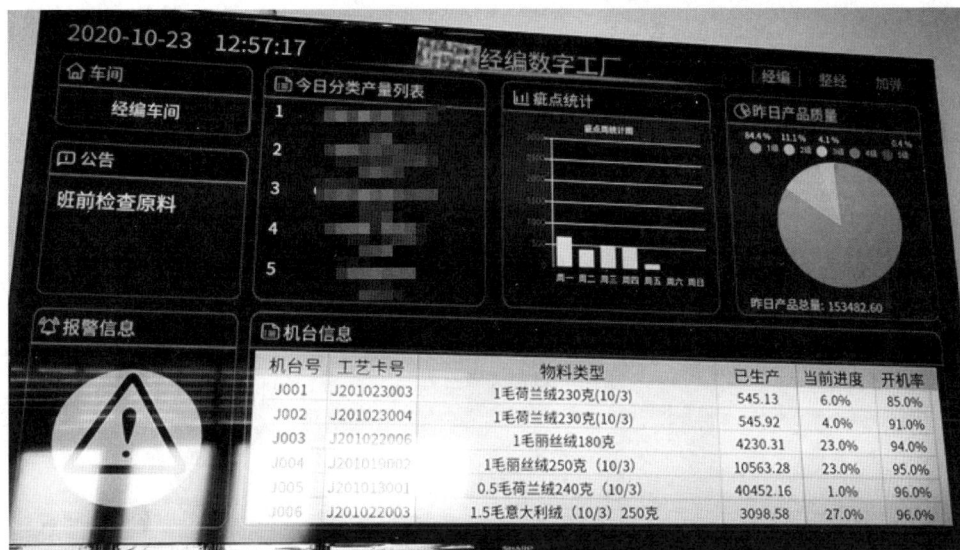

图 3-21 物产经编数字工厂

4.导入金融化服务

物产经编基于对经编企业实时货物流转、仓库库存的记录监控和交易平台沉淀的生产经营数据，对服务的经编企业开展"生产经营性信用评分评级"。同时，与金融部门一起构建了风控模型，从企业原料采购、产品销售赊销周期、开机率、产品质量、设备净值、单位资产融资规模等 66 个维度设置了衡量指标，开展园区企业供应链信用综合评价排名，加强风险动态管理，及时调整信贷支持力度（图 3-22）。

图 3-22　物产经编供应链信用评价

如今，海宁经编园区内的历史信用记录良好、企业主无负面记录、产品适销对路的企业一般都能获得充足的低成本融资；物产经编智慧供应链集成服务平台能够实时捕捉到经编企业在生产经营过程中出现的异常情况，经过系统历史数据比对和工作人员现场查验之后，出现的风险立即会被推送给金融机构和物产经编公司风控部门。这减少了企业级、区域级、行业级风险的冲击，重塑海宁经编园区的生态信用体系，消除了传统制造业与金融业之间的信息壁垒，较好地解决了经编企业融资难和融资贵问题（图 3-23）。

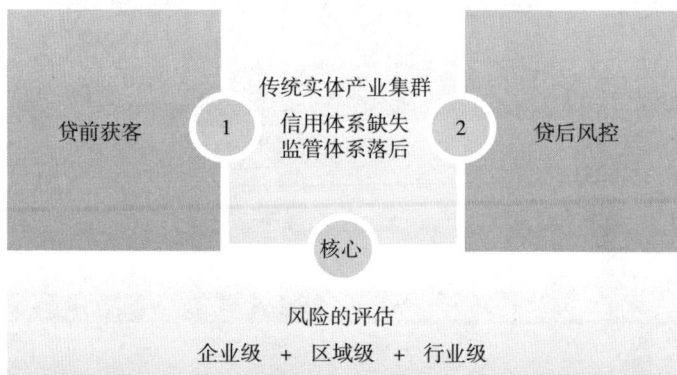

图 3-23　物产经编智慧供应链集成服务平台金融端智慧应用

3.3.3　应用举例

1. 海宁市 A 经编有限公司

海宁市 A 经编有限公司（以下简称"A 公司"）成立于 2001 年，拥有 90 余台经编机，是经编园区龙头企业之一，2020 年营业收入 2 亿元。前几年，A 公司为扩大产能，购买土地新建厂房，新上机器设备，花费了大量资金；同时，下游提货周期变长，回款变慢，大量成品库存未能及时变现，因此出现了流动资金紧缺的问题。在对 A 公司进行细致的调研之后，物产中大化工为其提供了综合性的解决方案。

（1）开展智能化改造，运用大数据辅助生产。A 公司大量新上设备自动化程度不高，因此需要招聘大量工人，人力成本因此大幅上升。物产中大化工发现这一情况之后，为 A 公司的生产设备加装了智能生产辅助设备，提高了机器的自动化生产能力。比如，改造之后的生产设备，具备了生产质量实时监控功能，当坯布生产出现疵点时，就会自动停机示警。原来 1 个工人只能管理 1 台机器，加装智能生产辅助设备之后，1 个工人可以管理 4 台机器，大幅度地减少了所需人手。同时，智能生产辅助设备还可以记录分析每一台机器的生产效率、次品率，为企业更新维修设备、优化工人排班提供决策依据。据统计，物产中大化工与 A 公司合作之后，A 公司的用工人数整体减少了 20%，交货期缩短了 3 天，同时产品残次率下降了 10%。借助"一布一码"的质量管理溯源体系，产品品质更加透明，销售上也更加容易获得客户的信赖和认可，2020 年订单量相比 2019 年增长了 15%。

（2）实施"生产经营性信用评分评级"，盘活动产缓解现金流压力。如前所述，物产中大化工参考 A 公司生产的历史数据、智能仓库系统记录的仓储库存数据以及企业实时采销经营数据，对 A 公司评定生产经营等级，分析 A 公司流动资金短缺情况，联动金融部门及时调整授信，确保足额资金定向用于原材料采购和生产活动，实现了动产盘活。截至 2021 年年底，A 公司共获得物产中大化工供应链授信 6280 万元。在 2021 年内发生授信业务超过 350 笔，累计周转原材料采购近 3 万吨，2021 年全年为 A 公司带来了相当于 2 亿元的流动资金补充。同时，物产中大化工还提供了原材料价格管理服务，使 A 公司原料成本降低了近 100 元 / 吨，在 2021 年内仅原料采购上就节省成本近 300 万元。

2. B 公司智慧供应链项目合营

经编生产流程包括加弹、整经、织造三个环节，其中加弹是指以预取向丝（POY）为原材料的加工制造工艺，经加弹机拉伸变形后制成拉伸变形丝（DTY）。由于预取向丝基本不直接用于织造，需要先加弹制成拉伸变形丝再进行整经、织造，因此加弹是经编织造的必要前道生产流程，加弹产业的发展对经编产业快速发展有着决定性的作用。因此，物产中大化工一直在海宁经编园区内寻找合适的合作伙伴开展集中加弹项目运营，最终选择了 B 公司。

B 公司成立于 2010 年，是经编园区的龙头加弹生产企业之一，2020 年营业收入 10 亿元。近年来 B 公司产能扩张迅速，因购买土地新建厂房、新上设备导致现金流压力陡增。2021 年 4 月，B 公司与物产中大化工正式启动集中加弹项目合作。

合作运营后，物产中大化工根据"生产经营性信用评分评级"为 B 公司补充流动性资金 7800 万元，帮助其完成了 S 省内外两个集中加弹生产基地建设，将加弹年产能提高到近 10 万吨。目前，物产中大化工—B 公司智慧供应链合营项目的加弹产能已占海宁经编园区加弹产能的 20% 以上。同时，借助物产经编智慧供应链平台的客商分析系统，物产中大化工为 B 公司筛选出一批新客户，既拓宽了其销售渠道，又实现了按需生产，有效解决了加弹生产行业压库问题，加速了资金回笼。

类似 A 公司、B 公司的痛点需求在经编产业集群中普遍存在，物产中大化工扎根区域产业集群的经编园区，围绕产业配套和信息建设的缺口，搭建经编智慧供应链集成服务平台，正是以经编环节为支点撬动全产业链，通过加工资源的更高效匹配，减少上下游信息不对称，使产业链每个参与者都能获得价值提升，生态圈参与者共创、共享、共赢。

下一阶段，物产中大化工将继续推进物产经编智慧供应链集成服务平台提升工作，助力海宁经编园区转型为现代产业集群。同时，还将探索把经编园区"产业大脑＋未来工厂"成功模式复制到诸多现代产业集聚区，在更大范围、更广领域进行智慧供应链集成服务方案的验证与完善。

3.4　物流公司智慧仓库建设

物产中大物流投资集团有限公司（以下简称"物产中大物流公司"）是物产中大集团的核心企业之一，也是国家 AAAAA 级综合物流企业，2021 年位列中国物流企业 50 强第 24 位，并连续 10 年被评为全国先进物流企业。截至 2021 年年底，物产中大物流公司已在全国 28 个城市构建了 138 个物流网点，其中，自控库 51 个，准入库 87 个，管理面积 163 万平方米，初步形成了覆盖华北、华东、华南地区的钢铁仓配物流网络，年综合物流服务量累计 5600 多万吨，累计服务客户 20000 多家，服务项目包括大宗商品仓储、物流配送、物流加工、物流监管、物流金融服务、物流集成服务、多式联运等。

近年来，国务院、有关部委、地方政府等陆续出台物流业政策，支持物流行业转型发展。如，2020 年 6 月，国务院办公厅转发国家发展改革委、交通运输部《关于进一步降低物流成本的实施意见》，明确提出"要深化关键环节改革，降低物流制度成本；提高现代供应链发展水平，加快发展智慧物流，积极发展绿色物流"。2020 年 8 月，国家发展改革委等部门联合出台《推动物流业制造业深度融合创新发展实施方案》，方案中明确指出"物流业是支撑国民经济发展的基础性、战略性、先导性产业。推动物流业制造业融合发展，是深化供给侧结构性改革，推动经济高质量发展的现实需要；是适应制造业数字化、智能化、绿色化发展趋势，加快物流业态模式创新的内在要求"。该方案还要求"发挥制造、物流龙头企业示范引领作用，推广应用工业互联网标识解析技术和基于物联网、云计算等智慧物流技术装备，建设物流工业互联网平台，实现采购、生产、流通等上下游环节信息实时采集、互联共享，推动提高生产制造和物流一体化运作水平。积极探索和推进区块链、第五代移动通信技术（5G）等新兴技术在物流信息共享和物流信用体系建设中的应用，依托具备条件的国家物流枢纽发展现代化大宗商品物流中心，促进大宗商品物流降本增效"。2020 年 9 月，中央财经委员会第八次会议明确提出要完善流通领域制度规范和标准，培育壮大具有国际竞争力的现代物流企业，为构建以国内大循环为主体、国内国际双循环相互促进的新发展格局提供有力支撑。

面对机遇及挑战，物产中大物流公司紧随政策步伐、直面行业痛点、聚焦客户需求，以推进"智慧仓库"建设为抓手，推动管理标准统一、信息系统升级、智能装备投入、数据价值挖掘等，积极探索仓库运营新模式，不断提高物流时效和客户体验，打造了若干试点样板，并正在加快复制，推动公司由传统物流企业向现代物流企业升级。

3.4.1 传统钢铁物流仓储行业的运营痛点

在人们脑海中，钢铁物流仓库是一个拥堵嘈杂的场所，每天都上演着与下面类似的情景剧，很容易让人的心情"由晴变阴"。

1. 司机的烦恼

司机小赵接到提货任务，要求其到某物流公司基地库装几吨螺纹钢，送去某地施工现场。当他满心欢喜地将车开到物流仓库时，却发现仓库已被堵得水泄不通。他勉强将车停在路边，小步跑向客服中心，眼前的一幕更让他感到无所适从：司机们一窝蜂地挤在换单窗口，耳边还不时地传来刺耳的争吵声。终于在一小时后，小赵支付了押金，拿到了提货单据。可当他想到装完货还要回来退押金时，心中感到一丝苦涩。

2. 客服的苦恼

值完夜班的客服小陆，迈着沉重的步伐，走进客户服务大厅，看到服务大厅里早就挤满了提货司机，又看了看桌上不减反增的单据，匆匆放下手中来不及吃完的早饭，叹了叹气，开始了一天的工作。录数据、打单据、沟通现场理货员、回答司机问题……小陆一边录入提单数据，一边与现场理货员沟通协调，还要不断地向司机表示抱歉，平复司机的情绪，挨了骂也只能忍着，繁重的工作让他连喝水的时间都没有，心中不免感到一丝惆怅。

3. 管理人员的忧愁

在一季度业务分析会上，公司领导与仓库主管就仓库管理的问题进行探讨：仓库总是发错货；客户不停地打电话询问货物出入库进度；无法为客户提供更多的增值服务；查看一张报表数据，花了大半天的时间……听着大家各种各样的问题，领导无奈地摇了摇头，若有所思地看向了窗外。

物产中大物流公司也一直深陷在这样的苦恼之中，但并没有消极抱怨，而是积极解决问题，致力于通过构建智慧仓库，将"抱怨"转变为提升物流集成服务能力的"商机"。

3.4.2　物产中大集团智慧仓库建设的总体思路

物产中大物流公司建设的"智慧仓库"，是指在标准化仓储的基础上，运用先进技术和智能设备，对货物的入出库、存储、移库、盘点、加工、配送等作业流程的信息进行自动抓取、自动识别、自动预警及智能管理，从而增强仓储物流活动的科学计划、高效执行和精准控制（图3-24）。

公司将智慧仓库建设分解为四个子目标，分别是"管理标准化、装备现代化、运营信息化、决策智能化"，并绘制了建设思路图（图3-25）。

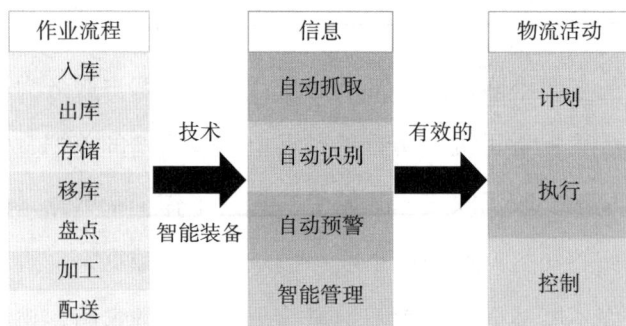

图 3-24　物产中大物流公司智慧仓库示意图

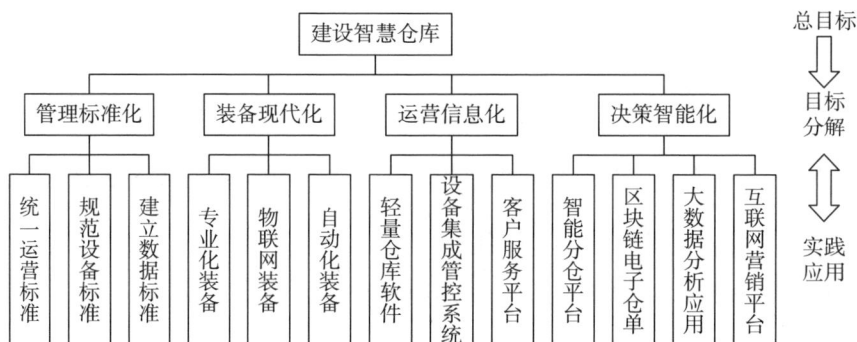

图 3-25　智慧仓库建设思路图

　　还将建设思路进一步分解细化，确定四个子目标和分析框架，形成智慧仓库总体架构图。如图 3-26 所示，智慧仓库总体架构由基础层、数据层、支持层、决策层组成。

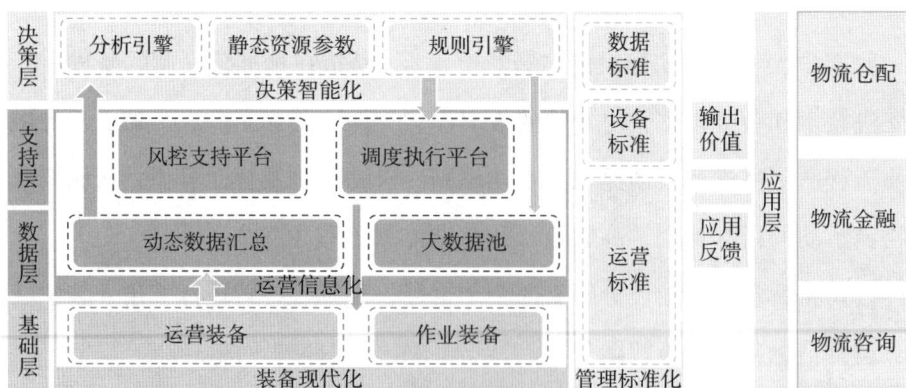

图 3-26　智慧仓库体系总体架构图

管理标准化作为基本骨架，对数据、装备、运营等形成明确标准，确保智慧仓库建设标准统一。

基础层通过运营设备和作业设备改造提升，实现装备现代化。运营设备包含识别、支付、引导等流程设备，传感、定位、动态识别等采集设备，实现对业务流程、库内货物、装备载具等的实时追踪。作业设备包括装卸、存取、加工、搬运等高自动化设备，实现决策的高效操作。

数据层和支持层通过数据流转，实现运营信息化。数据层是运营信息化的基础，对基础层采集的动态数据进行汇总，并整合历史数据和外部数据，形成大数据池。支持层主要由风控支持平台和执行调度平台组成。风控支持平台通过分析动态数据，实时监控风险。执行调度平台，根据运营数据作出最优决策，并下发至服务终端。

决策层是仓储智能化的决策中心，其核心包括分析引擎、规则引擎等。通过对历史数据的分析提炼经营数据，再结合其他外部指标，经过规则引擎的筛选和判断，对库位管理、仓配计划、分仓管理等一系列运营内容进行决策，并动态调整决策方针、灵活应对市场变化，实现决策智能化。

以上四个层次的智慧仓库运营架构，可以支持物流仓配、物流金融、物流咨询三大类物流服务，提供由基础层到决策层的全链物流服务。

▲ 3.4.3　物产中大集团智慧仓库建设的具体路径

物产中大物流公司根据智慧仓库总体架构图，对照实际情况，通过"试点（总结）— 复制（提升）— 延伸（拓展）"三个建设阶段，逐步推进建设"智慧仓库示范库"、建成"智慧仓库体系"、打造"智慧物流生态圈"等工作（图3-27）。

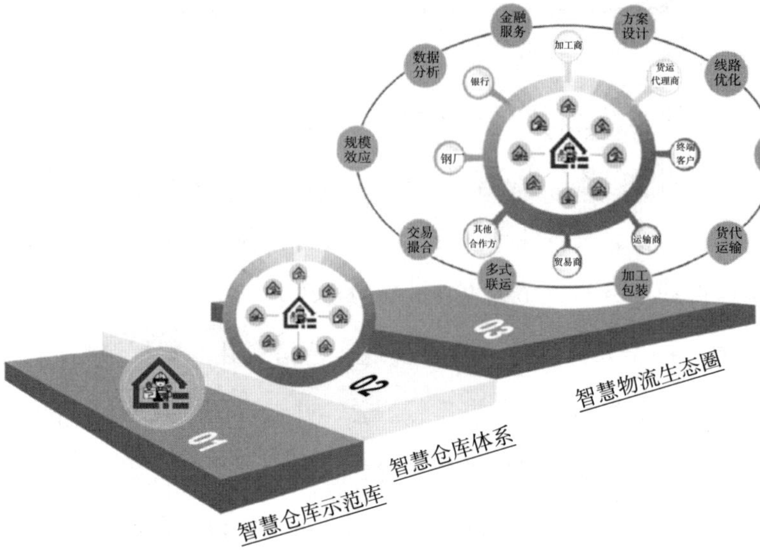

图 3-27 智慧仓库建设三个阶段规划图

其中，建设智慧仓库的具体实施路径有四个方面的内容。

1. 建立管理标准化体系，夯实智慧仓库的建设基石

管理标准化即通过对设备管理、作业流程、岗位职责、客户服务制定标准并贯彻实施的过程，主要包括流程标准、主数据标准、结算标准、服务标准和作业标准等。管理标准化是智慧仓库的核心，能够为后续各项建设开展提供基础支撑。

物产中大物流公司推进智慧仓库各项建设，首先要做的是制定各类管理标准。按照管理标准化的要求，用标准规范仓库管理方式，降低仓库管理对人员经验的依赖，由盯人式管理转为流程管理。按照数据标准化的要求，建设主数据管理平台，统一基础数据信息入口，集中维护；逐一建立基础数据标准接口，按需分发。按照操作标准化的要求，从流程标准和服务标准两个维度，制定一套全面系统、快速指引、可操作性强的可视化作业管理手册，指导现场业务按操作标准执行。按照结算标准化的要求，制定公司基础物流结算管理办法，充分考虑区域、品类、客户交易习惯等关键因素，通过个性化配置的方式，将各种结算方式全部纳入系统管理，排除人为干预，实现统一管控。同

时，按照智慧仓库建设前置条件，规范仓库场地硬化、美化、布局等要求；根据不同物资的存储特性、件型尺寸、存储特性等制定安全、高效的堆叠库位管理方案。

2. 加大现代化装备应用，补齐智慧仓库的硬件短板

装备现代化包括物流集装器具应用专业化、仓储物流装备采集自动化和仓储物流装备作业智能化。装备现代化是实现智慧仓库的重要抓手，在各项建设中发挥着"助推器"的作用。

物产中大物流公司在智慧仓库建设过程中，将加大现代化仓储装备的投入，逐步实现"机器换人、空间换地"，完成仓储作业全流程的现代化改造。通过应用专业化的器具，提高仓库装卸效率和物流作业的安全系数。同时，根据仓库实际条件及需求，借助物联网、数字孪生与5G网络等数字化技术，同步推进智能化装备提升改造，如智能行车、智能监控、自助终端、手持作业终端、无人值守地磅等，通过智能硬件装备，链接仓库作业的各个节点，提升数据采集、传递、处理、应用等环节效率，提高仓储服务能力。

3. 推进运营信息化改造，提升智慧仓库的运作段位

运营信息化是指运用数字技术和信息手段改造物流公司原有的线下手工传统操作，实现仓储运营各个节点的数据互通互换，增强物流资源调配的准确性，缩短服务响应时间，加快资金单据等流转速度。

一方面，物产中大物流公司将构建和完善各类仓库数据系统（图3-28），比如以"仓储管理系统"为核心，建立业务数据录入规范与标准，实行所有业务单据在线化，对关键操作实现必要的管控，对接财务共享中心，实现仓储业财一体化管理。通过"手持作业系统"，实现仓储数据信息第一时间线上采集，实时把控库内物资进出环节。同时，建立"物联网集中管控系统"，接收和存储仓库内各物联网设备采集的数据，并按需分发给业务系统，实现数据集

中传输与交互。提供"客户协同平台"实现客户在线预约、办单、查询等服务功能；提供"自助换单平台"实现司机自助查询、换单、结算等操作功能，增强客户体验，提高服务质量。

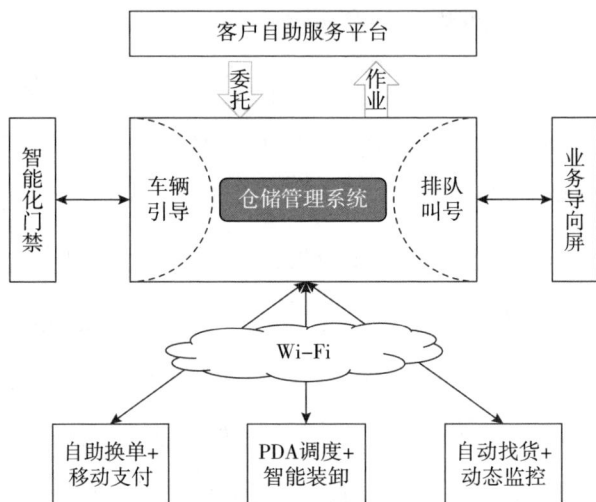

图 3-28　仓库一体化高效运作

从物产中大物流公司现阶段智慧仓库示范库建设情况看，运营信息化推动了智慧仓库一体化高效运作，推动了系统之间数据无缝对接和信息资源共享，实现仓库全方位信息化管理。

另一方面，物产中大物流公司将打通链接各方的数据接口，连接仓库园区物联网设备，实时获取园区内各类运营数据，减少人工操作的盲目性，实现仓库少人化管理和可视化调度。

4.提升决策智能化能力，助力智慧仓库的价值延伸

决策智能化是指依靠业务现实数据和预测分析数据，进行"数据驱动型"系统主动决策，从而全面掌握客户需求、全面控制业务风险。

物产中大物流公司将重点推进以下三个方面工作，不断提升"决策智能化"能力。

在数据咨询服务上，全面整合物联网数据与系统数据，形成可信的数据

池，通过专业技术和特定模型加以分析，助力公司实现科学决策和准确调度。一方面，帮助管理人员全面掌握运营指标，作出准确的决策；另一方面，通过后台定向推送信息，让客户随时监督业务进展情况，实现服务流程全面透明（如图 3-29）。

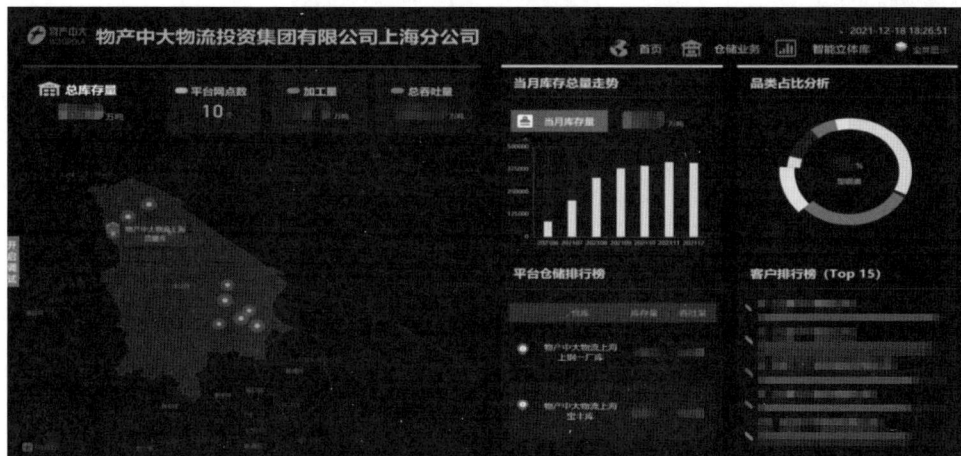

图 3-29 平台网点可视化数据驾驶舱

在基础物流业务上，从订单分配和库存分配两个维度推动智能决策通过精准核算、提前分配资源，从物流运营成本、运力闲时能效中深入挖掘利润，实现网点智能分仓管理。根据客户、物资品类历史周转情况，系统主动推荐最佳库位，及时提醒仓库人员闲时提前进行移库操作，实现仓库库位动态管理。

在物流增值服务上，将仓储客户引流至平台，为其提供在线业务办理、查询，开展精准营销。根据客户需求"量体裁衣"，为其提供物流供应链、运输配送、物流金融等配套服务"菜单"，以最低的获客成本，创造最大的产业价值。

▲ 3.4.4 物产中大集团智慧仓库建设的阶段性成效

1. 智慧仓库建设的阶段性"成绩单"

经过一段时间的探索与实践，物产中大物流公司智慧仓库建设已在标准建立、产品研发、样板打造、服务拓展、数据价值挖掘等方面取得了阶段性成果。

（1）形成了标准体系。在标准化体系建设上，物产中大物流公司已完成一套标准体系，包括：主数据标准、流程标准、结算标准。其中，仓储全流程标准化管理将整个仓储流转过程主要节点集中在作业现场，对以人为主的传统仓库作业模式进行改造，优化了流转线路（图 3-30）。

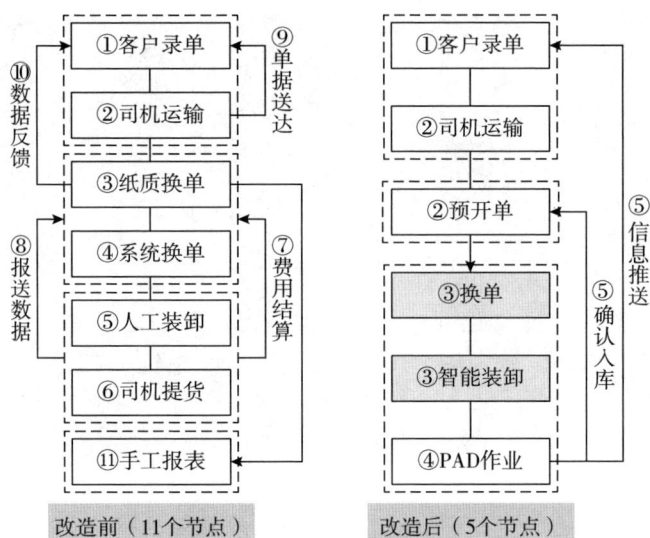

图 3-30 业务流程优化对比图

（2）开发了核心产品。根据智慧仓库建设架构图，结合各节点用户需求，物产中大物流公司开发了四大核心产品（图 3-31），其中仓储系统 2.0 框架先进、性能稳定、管控严格、操作便捷；智慧服务移动端，面向司机，随时随地提供验单、换单、结算、支付等便捷服务；物联网设备集成系统，对接仓库内各类智能装备，实现仓储数据高效采集、传递，过程实时可视、可查、可掌控；"物流云"平台，实时集中展示仓库作业、经营动态，链接智慧大脑，为各场景用户提供可视化数据支持。

（3）打造了示范样板。目前，物产中大物流公司下属金华公司的自有仓库已全面完成智慧仓库的改造，公司正将其作为仓储管理创新模板，由点及面，加快向其他仓库复制推广。在智慧仓库运营模式下，司机使用智慧仓库移动端，能够随时随地全业务、全流程、全自助、全线上地完成验单、换单、结算、支付操作，减少排队时间和人工操作，效率提高近50%。客服操作借助新版仓储系统，操作高效、性能稳定、权限清晰；同时，对接集团财务共享系统，实现了真正意义上的仓储业财一体化管理。仓库建立"数字孪生智能立体库"模型，在行车上加装物联网设备，把普通行车变为智能行车，吊装作业时自动识别钢卷库位、层数、货物信息、吊装重量，将定位找货时间缩短到1分钟以内；同时，建立三维立体仓库模型，详细记录作业过程，实时更新库位，实现库内摄像头全覆盖，作业及货物状态监控画面远程显示（图3-32、图3-33）。

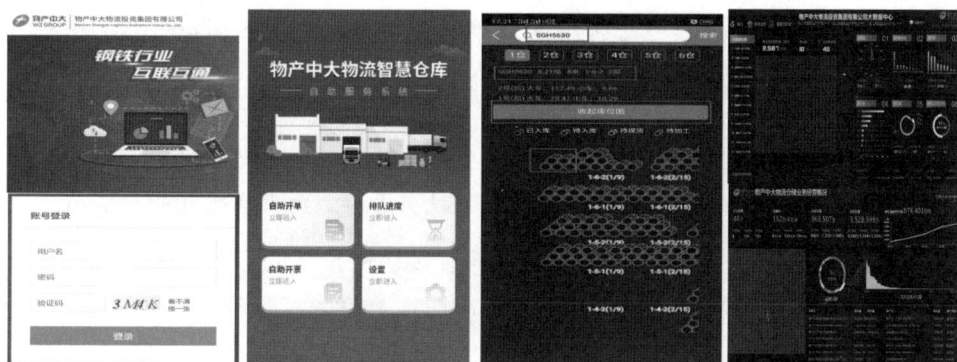

图3-31 四大核心产品

图3-32 金华示范库场地改造示意图

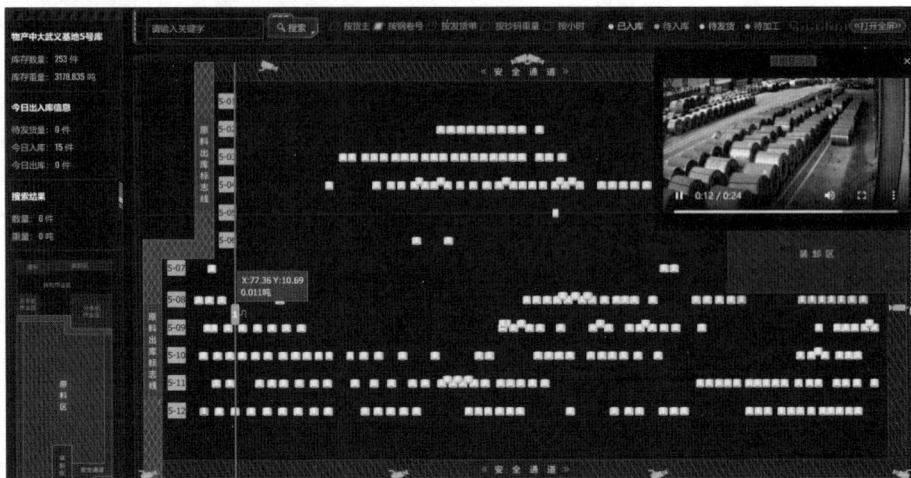

图 3-33　金华示范库数字孪生智能立体库

（4）新添了增值服务。传统的仓单质押业务存在诸多痛点，业务过程不透明、信息不对称、数据更新不及时等问题突出，对重复质押、一货多卖等问题缺乏有效的监管手段，最终导致了2011年钢贸危机，重挫大宗商品交易与金融市场。然而，钢铁仓储行业上千万吨社会库存，沉淀了大量资金，仓单质押市场需求依旧旺盛。2017年以来，随着区块链技术的迅猛发展，区块链仓单质押业务应运而生，给仓单质押业务发展带来新机遇。

区块链仓单质押业务就是借助区块链技术，在仓单交易监管平台上实现"可信电子仓单"生成、质押、提货、转让等全生命周期服务；同时，综合利用物联网技术特性，实现实物资产实时监控、识别、预警等风控需求。在物产中大物流公司设计的区块链仓单质押业务模式中，主要通过"可信数据池""可信实物资产"保障仓单和实物的真实唯一性，确保权属清晰，实现银行融资在线化、透明化、便利化，实现动态交易（图3-34）。

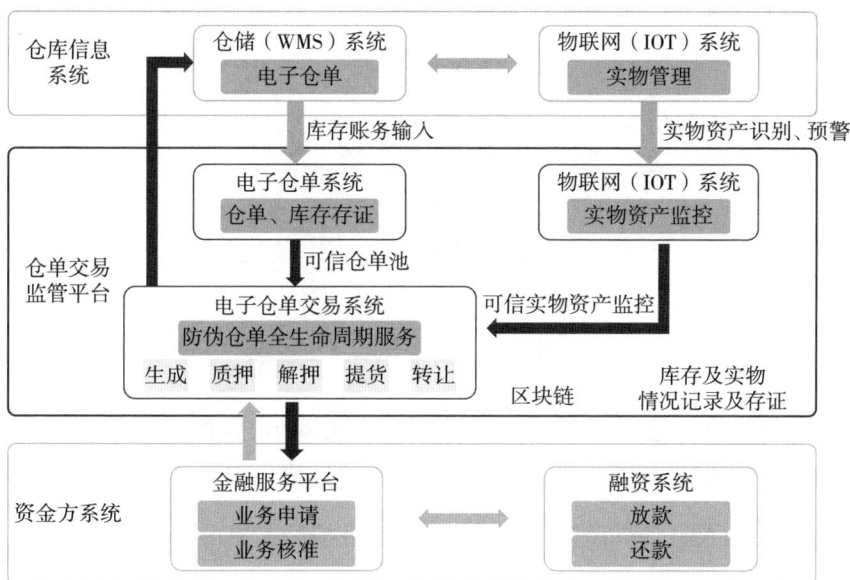

图3-34　大宗商品区块链仓单质押融资业务示意图

2018年，物产中大物流公司开始与金融机构合作推动大宗商品区块链仓单质押业务，实现行业企业级应用。该业务针对仓储客户的存货变现需求，将存货变为电子仓单，提高流转效率，解决资金需求。同时，利用区块链技术，有效杜绝了伪造仓单、重复质押等风险隐患，实现了仓单交易全过程溯源，提升物流仓库金融服务的风险防控能力。2019年，物产中大物流公司开展了区块链仓单质押融资业务试点，进一步盘活客户的库内物资。客户通过质押，不但可以随时获取贷款，而且可以通过区块链仓单交易，改变货权，完成库内物资交易。由此，物产中大物流公司的物流集成服务项目更加丰富多样（图3-35）。

（5）推动了数据价值挖掘与应用。物产中大物流公司管理经营的钢铁仓库，覆盖华北、华东、华南地区，库存量大、品类较多，且经过多年的发展，积累了海量数据，为行业研判奠定了坚实的数据基础。

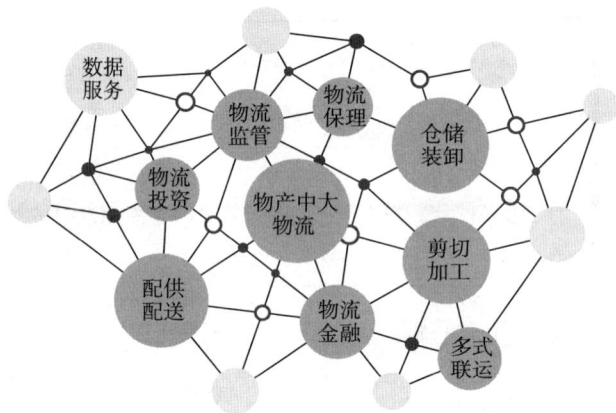

图 3-35　物产中大物流公司智慧物流集成服务示意图

近年来，受国内外大环境的影响，钢铁市场价格一直跌宕起伏，呈现频繁波动态势。面对市场行情高频振荡，如何提高行业研判能力，如何提升自身风险控制能力，如何为客户提供有效数据服务，都是钢铁物流行业实现降本增效的关键点。为此，物产中大物流公司结合自身实际，加强了数据资产的分析与应用工作。

2019 年，物产中大物流公司与浙江省某著名高校合作，开展"大宗商品数据建模与分析"项目研究，结合市场期现货数据，分析得到数据分析图，为客户提供决策依据（图 3-36）。

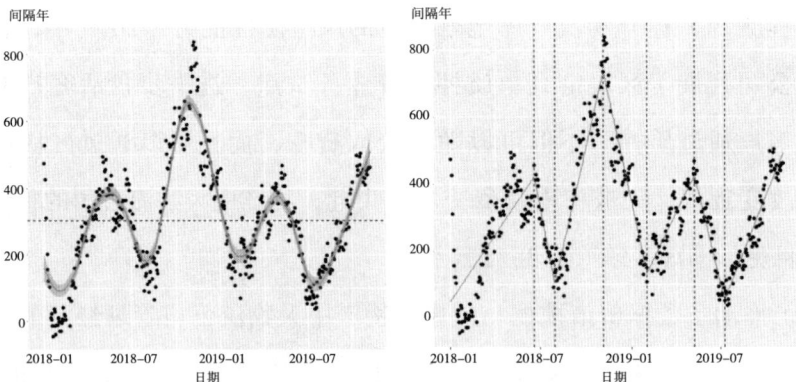

图 3-36　大宗商品数据分析图

2.选用平衡记分卡进行综合评估

（1）平衡记分卡维度对照。平衡记分卡（BSC）是由哈佛商学院发明的一种绩效管理和绩效考核的工具，被誉为"75 年来最伟大的管理工具"，现已广泛应用于商业管理领域。物产中大物流公司使用"平衡记分卡"评估工具，从财务、客户、内部流程、学习与创新四个维度，对智慧仓库示范库的试点建设进行了综合评估。

一是财务。主要是度量，与公司的预期相比，智慧仓库建设系列子项目启用后能否满足公司的战略需要，以及能否达到预期的财务收益。如区块链电子仓单项目中，主要针对营收规模、资金成本、利润总额等指标进行评估；在仓库智能化改造项目中，则主要针对仓储运营成本、管理成本等指标进行评估。

二是客户。主要是衡量服务提升的水平，也就是说，集成服务质量是否改善，能否提供附加服务等。结合项目来看，如客户服务平台建设项目中，主要针对系统应用满意度、功能菜单简洁度、信息准确率、信息处理速度等进行评估。

三是内部流程。衡量项目为用户和公司交付产品和服务方面的业务绩效，关注开发和运行过程的改进和匹配度。在管理标准化建设项目中，针对内部流程方面，主要从业务功能完整性、管理功能完整性、业务流转节点个数等来进行评估。

四是学习与创新。主要度量项目能否满足未来用户需求，获得持续创造新价值的能力，以及对员工的引导和能力提升。在仓储作业智能化改造项目中，主要针对物流专业知识培训推广率、员工素质提升等指标进行分析；在大数据分析应用建设项目中，则主要从员工数据来进行评估，主要指标为具备基本数据分析能力员工占比等。

仓库智能化改造项目平衡记分卡的四个平衡面具体描述如表3-4。

表3-4　　　　　　　　　仓库智能化改造项目平衡记分卡的四个平衡面

财务	客户	内部流程	创新与学习
1.与企业的战略保持一致； 2.控制系统实施成本； 3.获得预期的收益	1.满足各层级期望与需求； 2.实现有效的功能和性能； 3.交付用户需要的服务	1.改善业务流程与组织机构； 2.开发与实现过程成熟度； 3.操作的有效性及效率	1.通过新功能创造新价值； 2.符合新的技术发展方向； 3.满足未来用户需求； 4.引导员工操作能力提升

2. 确定评价模型

一是确定评价方式，获取相关数据。针对定性指标和定量指标的不同特性，采用问卷调查、实时统计、系统分析等方法，分别确定各项指标的评价方式，后续根据评价方式，获取和采集各项指标对应的数据（表3-5）。

表3-5　　　　　　　　　　　　　确定评价方式

维度	指标	评价方式	数据
财务			
客户			
内部流程			
学习与创新			

二是采用专家讨论的方式，针对定量指标及定性指标，分别制定各项指标评分的标准（表3-6）。

表3-6　　　　　　　　　　　　制定各项指标评分标准

指标类型	评分标准	分值	
定量指标	前后数据对比的差值比例	比例≤？% ？%≤比例≤？% 比例≥？%	0~60分 61~80分 81~100分
定性指标	选择的主观评价所属档级	好 良好 一般 差	81~100分 71~80分 60~70分 0~59分

三是按照以上方法得出评价指标在所在维度的权重（表3-7）。

表3-7　　　　　　　　　　　　　指标权重确定

维度	指标	权重
财务		
客户		
内部流程		
学习与创新		

四是按照已确定的各维度、指标、权重，采用多层权重计算方法，得出每

个指标单次评价的分数（表3-8）。

表3-8　　　　　　　　　　　　　　单次评价分数

维度	指标	权重	分数
财务			
客户			
内部流程			
学习与创新			

根据上述评估方法，物产中大物流公司发现通过智慧仓库建设，在财务维度上能够实现业务增值、安全保障；在客户维度上可以实现服务质量提升、客户黏性增强；在内部流程维度上能够实现管理标准、效率提升；在学习与创新维度上可以实现人才培养、形象提升。

3.5　金属公司智链协同平台

物产中大金属集团有限公司（以下简称"物产中大金属公司"）是物产中大集团的一级成员公司，主营钢材、铁矿、油品、木材、水泥等大宗商品。公司在国内外拥有20多个大区网点，全年要将规模超过5000万吨、价值近2000亿元的大宗商品，从4000多家供应商配送至600多个大型工程项目、3000余家工厂和上万家企业用户手中，日均单据量超过1000份，日现金流水近10亿元。巨大的商流、资金流、物流衍生出海量的数据，融合形成了巨大的信息流——据统计，仅2021年，物产中大金属公司系统日均信息交互量就超过3000条、日均网络流量近2TB。这些数据，正是物产中大金属公司借以提升智慧供应链集成服务综合能力的核心资源和独特资产。

受浙江省To C消费互联网发展的启发，物产中大金属公司较早地开始了To B大宗商品供应链集成服务平台运营模式的探索。2004年4月，物产中大金属公司就与中储物流在线有限责任公司、马鞍山钢铁股份有限公司、萍乡钢铁有限责任公司等企业共同投资组建了上海大宗钢铁电子交易中心，主要从事钢铁电子交易及相关配套服务、钢铁电子商务技术与信息服务等，并推出现货远期交易平台和在线现货挂牌交易平台，为钢材供应链环节上的客户提供创新、简便、高效的货物购销流通渠道，2009 年完成交易额 4200 亿元、交易量 1.13 亿吨，并被国家发展改革委确立为"国家信息化试点单位"，积累了一些钢铁产品线上交易经验。此后，物产中大金属公司深耕大宗商品流通领域，在实践中不断总结经验、优化系统，自主建成了"金属智链"供应链数智协同平台，在提升企业运营效率、实现客户价值创造、加强供应链上下游协同等方面取得了一定的经济效益和社会价值。

当前，物产中大金属公司仍然在加大技术开发和更新投入力度，持续提升智链协同平台综合功能。如今的智链协同平台在业态上，不仅适用于工程配送领域，同样也适用于工厂端配送、代理销售、市场零售等业务模式；在品类上，除了钢材配送之外，还可以开展水泥、木材的配送；在端口上，基于标准化的对外互联接口和开放端口，不仅可以吸引更多的供应链上中下游企业加入到平台建设进程中，还可以将其他同行也接入到金属智链协同平台，合力打造业内认可的综合型数字大平台。

3.5.1 智链协同平台的定位与总体架构

1. 平台定位

"金属智链"供应链数智协同平台（以下简称"智链协同平台"）的前身是物产中大金属公司与第三方合作搭建的物流智配系统，主要用于工程配送项目的钢材运输调度，用户基本限于运输单位和货主，但随着信息化、数字化改革工作不断深入，也为了加快构建和践行智慧供应链集成服务商定位的需要，物产中大金属公司决定开展原物流智配系统的自主化改造提升，将其定位为面向供应链上、中、下游核心用户的业务数字化支撑平台，并改名为智链协同平台，同时凝聚全员智慧，在全公司范围内宣传和征集"金属智链"LOGO设计（图3-37），拥有了该平台的所有自主知识产权。

图 3-37 "金属智链"LOGO

智链协同平台以钢材、水泥等大宗商品配送为具体应用场景，集成了物产中大金属公司大宗商品供应链中钢厂、仓库、物流、终端客户等多方数据信息，通过数字技术与业务场景的深度融合，推动业务"在线、实时、互动、可视"，形成了物流、商流、资金流、信息流的数据生态闭环，实现了供应链参与方智能链接和高效协同，初步构建了敏捷高效、开放共享的智慧供应链体系。

2. 总体架构

智链协同平台以供应链集成服务流程为主线，依托产业链各方数据，通过网页端和移动端（图3-38），利用系统互联、云技术、数据挖掘、图像识别、人脸识别、电子围栏等多种技术手段，深挖现有数据信息、加强数据资源共享。智链协同平台既设置对外开放的标准化的系统互联接口，也设置关键环节数据信息采集和输出的窗口，形成了开放式的平台基础架构（图3-39）。

图 3-38 智链协同平台网页端和移动端的登录界面

图 3-39 智链协同平台的总体架构

3.5.2 智链协同平台的核心功能概述

1. 数据采集端搭建标准化的多方数据信息采集入口

（1）围绕钢厂和仓库建立系统互联架构的标准化。

一是物产中大金属公司基于智链协同平台规范了与上游厂家的系统直连数据标准，并搭建了标准化的钢厂互联架构（图 3-40）。与钢厂的互联工作早在多年前物产中大金属公司就已在推进，但直到近年才陆续有实质性的对接和落地，关键就在于钢厂信息化建设和数字化理念的不断提升，而基于前期良好的沟通和互动，物产中大金属公司以宝钢某钢厂为合作试点，率先成为业内与大型钢厂建立系统直连的钢贸流通服务商。

通过与合作钢厂的系统直连和数据交互，物产中大金属公司实现了在钢厂端的实时下单、精准配货和订单的快速响应，打通供应链的"数据孤岛"，并促进了采购订单信息、钢厂出库数据、电子质保书、签收照片、发票数据的系统自动获取和随单传递，大幅提高与钢厂的业务对接效率，也为供应链上的信息互通与闭环提供了数据基础。

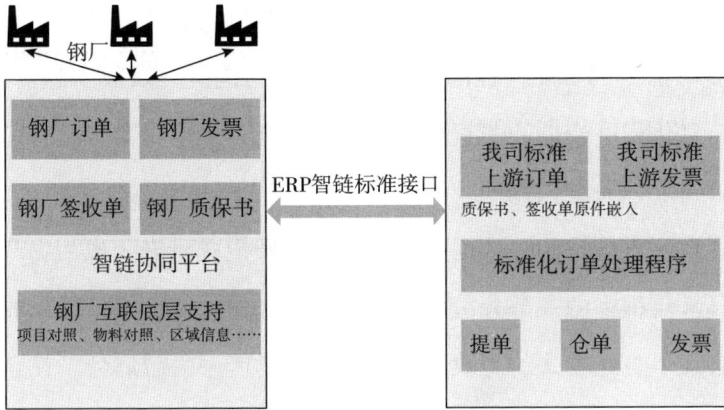

图 3-40　智链协同平台的钢厂互联架构示意图

受益于钢厂互联带来的业务效率提升，目前物产中大金属公司已经通过智链协同平台大力推动并实现了与国内多家钢厂的对接互联和数据交互，有效支撑了业务规模的快速增长，月直连量超过 12 万吨。

二是随着仓储单位信息化水平的不断提升，物产中大金属公司搭建了标准化的仓储互联架构（图 3-41），利用统一的标准接口开展智链协同平台与外部合作仓库的系统直连。在探索仓库直连的过程中，也经历了因系统逻辑限制过强、双方工作磨合不充分等原因导致的失败，并最终基于仓库实际操作流程，在不断调试中实现了仓库端出库、入库、过户、发货的单据同步以及出库量的系统自动返回，有效减轻了双方的人力工作量。

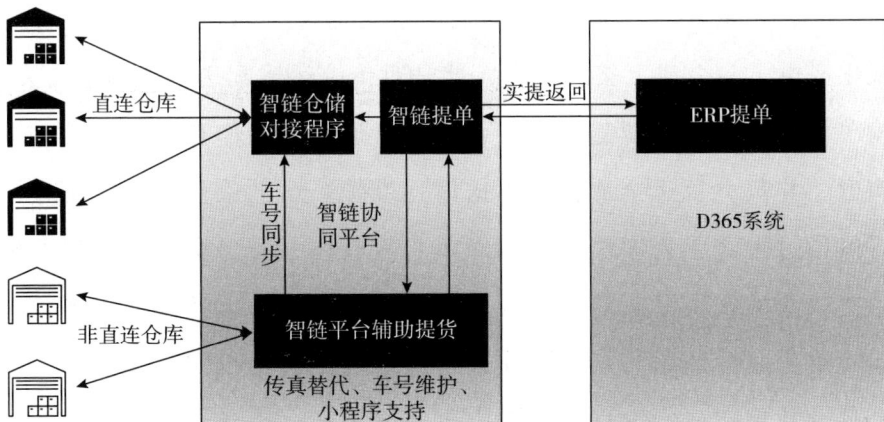

图 3-41　智链协同平台的仓储互联架构示意图

此外，物产中大金属集团有限公司还通过智链协同平台实现了直接向仓库下发电子提单指令的功能，提高了货主与仓库的提货对接效率和货物安全性，对于部分信息化程度较低的非直连仓库，这些电子提单指令也是仓库方向物产中大金属公司反馈关键数据的线上通道。

目前，仓库直连及相关数据的系统自动返回模式已嵌入成为物产中大金属公司业务日常流程中的一部分，极大减少了员工原先线下手工操作的时间。正是深刻体会到了直连模式的高效性和便利性，物产中大金属公司在全国范围内积极与物产物流以及外部合作方、客户方的近70家仓库实现了系统直连，在智链协同平台上与仓库及钢厂的月信息交互量超过35000条，有效支撑了平台的数据自动采集与流转。

（2）以运输单位为抓手实现流通环节的规范化。

目前，在与物产中大金属公司开展运输合作的汽运单位中，已在智链协同平台完成注册的优质运输单位约70家，注册车辆超过6900辆，注册司机超过5300名。物产中大金属公司通过智链协同平台进行配送运单的统一管理，并向合作运输单位开放了智链协同平台的线上操作权限。

智链协同平台利用车辆GPS定位、物联网技术，通过与物产云平台的系统对接，实现了货运全流程各项单据照片及数据的实时传递、货物在线调度、物流轨迹全程跟踪等功能，为运输全流程的在线化、实时化、可视化提供了一个线上集成平台，这是对传统运输配送模式的重要突破。运输单位具体负责在智链协同平台上进行运单的制作和所属车辆及司机的调度，并负责货运全流程的单据信息维护。运输单位下属的所有司机都可以通过智链小程序端进行出库单、签收单、质保书等单据的上传以及相关数据的线上录入等运单管理操作（图3-42）。任何使用平台、接受运输单位服务的用户都可以通过智链协同平台手机客户端便捷查询物流全程的数据信息。这样，物产中大金属公司、负责线上操作的运输单位和平台上的用户就实现了"数据多方共享、沟通同步进行、协调随时随地"。

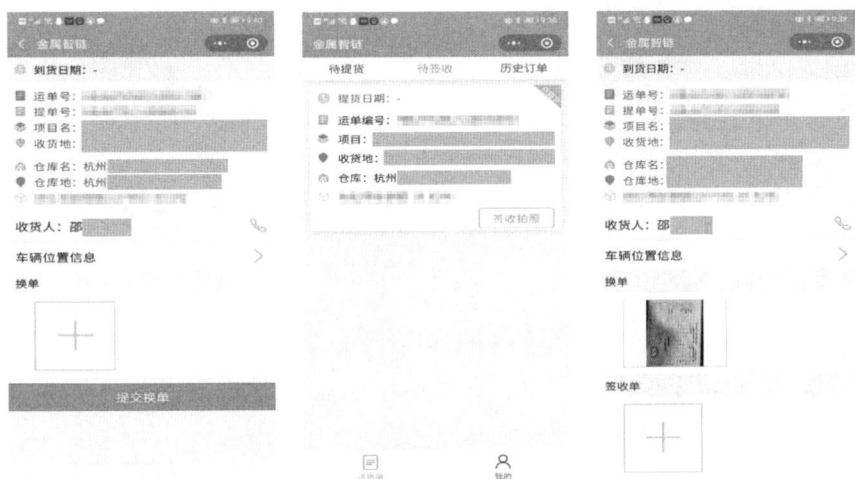

图 3-42 小程序端的运单维护界面

此外，通过智链协同平台的询价模块，物产中大金属公司还邀请相关运输单位进行运输费用的线上竞价。所有运输单位都可通过网页端或移动端进行线上报价，并借助 E 签宝实现电子运输合同的线上双签。同时，对于已在智链协同平台注册的运输单位，物产中大金属公司还根据平台中每一单物流的用户服务质量评价，对运输单位进行系统自动记分排名，并据此向客户进行推荐，初步搭建起了运输单位的服务评价体系和信用管理体系，从需求端促进了运输管理效率的提升。

（3）面向终端推进签收数据采集与确权的线上化。

目前工程项目的货物现场签收仍然以纸质单据的人工签名验收为主，物产中大金属公司基于智链协同平台已经开发了电子签收功能，利用电子围栏技术，实现了货物在客户要求的可签收范围内的精准交付；利用人脸识别和电子签名技术，实现了货物的安全签收，并将该模块作为货物签收数据的采集入口。对于工程、工厂等终端客户，物产中大金属公司还开发了小程序端的电子签收功能，终端客户的货物收货人员提前在智链协同平台上作好身份认证后，即可通过小程序端对每一批货物进行电子签收（图3-43），有效提升了现场签收效率。

图3-43　小程序端的货物电子签收功能

2. 数据使用端为客户提供智能化的集成服务功能

智链协同平台包含众多组织架构模块，可以容纳供应链条中的所有相关企业。针对终端客户在数据信息方面的需求痛点，物产中大金属公司在智链协同平台上为其设置了定制化的组织架构和权限（图3-44），客户可以通过智链协同平台获取其下属的所有组织和项目的线上运营数据。同时，物产中大金属公司还可直接通过智链协同平台与客户系统建立对接互联（图3-45），并进行相关数据信息的准确推送。

图3-44　智链协同平台的客户组织架构管理界面

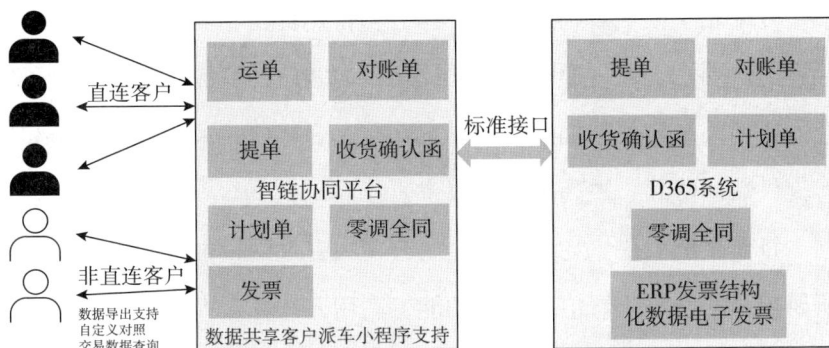

图 3-45 智链协同平台的客户系统直连架构

基于智链协同平台为客户提供的供应链数据集成服务功能有四个模块。

（1）自助实时查询功能模块。物产中大金属公司在前端应用层面开发了 Web 网页及微信小程序两种使用方式，向客户开放每一订单的物流状态及运输轨迹、运输单据信息的自助实时查询功能（图 3-46）。

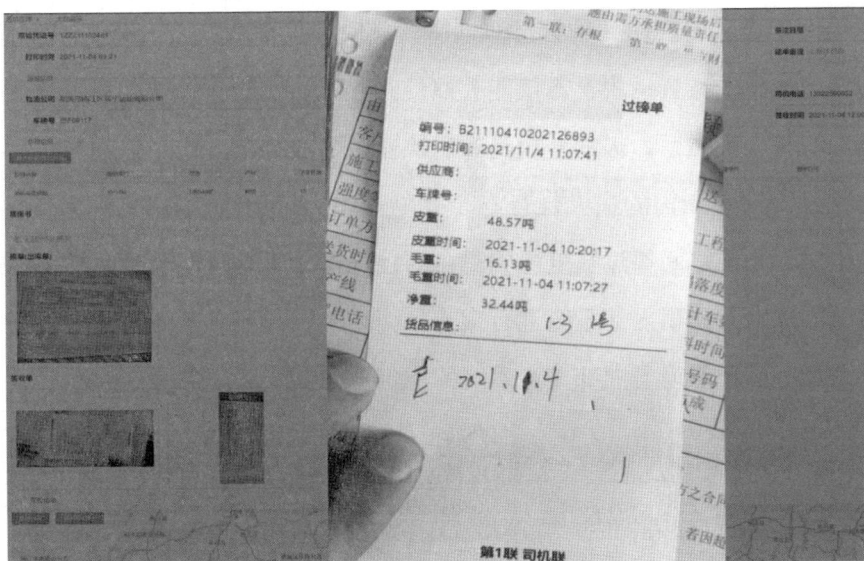

图 3-46 智链协同平台网页端的单据查看界面

（2）在线签收确权模块。物产中大金属公司利用智链协同平台实现货物的电子签收，并同步将项目签收后的确权数据推送至客户系统，结合项目对账单的在线确认功能，以此提高双方的对账结算效率。

（3）开票制单模块。物产中大金属公司将提货指令和开给客户的电子发票推送至智链协同平台，再通过智链协同平台向客户开放提货单据和电子发票的在线查询及相关结构化数据的系统导出功能，为客户的采购订单制作和进项发票制作提供数据便利，提高客户的效率。

（4）订单查询模块。物产中大金属公司在有效的权限管理体系下，向客户开放所属项目的订单执行情况查询功能，利用云计算、大数据分析，协助客户实现下属项目的实时动态管理和优化布局。

3. 内部端构建与后台系统的数据交互标准接口

智链协同平台是物产中大金属公司与产业链外部组织进行系统互联和数据衔接的开放式平台，通过一个固定的标准接口与公司内部的后台核心主系统建立互联，以此来实现内外部数据的双向交互和对外流转。

物产中大金属公司利用智链协同平台实时获取产业链上的相关数据信息，通过多方数据的整合运用，不仅能大幅提升业务管理效率，还可利用管理驾驶舱的可视化大屏展示，辅助公司高效、快速、精准地作出战术决策。

此外，这一架构的最大优势在于，物产中大金属公司在内部核心系统与产业链外部系统之间通过智链协同平台间接连接，所有的外部数据都只能通过智链协同平台与公司内部系统进行交互，相当于设置了一道坚固的网络安全屏障，最大程度地保障了内部核心系统的稳定性和安全性。

3.5.3 智链协同平台在工程配送场景下的应用实例与具体成效

1. 配送应用场景简介

工程配送业务一直是物产中大金属公司的核心主业。物产中大金属公司目前已经建立了以大型央企、地方重点企业为核心客户，覆盖华东、华南、西南等大宗商品重点消费区的工程配送业务体系，为众多客户提供涵盖方案设计、资源配置、物流运输、保质保供、现场协调、金融支撑等系统性解决方案的供应链集成服务，配送领域涉及高速公路、铁路、轨道交通、能源电力、大型桥梁、公建房建等行业。

物产中大金属公司将智链协同平台作为实现其配送业务数字化转型提升的核心系统。针对传统配送过程中存在的上下游数据割裂、管理粗放、信息化程度较低的问题，物产中大金属集团有限公司通过智链协同平台联动了钢厂、运输单位、仓库、终端客户、银行等配送环节上的相关各方，以标准化推动数据资源的深度融合和系统的互联互通，实现物资采购、物流运输、仓储备货、成本控制、供应链金融等业务信息的实时呈现和无缝对接，促进达成"保质、保量、保供、保价、保廉洁"的工程配送服务（图 3-47）。

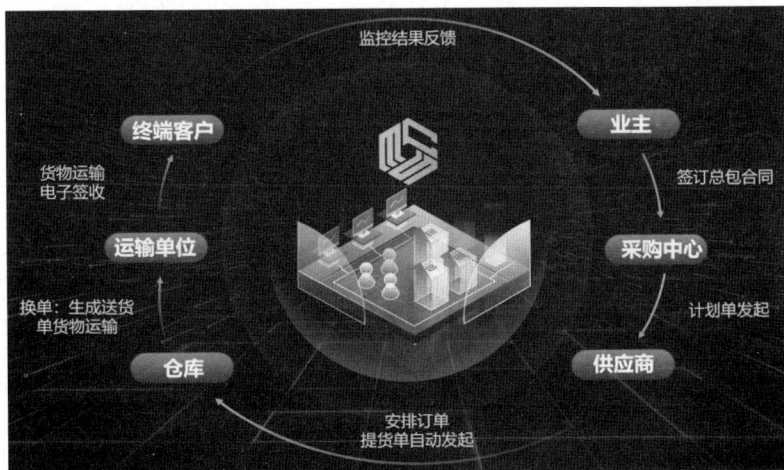

图 3-47 工程配送场景流程图

截至 2021 年 12 月，物产中大金属公司在智链协同平台上运营的在建项目近 450 个，其中包括杭州地铁、机场快线、杭绍甬智慧高速等浙江省重大工程项目，配送服务客户涵盖中建、中交、中铁、浙江交工等 80 多家大型企业。

表3-9 智链协同平台的主要价值点

用户	未使用智链协同平台前	使用智链协同平台后
生产商	难以把握货物的实际去向； 不清楚终端市场的实际需求	能实时查看货物是否真正送到终端项目上； 根据贸易商的线上订单科学排产、减少库存
贸易商	通过电话、传真、微信等方式向仓库和运输单位发送指令； 随时接到客户和司机的电话来询问发货相关信息； 人工收集各个途径的数据再加工成报表； 各类纸质单据的收集和回溯查找难度较大	与仓库、司机、客户的日常事务性衔接交由系统在线调度完成； 从车辆出库到项目签收的相关单据和数据实现了线上流转； 数据集成共享后无须再向客户告知各环节信息； 系统实现自动出表、自动对账，提高管理效率
运输单位	运输环节出现钢筋少货等问题时难以查证； 在进行车辆调度时经常出现空车情况	运输全过程的透明化和可追溯，便于管理司机、降低货物灭失风险； 通过线上化的科学调度提高对接效率、降低运输车辆的空车率
仓库	查找一大堆的纸质提单传真件耗时耗力； 通过线下方式进行放货安排和信息维护	通过线上的电子提货指令与司机进行对接，提高放货效率和数据对接效率
终端客户	资源紧张时无法及时了解车辆出库和到货情况； 签收环节项目难以与司机进行有效衔接； 对所属项目的具体执行情况不甚了解，管理成本较高	在线自助查询每一订单的物流配送信息，可合理安排卸货和签收时间； 可自助查询历史订单的单据和签收信息； 系统同步终端的电子签收数据，提高对账效率； 系统推送贸易商提货单据、发票信息，提高内勤工作效率； 项目数据共享后可实现对所属项目的实时动态管理
金融公司	无法有效掌握供应链业务的真实性，供应链金融服务难以介入	基于平台的在线化数据解决业务真实性问题，为链上相关参与方提供高效的金融服务

2. 基于不同用户的平台价值体现

针对工程配送全流程中供应链上的不同用户，智链协同平台提供与传统工程配送模式明显不同的解决方案，有效地解决了供应链上下游各环节存在的人工单据处理低效、物流全程信息不透明、关键环节数据反馈难、客户服务感知度差、管控模式粗放等难点痛点，大幅度地提升了用户体验度。智链协同平台为不同用户提供的主要价值点归纳如表3-9所示。

3.具体应用实例与成效

物产中大金属公司最初基于客户需求开发了智链协同平台，并不断进行优化和迭代，最终不仅解决了客户痛点，也促进了自身供应链融资业务高效开展，更通过配送各环节的流程优化，为产业链上的相关各方都创造了价值。

案例1：货到底去哪儿了？

（1）典型的低效沟通案例介绍。

ZJ公司是物产中大金属公司的核心客户，常年服务项目百余个，配送区域也较为集中。在配送过程中时常会碰到这样的沟通障碍：当项目公司领导想要了解项目上钢材材料到货不及时的原因时，按照传统的沟通方式，该领导要先询问项目供应部员工。如果该员工也不清楚，就询问供应商，供应商则询问运输车队老板，一直问到货车司机。当知道了是因为诸如"货错拉到了相邻工地"等原因时，这一信息需再逐级反馈至项目公司领导，中间需要通过10～12个交流节点（图3-48），很可能领导早上询问直到下午才能知晓具体原因。

典型的低效沟通案例

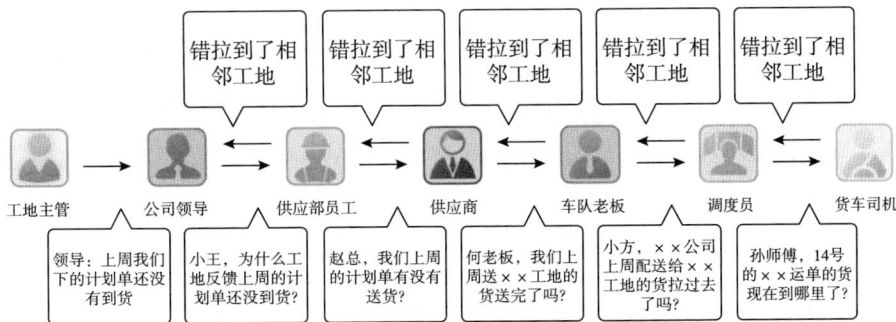

图3-48　传统配送过程中的低效沟通案例图示

因此，客户面临着这样的运输服务痛点：一是沟通方式原始、低效，完全依赖线下的人工管理；二是运输单位的内部管理较为混乱，司机素质参差不齐；三是运输单位的信息化管理程度较低，难以及时提供货物的运输跟踪、信息反馈等服务。

（2）智链协同平台为客户提供的解决方案与成效。

相较于传统配送流程，智链协同平台实现了运输全流程的在线化和可视化，颠覆了原有的纸质单据传递、数据手工录入、电话沟通衔接的低效运营方式，在案例1中，项目公司领导或供应部员工可直接通过智链协同平台自助查询项目计划单中每一车钢材的车辆出库状态、物流实时轨迹、到货时间安排等信息，包括货发了没有、货到哪里了等，无须再逐级询问。

在与ZJ公司的项目进行配送对接时，物产中大金属公司还发现了项目收货人员面临其他一些痛点和需求。在传统模式下，货物签收环节一般由项目指定的收货人员在完成物资验收后再在纸质送货单上签名确认，当送货车辆到达项目现场时，如果人不在现场就无法进行签收。为解决这一痛点以及上述案例中提到的货物在相邻工地错误交付的问题，物产中大金属公司为各项目开发了电子围栏和人脸识别技术应用，当送货车辆在到达项目现场20千米以内时，智链协同平台就向收货人员发送到货预警信息，收货人员可提前进行安排；同时，车辆只有在项目预设的500米或1千米范围内时才能被签收，收货人员则可通过微信小程序进行远程的货物电子签收。

物产中大金属公司通过智链协同平台及时响应客户保供需求，促进了项目计划、采购、建设排期的科学量化，为客户提升了货物管控效率、降低了自备库存、缩短了备货周期，因此获得了ZJ公司的高度评价，也有效加强了与客户的合作黏性（图3-49）。

图 3-49　基于智链协同平台为 ZJ 公司某客户提供运输管理解决方案

（3）智链协同平台为运输单位提供的解决方案与成效。

为 ZJ 公司提供汽运服务的运输单位除了面临上述案例所提到的管理混乱、信息化程度较低等问题外，还面临着由此引发的在途货物管控不力、空车率较高等问题。例如，因为线下送货指令的计划性不强，导致临时排车时车辆经常空车回来；司机在运输途中自行停靠并偷盗钢材，导致运输单位被追责罚款；等等。这都是运输单位面临的主要痛点。

物产中大金属公司基于智链协同平台统一进行送货运单的管理，并为运输单位提供了车辆在线调度和汽运管理的线上平台。运输单位可在智链协同平台上提前获取所服务项目的送货计划并进行现有运输资源的合理配置，通过货物的在线科学调度显著降低了车辆的空车率；同时，电子围栏技术也实现了车辆停靠敏感地点的自动预警提醒功能，运输单位可利用物流全流程的透明化和可追溯性，有效开展司机的在途管理并降低货物灭失风险。

案例 2：物产中大金属公司的服务效率提升。

（1）工程配送服务的日常痛点。

在为众多工程项目提供钢材配送服务的过程中，物产中大金属公司的一线业务员经常一个人对接多个项目，在传统的服务模式下主要有以下两个痛点。

一是钢材汽运和卸货的时间一般都是晚上，与业务员的作息时间不一致，而且司机变更频繁，一线业务员常常在半夜和凌晨接到司机电话，来询问工地地址和现场卸货的具体地点和时间；在项目物资供应紧急时，也时常在深夜接到项目人员电话，来询问计划单的货物发货状态和车辆位置以及何时能到工地，耗费了业务员大量的时间精力。

二是业务员通过线下人工方式向钢厂、运输单位、仓库、客户收集各类运输单据和数据，再进行手工整理和系统录入，例如钢厂和仓库的出库量数据要花费一个上午才能整理完成，与运输单位的运费对账、与客户的货款对账效率都较低。

（2）智链协同平台的解决方案与成效。

通过智链协同平台的客户订单自助实时查询功能和运输单位的线上调度功能，物产中大金属公司的业务员无须再通过原有低效的电话等方式与司机和项目人员进行不定时的线下沟通反馈，主要侧重于解决货物规格不对、发货错误等非常规事项，大幅减轻了常规化的日常重复低效劳动。运用智链协同平台后，原先1名业务员最多支撑5个项目，提升为最高峰时由6名业务骨干同时服务60多个项目。

物产中大金属公司通过智链协同平台实现了直连数据及各类单据的线上流转和批量处理功能，并实现了运费的自动对账和货款账单的自动生成，单据信息的重复交互量从原先的6～7次减少至1～2次，平均每名业务员每天较之前可节约2小时的内勤工作时间。

案例3：钢厂的货物排产和流向难题。

（1）钢厂面临的痛点与难题。

目前钢厂仍主要通过贸易商进行钢材的市场销售，并不直接面向市场，因此主要面临两个难题。

一是难以把握出厂钢材的真实流向。钢厂对于直接配送到终端的货物和在市场上进行流通的货物执行不同的价格政策。一般而言，直送终端的政策会更加优惠，鼓励贸易商直接将钢材配送至终端，但难以把握货物的真实去向，时常出现部分贸易商拿着钢厂的终端价格政策却进行市场串货和囤货。

二是无法准确预测市场需求。因为钢厂无法把控货物实际的流向，所以钢厂也难以知晓终端的真实需求，很容易因供应链存在的牛鞭效应，出现生产不匹配市场需求的情况，导致被动备库和销售困难。

（2）智链协同平台的解决方案和成效。

物产中大金属公司基于相对规模化的工程配送体量，集成了下游终端客户的钢材计划需求并向钢厂下单，钢厂可通过智链协同平台实时查看销售货物的运输轨迹和终端项目的签收信息，以此来判定货物是真正送到终端还是用于市场囤货，从而准确把握销售货物的去向和终端的真实需求。

钢厂可根据终端订单增强钢材产能预测、提高钢材生产计划编制的科学性，实现科学排产、减少库存；同时，智链协同平台也有助于钢厂进行市场渠道管理、营销政策制定和价格体系的维护。

案例4：破解仓库作业效率低下的问题。

（1）仓库的排队发货问题。

在传统模式下，物产中大金属公司通过电话传真方式向合作仓库下达提货指令，仓库收到传真后打印出提货单，当司机来仓库要求提货时再找出对应的纸质提货单，核对无误后再放货。这种方式主要存在以下问题。

一是由于传真无法解决电话占线问题，每当仓库忙碌时，时常会出现传真发送失败、传真发送排队等问题。

二是仓库人员要在一大堆打印出来的纸质提货单中查找出与司机相对应的那张提货单会耗费较多时间。尽管许多仓库努力在部分工作细节上做着优化，比如每打印一份传真时都进行手工编号，后续直接通过编号进行快速查找，但效率仍较为低下。图 3-50 是杭州某仓库的受理窗口的旧照，从图中可以看到，没有引入智链协同平台之前，司机需要排队等待拿单。

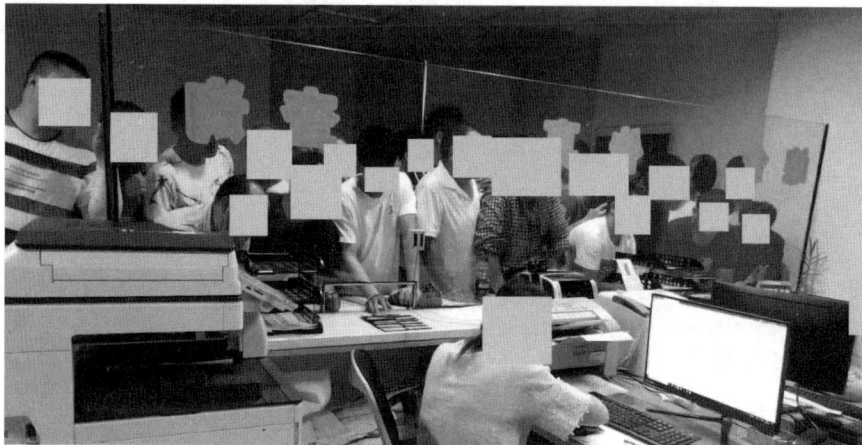

图 3-50　杭州某仓库的受理窗口

（2）智链协同平台的解决方案和成效。

物产中大金属公司通过智链协同平台向仓库下发电子提货单指令，解决了原有传真模式下的提货单指令下发效率问题。仓库可直接在智链协同平台上确认电子提货单，司机也无须再排队等待拿单，实现了仓库与司机和货主对接的便捷性和高效性，仓库的换单出库时间节约 30%，仓库出入库及数据对接的作业效率大幅提升。

案例 5：供应链金融业务的高效开展。

（1）供应链融资过程中面临的痛点。

在订单融资、合同融资、发票融资等供应链金融业务中，银行因未能深入供应链全流程，最担心的是货物的真实性问题和融资性贸易问题，因此在供应链中的很多中小微企业无法得到银行信贷支持。为此，许多供应链核心企业会开展供应链金融业务，填补这个银行信贷的"真空地带"。物产中大金属公司也不例外。

　　比如，物产中大金属公司围绕杭州某重点项目开展应收款保理融资业务，融资金额达 3.9 亿元。银行除了要求提供所有发票外，还需要物产中大金属公司提供每个项目的所有签收单信息，以确保终端配送业务的真实性。按照 30 吨／车计算，该笔融资款需要匹配约 2500 张签收单，在原有纸质单据传递的传统模式下，要一张一张地找出与项目和发票相适配的单据，工作量巨大。图 3-51 为部分项目的纸质签收单据叠放窗口。

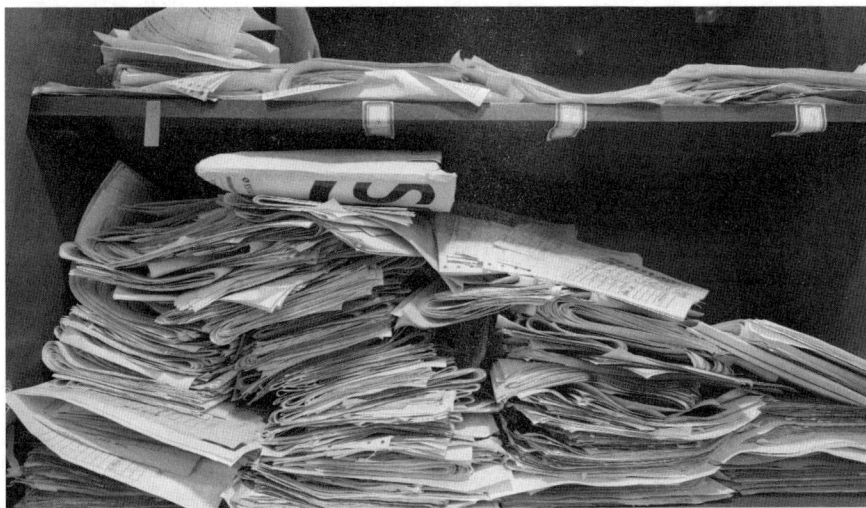

图 3-51　部门项目的纸质签收单据叠放窗口

　　（2）智链协同平台的解决方案和成效。

　　物产中大金属公司利用智链协同平台实现了配送全流程每一运单的签收单据和数据的标准采集，负责银行融资材料对接的员工可直接通过智链协同平台的批量下载功能收集所对应项目的所有签收单信息，银行也可通过智链协同平台掌握配送全流程的真实性。对于每一笔融资业务，双方材料对接和审核时间也从原先的两天缩短至一小时，实现了融资款的快速到位和对接效率的显著提升。比如，上述物产中大金属公司 3.9 亿元的应收账款保理融资业务，所有材料的收集与对接仅仅花费一个多小时，这在之前是难以想象的。

（3）打造基于联盟型区块链的供应链金融服务平台。

为更好推动供应链金融业务的发展，物产中大金属公司一方面继续在终端客户中推广使用电子签收，加强与钢厂、仓库、客户等系统的对接互联，形成完整的供应链数据闭环。另一方面，引入区块链技术和银行等第三方金融机构，共同打造基于联盟型区块链的供应链金融服务平台（图 3-52）。比如，2018 年物产中大金属公司和某银行合作搭建了企银区块链应收账款平台，合作领域主要涉及采购和销售，合作客户包括上、下游近 20 家企业。该平台针对仓储客户的存货变现需求，利用区块链技术，将存货变为可拆分、可转让、可融资并支持动态换货的电子仓单，提高流转效率，解决资金需求，同时有效杜绝了伪造仓单、重复质押等风险隐患，实现了仓单交易全过程溯源，提升物流金融服务的风险防控能力。平台启用以来，深受用户欢迎，仓单质押融资业务逐年上升。

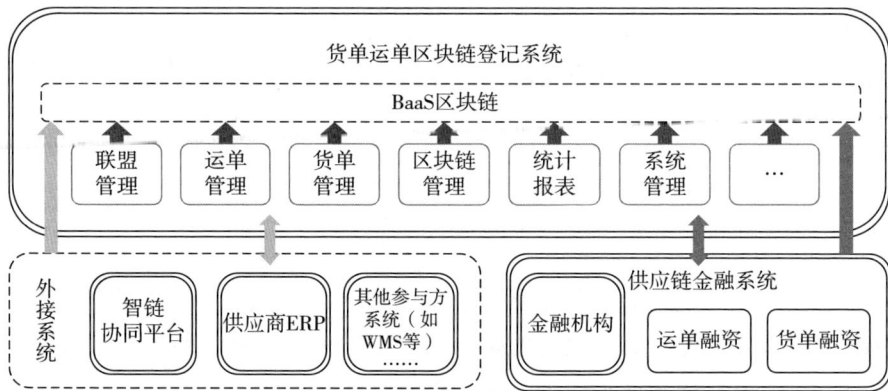

图 3-52 基于智链协同平台的区块链供应链金融服务平台架构

第4章

基于供应链集成服务的管理创新实践

物产中大集团把供应链集成服务视为一个系统，全方位研究、多角度赋能、整体性推进。本章主要从投资、混改、风控、组织方面介绍物产中大集团提升供应链集成服务的做法。

4.1 企业投资与供应链集成服务的战略协同

今天的投资就是明天的产出，今天的投资结构也决定着未来的产出结构。因此，物产中大集团高度重视产业投资布局，按照"以供应链思维，做产业链整合，构建物产中大生态圈"的投资理念，将产业投资作为做强做大、做精做专供应链集成服务核心主业的重要"助推器"，不断挖掘供应链业务核心资源、优化内部产业布局、增强产业发展厚度。

1. 物产中大元通通过连续并购优化品线结构

近年来在消费升级背景下，豪华车品牌市场得以快速发展。为此物产中大元通积极建立效益与效率并重的投资决策体系，通过品牌授权申领与投资并购等产业投资方式，实现品牌结构的持续优化。自 2015 年起，物产中大元通加快产业并购力度，先后收购宝马、一汽奥迪、上汽奥迪、奔驰、雷克萨斯、林肯、捷豹路虎、一汽丰田、东风本田等品牌共计 16 家 4S 店，投资总额 2.7 亿元。2015 年 10 月，物产中大元通成功并购浙江和诚汽车集团共计 17 家 4S 店、江西宝昌集团 2 家宝马店、浙江泓宝行 4 家宝马店，并购金额近 8 亿元。通过产业投资方式，物产中大元通成功引入宝马、上汽奥迪、奔驰、林肯、捷豹路虎等高端汽车品牌授权，尤其是宝马品牌，实现从 0 到 13 家突破，并成为第一大盈利品线，品线年创利超过 2 亿元（浙江和诚之宝已打造成宝马销售卓越经销全球总冠军）；高端品牌网点占比由 16% 提升至 27%，利润占比由 21% 提升至 62%，品牌结构持续优化，盈利水平显著提升。

物产中大元通深耕汽车行业多年，形成了以浙江省为核心市场的区域优势，并通过产业投资方式进一步完成省外市场的布局：一方面，加速以浙江省为核心的长三角区域网点建设，先后完成江西、上海、江苏等省份市场扩充，其中在江西省高端品牌市场已初具规模；另一方面，重点向陕川渝、珠三角等地区发展。目前公司业务网点已覆盖全国 9 省市，并已成为浙江排名第一、全国排名第七的大型汽车经销商集团，企业竞争力逐年提升。未来，物产中大元通将继续加大产业投资力度，围绕集团"一体两翼"战略和"流通 4.0"要求，打造成全国领先的智慧汽车综合服务商。

2. 物产中大化工把握行业整合机遇提升产业链服务深度

目前我国已经成为世界第一大轮胎生产国和出口国，轮胎产量约占世界轮胎总产量的 1/4。2020 年度世界轮胎企业 75 强排名中，中国企业共有 34 家入选。然而据统计，目前国内规模以上轮胎企业有 500 多家，国内排名前两位的中策轮胎和玲珑轮胎仅位列全球轮胎企业第 10 位和第 14 位，中国轮胎行业整体依然大而不强。随着国内龙头企业不断投入研发资金提升产品品质并加快海外产能布局，国内轮胎企业集中度正不断提高，低端产能淘汰进度也日趋加速。与此同时，近几年来国内多家轮胎企业因为互保问题和重资产投资造成现金流断裂而陷入流动性危机。

轮胎企业最重要的原材料是天然橡胶，因而天然橡胶的采购成本管控能力是轮胎企业能否盈利的核心因素之一。然而，国内大多数轮胎企业规模优势不明显，原材料议价能力低，成本管理能力弱，缺乏对于全产业链信息掌握和分析的能力；同时，作为传统的重资产制造业，普遍存在融资难、融资贵的问题。在上述轮胎行业大背景与轮胎企业发展现状的助推下，物产中大集团作为国内最大的天然橡胶供应链企业，敏锐地体察到了行业整合优化的战略性机遇以及轮胎企业对于供应链优化的内生性需求。自 2019 年至 2021年，物产中大化工以自身在国内轮胎第一大省山东的供应链业务积淀为突破口，通过"以供应链思维做产业链整合"的产业投资逻辑，将被收购方传统的生产管理模式提升为供应链集成服务企业主导的供应链管理模式，成为集团体系内垂直产业链整合的成功典范之一。为便于统一管理与资源集聚，物产中大化工成立了专门的轮胎产业投资运营平台——山东雄鹰轮胎有限公司（以下简称"雄鹰轮胎"），先后收购了豪克轮胎、奥戈瑞轮胎和盛泰轮胎 3家轮胎企业经营性资产，合计获取 540 万套全钢轮胎和 1800 万套半钢轮胎产能。收购完成后，物产中大化工借助自身资源禀赋对收购标的进行赋能式战略输出。在融资渠道方面，利用强大的自身资源优势对收购工厂进行信用输出，解决工厂融资难、融资贵问题。在价格管理方面，结合现有橡胶贸易业务，加强产业链信息收集和分析，利用"期货 + 期权"的方式锁定成本或保护库存货值，减小价格波动对加工利润的冲击。在运营效率方面，开发数字化运管平台，应用在轮胎销售、制造、运营管理、物流运输、售后服务、成本控制等诸多方面，打造智慧供应链平台。多措并举之下，收购标的迅速走出发展困境。2020 年，物产中大化工各轮胎项目合计实现利润 1.45 亿元。在尚未合并盛泰轮胎销售成绩的情况下，雄鹰轮胎以 37.5 亿元的销售额位居中国轮胎企业 2020 年百强榜第 22 位，随着 2021 年上半年盛泰轮胎收购的完成，其有望入围国内轮胎生产企业 15 强。物产中大化工公司利用轮胎产业整合契机，发挥自身产业链优势，用全新的供应链理念为国内轮胎产业的重组优化提供了新思路、新理念、新方向。

3. 物产中大集团布局环保公用、医疗健康平抑经济周期对核心主业的
波动性影响

在立足供应链集成服务行业引领者的同时，物产中大集团根据自身的资源
禀赋和转型升级方向，依托良好的商誉资信和政企合作优势，主动布局了环保
公用、医疗健康等"政府有要求、市场有需求、企业有追求"的朝阳性行业，
一方面，可有效平抑经济周期对集团供应链集成服务核心主业的波动性影响；
另一方面，也可通过提前介入需求稳定、区域相对垄断、利润率波动较小的弱
周期行业获取区域市场的先发优势，为后续多点盈利单元的打造积淀力量。

2016 年，物产中大环境抓住机遇收购江西海汇公用事业集团有限公司 79%
股权，一举奠定了集团水务公用事业的发展基础。截至 2020 年年底，集团在水
务板块累计投资金额已达 23.39 亿元，形成了立足浙江省、辐射长三角范围的 9
家水务环保企业规模。截至目前物产中大环境合计污水处理规模 53.4 万吨 / 日，
其中半地埋式市政污水处理规模 3 万吨 / 日、工业废水处理规模 3 万吨 / 日，已
成为具有区域影响力的综合水务处理服务商。而随着产业基础的日益增强、行
业位势的日益突显，其与集团供应链集成服务核心主业的业务协同性不断显现。
2021 年，依托于物产中大化工多年来在海宁经编产业园区内服务于广大中小经
编企业而形成的良好品牌效应，物产中大环境日处理量 3 万吨的海宁经编园区
污水厂正式开工建设；集团通过供应链集成服务与环保公用两大主业的协同互
动，系统性提升块状经济的综合服务能力。以产业投资为手段，以客户多方位
需求为导向，以客户生产经营数据集成为依托，以内在联动、外在协作为组织
形式，具备物产中大集团鲜明特色的综合服务商业模式由此应运而生。

在养老健康领域，物产中大集团立足于群众日益提高的健康需求和高
质量养老生活的追求，抓住公立医院改革和城市养老服务市场快速发展的有
利契机，通过投资并购的方式，将养老健康板块打造成集团"十三五"期间
"2+2"主业之一。物产中大金石公司自 2016 年转型至今，累计在养老健康板

块投资 5.99 亿元，成功布局以下共计 13 个养老网点：杭州主城区、山区、海岛 3 家朗和系列国际医养中心；8 家中大朗颐系列社区居家养老服务中心；衢州、丽水 2 家中大朗园系列大型养老社区；床位数已发展至今日的 3500 张。近几年来，物产中大金石接受全国各地各级政府以及企业单位视察参观百余批次超过万人次，多次荣获国家、省以及杭州市荣誉，并入选 2021 年中国养老十大品牌。在共同富裕示范区建设进程中，物产中大金石养老健康板块正在逐步成为"幸福养老，浙里更好"的示范标杆。上述养老健康领域的有益探索与集团现已掌控的医药、医院资源共同构成"上游医药制造—中游医院服务—下游养生养老"的大健康全产业链布局雏形，为后续构建内部导流机制、发挥内在协同效应、实现整体价值最大化奠定产业基础。

4.2　以混改为突破口的机制创新

"唯有改革方有出路！"国有企业混合所有制改革（以下简称"混改"）关乎国有企业和国有资本运营效率的提升，关乎国有经济的活力、控制力、影响力、抗风险能力的增强，从中央到地方、从理论到实践、从政策到执行正受到社会各界的广泛关注。作为浙江省"混改 + 整体上市"第一股，物产中大集团既是受益者，也是探路者、创新者。

▲4.2.1　过去式：率先"混改"，初尝甜头

将时钟倒拨回 1996 年，彼时正值浙江省委、省政府开展产权制度改革试点工作。在此背景之下，为改变省属企业改革"灯下黑"问题，按照"扶优、活小、拓新"的指导思想，物产中大集团率先在浙江省属国企中打响了改革第一枪，至 2003 年完成全部一级子公司投资主体多元化的公司制改造。通过试行经营层和员工持股，物产中大集团建立起了"既参与经营管理，又分

享发展成果"的互动机制，形成了国资、集体、民营及个体多种所有制共存共融的格局，充分体现现代企业的资本价值及持续发展能力。

以物产中大集团旗下一级成员公司物产中大金属集团有限公司为例，其以 2003 年 1 月 1 日为改制日，形成由法人股东、职工持股会、自然人、社会法人股东共同出资形成的投资主体多元化现代企业。自改制以来，灵活的薪酬考核机制和开放的人才管理理念，激发了物产中大金属公司全体员工创效创业的高涨热情，带动了员工和企业共成长的良性循环，物产中大金属公司开始进入了快速发展的上升通道，为其后续的可持续发展抢占了体制机制的制高点。改制后的 13 年里，物产中大金属公司营业收入年均增长 19.2%，利润总额年均增长 19.4%，实物量年均增长 23.2%，净资产年均增长 14%，税收年均增长 20.8%。现在回过头来看，正是这次改革有效地将职工利益和企业发展捆绑起来，激发出企业和员工的创新创效活力，实现了国有资本和员工权益的同步增值。

本轮一级成员公司的股权改革，在后来被总结为"混改 1.0 人人持股"，通过全面激励最大程度释放成员公司的内部动能，该种混改模式也确实在当时的历史背景下为物产中大集团的快速发展激发出巨大能量——2004 年至 2015 年 11 年间，物产中大集团营业收入年均复合增长率达到 18.85%，利润总额年均复合增长率为 17.61%，净资产复合增长率为 22.09%；即使面对波诡云谲的市场经济浪潮，集团依旧保持快速稳健发展态势，并成功实现从"中国 500 强"到"世界 500 强"的历史性跨越，凝练出"坚持深化改革创新不停步，坚持提升发展主业不动摇，坚持提高团队素质不松懈"的宝贵经验。

▲4.2.2 完成时：整体上市，乘风而立

作为完全竞争领域的企业，如何更好地感受瞬息万变的市场、贴近需求不断升级的客户，一直是物产中大集团努力的方向。进入 21 世纪以来，国际金

融危机引起的产能过剩为流通企业的持续经营带来了严峻挑战，互联网技术的兴起与普及使赚价差的传统贸易模式难以为继，物产中大集团敏锐地意识到，作为国内最大的大宗生产资料流通企业，原有的商业模式已越来越不能适应市场化和全球化的挑战，商业模式的转型迫在眉睫。在经济发展新常态下，如何顺应产业发展趋势，探索现代流通企业转型升级，不断提升上下游客户价值，成为物产中大集团的一项新课题。

从外部环境看，面对流通类企业普遍存在的资产负债率高企、投融资方式单一等内生性挑战以及直面与世界一流企业客观差距的外在性对标，推进整体上市、借力资本市场释放新动力，将成为物产中大集团持续深化改革的主攻方向和关键突破口。从内部现状看，物产中大集团内部母子公司战略协同性不足、政策传导机制不畅、激励效果钝化等问题随着时间的推移也逐渐凸显，或将成为制约未来发展的瓶颈。物产中大集团领导们认为，"经济新常态下追求基业长青，企业深化改革是不容选择的选择"，"体制决定机制，机制决定活力，在目前的体制环境下，上市公司是股权多元混合所有制公司的最佳形态，国有资产证券化是未来发展最正确的方向"。于是，就在浙江省委、省政府下发《关于进一步深化国有企业改革的意见》文件一个月之后，在两个75%资产证券化率的目标政策指引下，2014年10月物产中大集团正式吹响了"混改＋整体上市"的号角，并于2015年11月7日顺利完成，成为浙江省首家践行混合所有制及整体上市的省属企业，并以9个多月的重组进度，创下了国内资本市场整体上市案例的速度奇迹。

整体上市过程中，物产中大始终做到了"四个不动摇"，即：坚守依法合规底线不动摇，确保国有资产保值增值不动摇，坚持调动各方积极性不动摇，坚持为企业基业长青和做强做大做久服务不动摇。为此，本着"改革促发展原则、整体性原则、依法公平合规原则、自我承担原则"的精神，物产中大提出以下整体上市基本思路。

①资产两分，规范持股形式。由浙江省国有资本运营有限公司（简称"省国资运营公司"）收购集团持有的另一家上市公司物产中拓以及其他非上市资产，经省国资委核准评估价近 40 亿元。同时，依法合规处置下属成员公司的职工持股、优先股、量化股、国有独享权益等历史遗留问题，最大程度实现集团主要经营性资产整体上市的目标。

②首次引战，平衡现金流量。浙江省国资委将所持集团 62% 国有股权无偿划转至省国资运营公司，剩余 38% 的国有股权协议转让给浙江省交通投资集团有限公司（以下简称"省交通集团"），获得现金价款约 40 亿元，由省国资运营公司专项用于支付上述非上市资产的收购对价，形成整体交易的闭环流动。

③反向吸并，同步配套融资。物产中大向省国资运营公司和省交通集团发行股份，换股吸收合并物产集团，实现整体上市，原物产集团注销；同时，物产中大向第二批战略投资者发行股份募集配套资金，并同步引入集团 1061 名管理层及业务骨干以现金参与认购股权。

科学的改革思路和工作方法，保障物产中大集团高效完成整体上市的同时，建立起与竞争类国企相适应的市场运行法则。

治理体系更加完善。根据国资与证监的双重监管要求，深入推进现代企业制度下的董事会和监事会建设，形成了董事、监事、高管相互制衡的规范运行体系，有利于提高决策科学性，强化监督有效性。

运行管理更加规范。严格按照上市公司的规范性要求，建立健全全面覆盖、分工明确、协同配合、制约有力的经营管理机制和内控规范体系，并切实履行对投资者和外部监管机构的信息披露义务，依托上市公司管控流程的刚性约束确保公司科学管理、规范运作。

发展后劲更加充足。整体上市显著增强了集团业务板块之间的战略协同效应，有利于优化市场网络布局和产品服务体系，持续增强行业位势和核心竞争力；通过引入省交通集团、中信并购基金、联想君联资本、中植资本、天堂硅谷、三花控股等具有股东优势资源的战略投资者，为转型升级提供资源动力。

　　激励约束更加有效。在保留成员公司股权多元化的同时，在整体上市环节同步实施员工持股计划，管理骨干共计 1061 人在上市公司层面入股，与市场化运作的战略投资者同股同价，即使是入股锁定 3 年，仍得到上下拥护。最终以 13.49 亿元出资总额、7% 的上市公司持股比例赫然出现在物产中大集团前三大股东名单之列，位列两大国有股东之后。在无先例可循的大背景下，集团全力"呵护"下的员工持股计划开创了不少先河：全国范围内唯一一家在整体上市配套融资环节引入员工持股计划的企业，全国上市公司范围内认购规模最大、人员范围最广、持股比例最高的员工持股计划，浙江省属国有上市公司内唯一一家推行员工持股计划的企业。此举通过"成员公司 + 上市公司"层面双重员工持股的利益捆绑，进一步增强了集团上下利益一体化的激励约束机制，探索搭建了以员工凝聚力为核心的共创共享共担体系，深度激发了广大管理骨干的创业创新动力，从而打造集团发展的新引擎，助力集团走上创新驱动发展道路。

　　相较于"混改 1.0"人人持股，本轮混改的激励对象更为精准，混改模式已进阶为"混改 2.0"骨干持股，通过影响有影响力的关键人群，以资本为纽带引导他们从全局视野、战略视角密切关注企业健康可持续发展，与企业同成长、共命运，激励成效亦更为显著：未上市前的 2013 年年底，集团利润总额、归属母公司净利润分别为 17.8 亿元、9.16 亿元；完成整体上市后的第一个完整年度 2016 年年底分别为 33.01 亿元、22.12 亿元，年均复合增长率分别为 22.86%、34.16%，相当于 3 年再造了一个新物产；集团以 5.66% 净资产占比创造了省属企业 41.37% 的营业收入、12.14% 的利润总额与 12.31% 的税金；整体上市完成后 5 年间集团累计现金分红 51.91 亿元，仅国有股东获得的现金分红就达到 26.99 亿元，分红率接近 50%，股息率保持在 5% 左右，切实实现了国有资产的保值增值。

国有资产证券化带来的资本红利,在壮大物产中大集团经营业绩和规模体量的同时,其所带来的资本流动性更是为物产中大集团实施商业模式优化升级、巩固产业链龙头位势构筑了坚固的护城河。

▲ 4.2.3 现在时:二次"混改",蓄势致远

"混改 + 整体上市"之后,物产中大站上了全新的改革起跑线。"上市不是国企改革的终点,而是一个新的起点"。物产中大集团强烈意识到,虽然集团已经建立了"混合所有制 + 资产证券化"的优化路径,但是要打造世界一流的好企业,实现可持续发展和基业长青,仍然需要持续深化改革。特别是在成员公司层面,公司制改造距今已有 10 余年时间,多年不变的股权结构相对单一,员工持股固化、股权激励错配、创新创业不足、改革红利消退等问题导致成员公司内生动力不足。如何解决股权固化,让股份流动起来,让多劳者多拿股份,就成为迫切需要解决的问题。

为此,物产中大结合实际发出了"全员创新、合伙创业"的动员令,开启了"二次混改"的探索新征程,成功实现了从"混改 2.0 骨干持股"向"混改 3.0 动态持股"的蜕变升级,努力探索新一轮混合所有制改革的"浙江样本"。一场集"市场机制更健全、投资股权更多元、股权调整更灵活"于一体的"三更革命",在集团内部全面铺开。

第一,全面推广"双层架构"的有限合伙企业作为员工持股平台。这样做,一是能够合理解决自然人股东"进退两难"的法律障碍和有限责任公司双重税务的经济压力,保障股权结构的相对稳定;二是能够有效突破单一有限合伙企业 50 人的上限制约,并为后期的人才引进预留必要的发展空间。

第二,引入动态调整机制。根据混改企业所属行业与发展阶段设置调整周期,采取固定与浮动相结合的方式,实现持有人份额权益与其上年度绩效考核指标捆绑式的浮动管理。

第三，建立份额流转体系。通过《合伙事务管理办法》等内部管理制度构建了涵盖份额"升、降、进、退"规则、差异化定价原则、受让人优先级顺序、预留份额设置及份额动态调整机制等全链条的份额进退流转体系，形成员工份额权益"能上能下，能进能退"的市场化运作机制。

第四，搭建混改工作制度体系。构建形成由《关于成员公司实施混合所有制改革的指导意见》、《有限合伙协议》范本、《合伙事务管理办法》范本共同构成的集团混改工作的制度体系，在充分调动成员公司混改积极性主动性的同时，以进一步做优做强企业、提升归母净利润为前提，兼顾资产负债率的合理把控、战略投资者的价值输出，分类分层分阶段推进二次混改工作。

以集团下属一级成员公司物产中大云商有限公司（以下简称"物产中大云商"）为例，作为浙江省国资委第二批员工持股试点企业之一，其在不到5个月时间内于2018年7月完成了"战略投资者引进＋员工持股动态调整"的双重任务，成为第二批试点企业中率先完成混改目标任务的"排头兵"和具有代表性的"混改"样本。

作为深处互联网服务行业的消费领域供应链集成服务商，物产中大云商面临"人才要素支撑明显、市场环境变化快、团队创新能力要求高"等方面的高标准、严要求。为从白热化的市场竞争中脱颖而出，物产中大云商有的放矢地引入与其商业模式、业务渠道、信息策划等领域存在协同互动性的消费互联网代表性企业——杭州壹网壹创科技股份有限公司（以下简称"杭州网创"）作为战略投资者，并同步实施由108名管理层与核心骨干参与的员工持股计划。通过建立"一荣俱荣、一损俱损"的激励约束机制与引入"到位""制衡"的战略投资机构，物产中大云商以资本为纽带将经营团队的切身利益与企业成本利润直接相联，将资本所有者和劳动者融合为命运共同体，从而有效解决目前国有企业普遍存在的权责利不匹配、内部管理不规范、管控权力缺乏制约、监督不到位等共性问题，在体现激励约束并重原则的同时真正激发员工的"二次创业"热情。2018—2020 年，物产中大云商营业收入年复合增长率达到 26%，扣非净利润总额年复合增长率超过 97%；即使在 2020 年，物产中大云商净资产收益率较 2018 年增长 17 个百分点，国有资本权益较 2018 年增长 39%，各项经营指标较混改前均有明显提升。

物产中大云商的混改案例是集团"混改 3.0"模式的缩影。截至目前，集团旗下已有 17 家成员公司启动"二次混改"，均采用双层架构的有限合伙企业模式实现员工持股，并纷纷引入了动态调整机制，以员工持股为核心的现代企业制度体系已基本成形。

物产中大集团深知，国企改革是一场没有完成时、只有进行时的持久战。只有"积极应变、主动求变"，才能在竞争激烈的商海中以变应变，劈风浪、绕暗礁，直挂云帆济沧海，夺取新的胜利。初步考虑，"十四五"时期，物产中大将在《浙江省国企改革三年行动实施方案》《杭州市区域性国资国企综合改革试验方案》《省属企业深化混合所有制改革专项行动方案》等纲领性文件的指引下，按照"宜改则改""应改尽改"的原则，以国有优先股试点工作的先行先试为契机，积极引入优质社会资本，探索实施以类优先股为代表的"混改 4.0"版本（表 4-1）。

表4-1	1998年以来物产中大集团混改进程
启动时间	主要情况
1998年	物产中大集团在省属企业中率先启动产权制度改革试点，大力推进混合所有制改造
2003年	所有一级成员企业完成投资主体多元化的公司制改造，实现了"混改1.0"版本，即人人持股
2015年	整体上市时，在保留成员企业股权多元化的同时，2万人中优选1061名管理骨干持有上市公司7%的股份，实现了"混改2.0"版本，即骨干持股
2017年	集团在成员企业层面全面推广有限合伙企业模式，创新引入与业绩考核指标相捆绑的动态调整机制，实现了"混改3.0"版本，即动态浮动持股
"十四五"期间	以国有优先股试点工作的先行先试为契机，积极引入优质社会资本，探索实施以类优先股为代表的"混改4.0"版本

4.3 供应链集成服务的风控管理

供应链集成服务涉及运输、储存、装卸、搬运、包装、流通加工、配送、信息处理、金融服务等诸多项目，其中任何一个环节出现"脱钩"都会引发或大或小的风险，造成商流、物流、资金流、信息流运行中断。

"经营企业就是经营风险"。物产中大集团一直高度重视供应链集成服务风险管控工作，借鉴中国传统道家哲学形成了涵盖风险预警、风险预防、风险控制和风险全过程管理的供应链集成服务风险管理思想体系，基于物产中大集团业务实践形成了具有自身特色的风控管理制度体系。

◢ 4.3.1 物产中大集团供应链集成服务风险管理思想体系

中国人自古就具有强烈的风险意识，关于风险管理警句箴言比比皆是。如《左传·襄公十一年》提到"居安思危，思则有备，有备无患"，其意思是处于安全环境时要考虑到可能出现的危险，考虑到危险就会有所准备，事先有了准备就可以避免祸患。《汉书》提到"安不忘危，盛必虑衰"，意思是国家安定的时候不要忘记危机的阶段，正处盛世的时候必须考虑是否会出现衰败危险。再如，东汉史学家荀悦在《申鉴·杂言》中说了这样一段话："进忠有三术，一曰防，二曰救，三曰戒。先其未然谓之防，发而止之谓之救，行而责之谓之戒。防为上，救次之，戒为下。"意思是说，在不好的事情发生之前阻止是上策；不好的事情刚发生时阻止次之；不好的事情发生后再惩戒为下策。这段文字从理论上阐述了事后控制不如事中控制，事中控制不如事前控制。

物产中大集团汲取古人博大精深的风险管理智慧，形成了自身风险预警思想、风险预防思想、风险控制思想和风险全过程管理。

1. 风险预警思想

物产中大集团认为，"安危相易，祸福相生"。平安与危难互相转化，灾祸与幸福互为因果。对任何事物都要一分为二，用辩证法思想研判，很多事情，成功是失败之母。忽视问题，容忍问题是企业可持续发展的祸根。

2. 风险预防思想

物产中大集团认为，"为之于未有，治之于未乱"。要在事情尚未发生之时就预防处理，要在祸乱产生之前就早作准备。上医治未病，未雨绸缪。生于忧患，死于安乐。驾驶技术最好的司机，驾驶安全性能最好的车辆，也需要系上安全带。经营管理企业也是同样道理。

3. 风险控制思想

物产中大集团认为，"知足不辱，知止不殆，可以长久"。懂得满足，就不会受到屈辱；懂得适可而止，就不会遇见危险，这样才可以保持住长久的平安。贪婪之心，是风险之源。艺不高，胆很大，不可取。我们实际的能力往往低于心理、生理和思想能力。对问题管理的怠惰是管理者的严重失职。

4. 风险全过程管理思想

物产中大集团认为，"慎终如始，则无败事"。事情结束时仍然如同开始的时候那样慎重，就不会导致失败了。善始容易，善终不易，不忘初心，慎终如始，方得始终，久久为功。人们从事事业，经常功败垂成。原因在于，快到终点时，马虎了，不谨慎了。因此，行百里者半九十，这是金玉良言。慎终如始，这是操守，是责任，更是修养与品行。

"道可道，非常道。"人世间的道理需要不断修正完善。谈论风险就是谈论未来。企业发展和成长的历程，就是一个不断发现、化解和超越问题的过程。管理风险的过程就是解决问题的过程，同时也是创造价值的过程。

4.3.2 物产中大集团内控体系形成过程

物产中大集团根据公司战略和业务发展变化情况，"以问题为导向，时刻注意发现问题、解决问题"，不断推进"管用、科学、长效"的内控体系建设（图4-1）。

集团公司业务流程	成员公司业务流程		
控制环境管理	·控制环境管理	·资金管理	·航运管理
风险评估	·风险评估	·采购与付款管理	·项目管理
信息与沟通	·信息与沟通	·销售与收款管理	·融资管理
内部监督	·内部监督	·生产与存货管理	·客户与市场管理
长期投资管理	·长期投资管理	·期现结合业务管理	·短期投资管理
人力资源与薪酬管理	·金融性投资管理	·法务管理	·非标业务投资管理
财务结账及报告	·人力资源管理	·工程管理	·银行不良资产投资管理
税务管理	·财务结账及报告	·物业管理	·债券基金管理
计划与预算管理	·税务管理	·通用计算机管理	·期货经纪业务管理
资金管理	·计划与预算管理	·研发管理	·资产管理业务管理
法务管理	·资产管理	·安全管理	·风险与合规管理
通用计算机管理			

图4-1 公司内控体系建设项目范围

早在集团整体上市之前，物产中大集团就成立了内控建设领导小组，公司总裁亲任组长，组织内控建设及日常运行；设立内控专属部门，负责组织协调内控的建立实施及日常工作。公司制定了《内控体系建设实施总体方案》，将内控体系建设分为四个阶段，明确了各阶段的任务书、时间表、路线图（图4-2）。

第一阶段：项目启动阶段。主要工作是开展内控知识培训，拟订具体实施方案及工作计划。

第二阶段：成员公司实施阶段。主要工作是对照企业内部控制规范体系，结合成员公司管控实际，梳理内控流程，识别风险点和控制活动，诊断内控问题，组织落实问题整改，编制内控手册固化内控建设成果。

第三阶段：集团总部实施阶段。主要工作是根据各成员公司内控建设现状，建立完善集团授权体系，进一步明确集团总部和各成员公司之间的权限；梳理集团总部内控流程，编制内控手册，加强集团管控的标准化和系统化（图4-2）。

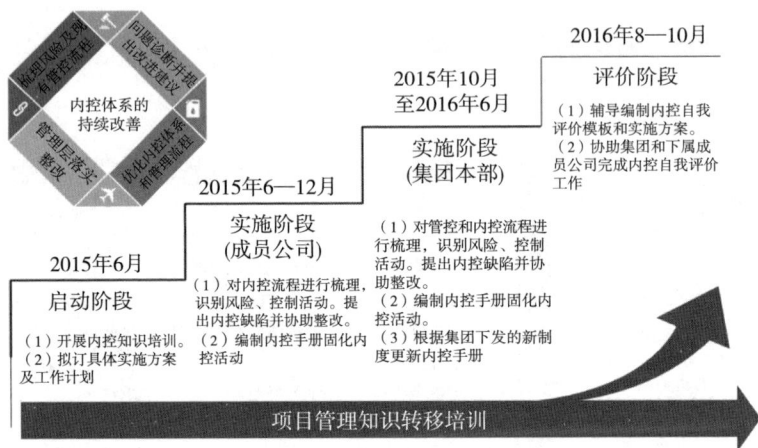

图4-2 公司内控体系建设项目整体时间进度

第四阶段：内控评价阶段。主要工作是编制内控自我评价实施方案和模板，组织开展集团各级单位年度内控自评工作。

整体上市以来，物产中大集团始终树牢底线思维，强化风险意识，毫不放松抓实抓细各项风险管理工作。

一是持续开展每一年度的"11·9风险安全日"活动。公司根据年度重点工作，制定活动主题，围绕该主题开展各项活动。如开展专题培训，宣贯合规理念，强化合规意识和风险意识；针对重点风险领域，部署各项风险管控举措，防范化解各类风险；开展业务一线风险管控专项审计；等等。

二是持续开展年度内控自评。公司建立年度内控自评的工作机制，按照定量与定性的标准，选择重要性水平高、管理成熟度低、风险程度高的单位，对其内控体系有效性进行评价。通过全体人员参与年度内控自评，强化内控全员理念，提高内控责任意识，加强内控有效运行，促进内控体系良性循环。

三是持续开展内控专题活动。公司每年召开一次年度内控自评总结交流暨内控专题活动会，推进内控体系提升工作。近几年，公司开展了"深化内控建设""提升内控成效""优化内控体系""内控数字化"等一系列活动，不断提高内控与业务的契合度。

总体来看，物产中大集团风控建设取得了阶段性明显成效。风险事项的发生量呈逐年下降趋势。物产中大集团在浙江大学管理学院等机构联合发布的浙江上市公司内部控制指数排行榜中，已经连续多年进入前 10 强，近年更前移至第 3 名，且已连续进入全国上市公司内控百强。

4.3.3　物产中大集团内控体系的四个主要特点

物产中大集团目前的内控体系以企业发展目标为导向、以内部现实环境为基础、以风险管控为核心、以流程管理为载体、以制度规定为支撑、以考核监督为保障，可以概括为"有标准、有执行、有评价、有优化"四个主要特点，能够较好地发挥内控体系作用为公司高质量发展保驾护航。

1. 有标准

即建立健全内控体系标准。物产中大集团对主要高风险领域及关键业务流程进行对标梳理、评估风险、识别关键控制、查找缺陷、整改完善等一系列举措，编写了内控手册（表 4-2），将企业目标、影响目标实现的风险、风险控制措施、内控责任部门、内控执行的制度和表单等有机结合起来，并配以流程图、不相容岗位职责，明确各类业务的操作流程（图 4-3）、各级员工的职责分工及各项风险的控制举措。同时，根据同行业水平、企业历史数据等情况，逐步建立了可准确衡量风险程度的风险管理预警指标体系（表 4-3），探索利用数字化手段实时监测风险信息，对超出预警线的及时进行风险预警提示（图 4-4）。

内控手册

表4-2

风险编号	风险描述	控制目标编号	控制目标	控制活动编号	关键控制活动	控制活动责任部门/岗位	相关表单	相关制度	是否廉洁相关风险
WCJS-INV-R-103	未建立对入库存货的明细账，且未定期与财会部门进行核对，对记录的修改未经有效授权，可能导致入库记录不完整不准确	WCJS-INV-CO-103	（内控指引第八号第十条）企业应当加强仓储部门应当详细记录存货入库、出库情况，做到存货记录与实际库存相符，并定期与财会部门、存货管理部门进行核对	同上 WCJS-INV-CA-208	**存货对账** 每月，仓库对库存情况进行核实盘点，运营管理部物流中心的人员及时取得仓库盖章确认的"仓库存清单"，运营管理部物流中心职员整理收集到的"仓库存清单"信息，关注仓库提供的"仓库存清单"时点是否正确，是否盖章，是否全部仓库都已收齐，并编制"仓库存登记表"。 由运营管理部内勤将仓库实物库存量核对至ERP系统中的业务库存量，对核对差异进行调节和修正，形成《仓库的库存盘点及调整报告》，主要关注异常库存与业务异常中存在异常的原因及调整结果。 财务核算中心财务人员根据运营管理部提供的业务盘点及账与仓库的对账结果，编制《三方联合库存盘点及调整报告》，主要关注账面数字差异异常产生的原因及调整结果，并经相关人员签字确认，以保证盘实账实相符。 公司分管副总管对总盘点结果进行审阅，主要关注盘点报告是否有相应库存盘点及差异异常产生的原因，处置及程序是否恰当，等	运营管理部专员财务核算中心/责任人	"仓库存清单" "仓库存登记表" "仓库业务登记与存盘点及调整报告" 《三方联合库存盘点及调整报告》	《仓储管理办法》	是

WCJS-INV-02-01 存货日常管理（保险）							

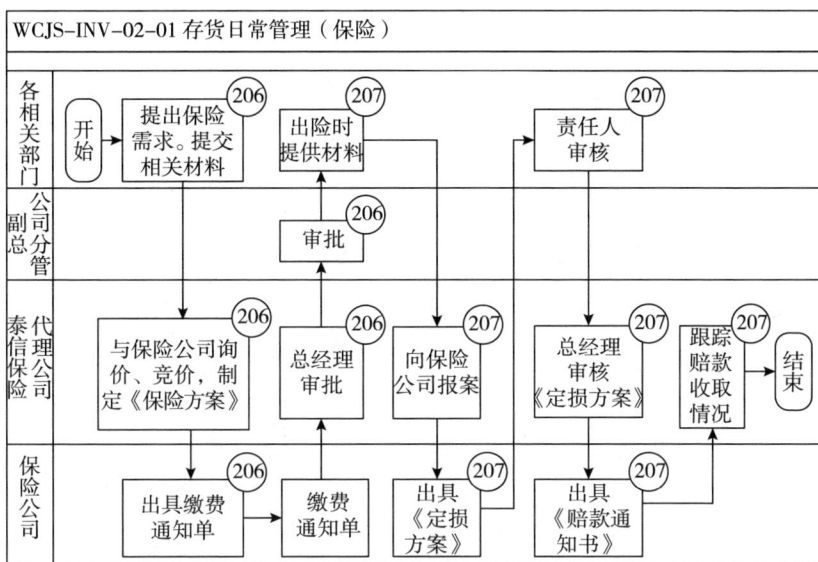

图 4-3　操作流程示意图

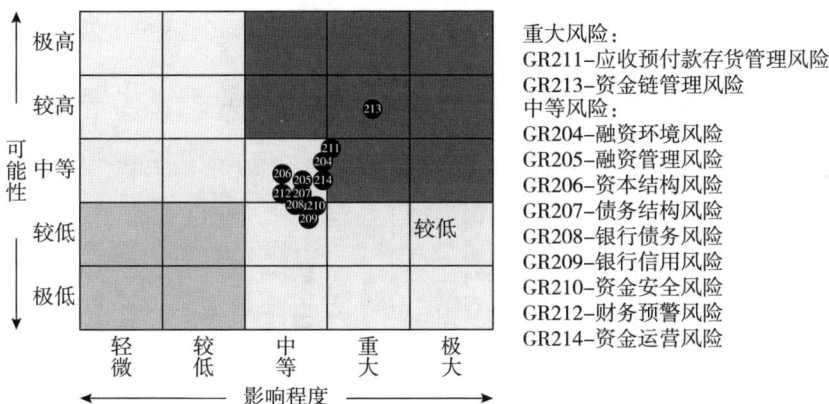

图 4-4　风险地图

重大风险：
GR211-应收预付款存货管理风险
GR213-资金链管理风险
中等风险：
GR204-融资环境风险
GR205-融资管理风险
GR206-资本结构风险
GR207-债务结构风险
GR208-银行债务风险
GR209-银行信用风险
GR210-资金安全风险
GR212-财务预警风险
GR214-资金运营风险

2. 有执行

即持续强化内控体系执行。物产中大集团根据内控手册要求，通过优化组织架构、建立授权体系、修订制度规范、完善业务表单、制定负面清单、加强信息系统建设、开展竞赛活动等管理手段，进一步树立管理制度化、制度流程化、流程信息化的内控理念，建立科学有效的内控体系执行机制，严格落实各项管控要求，确保内控体系有效执行（图 4-5）。

表4-3　风险管理预警指标体系

风险编号	风险来源	风险名称	主要组织部门	编号	预警指标	预警指标性质	预警指标（定性+定量）			
							黄色预警	橙色预警	红色预警	
GR211	内部风险	应收预付款存货管理风险	财务核算中心、运营管理部	1	公司对业务部门的应收预付款监控情况	定性	存在少量不足，没有及时预警	存在较多不足，预警迟缓或预警周期过长	存在严重不足，没有进行预警
				2	业务部门对应收预付款管理情况		不够重视，控制力度不足	不够重视，进行了控制但效果不佳	没有重视，未进行控制或控制无效
				3	业务部门收到黄色预警信号后反应情况		采取了措施，但有一定缺陷	未引起重视，采取措施迟缓或者控制效果不佳	未采取措施或控制无效
				4	业务部门或连锁公司预付款总额环比上月上升幅度		20%～30%	30%～40%	40%以上
				5	公司沉淀资金总额上年度总利润（沉淀资金指预付款总额－已发货总价值）		50%～100%	100%～150%	150%以上
				6	中型以上钢厂资金沉淀情况（公式：预付款金额－实际发货金额价差）（钢厂规模界定标准：国有钢厂1500万吨以上为特大，801万～1500万吨为大型，301万～800万吨为中型，300万吨及以下为小型，民营钢厂相应调低一档）	定量	某业务部门超过2个月的沉淀资金达到2000万～3000万元，或者环比上月上升20%～25%	某业务部门超过2个月的沉淀资金达到3001万～4000万元，或者环比上月上升25%～35%	某业务部门超过2个月的沉淀资金达到4000万元以上，或者环比上月上升35%～45%

注：表格数据应包含下限，不会上限。

212

管理制度类别及分工图				
	基本管理制度	专项管理制度	业务实施细则	责任单位
公司治理层	主要包括：体制性制度、董事会等顶层运作方面的制度			综合办公室 运营管理部 监事会
		公司章程、董事会议事规则、监事会议事规则等		
经营管理层		总体专项管理制度包括人、财、物、产、销等承载公司各项职能的制度	业务实施细则是依据专项管理制度而制定的更具体的管理规定、管理办法和实施细则等，是对专项管理制度的细化和延伸	
		行政管理类制度	印章管理办法、保密工作制度、立卷归档制度、总经理办公会议事规则、督察督办工作管理办法、业务接待管理办法、固定资产管理办法、办公用品管理办法、档案管理规定、会议制度规定、行政采购管理办法、经费和业务车辆管理办法	综合办公室
		人力资源管理类制度	员工考勤制度、出差管理办法、社会招聘录用管理办法、实习生管理办法、薪酬委员会议事规则、工资总额管理办法、薪酬管理办法、成员公司经营班子薪酬考核办法、领导班子2020年度薪酬考核管理办法、人事任免管理办法、2018年度"三定"方案、干部兼职行为管理办法、2018年职能部门绩效考核方案、经济损失问责暂行办法、基于学习型组织建设的培训规划方案、外派人员管理规定实施细则、特定岗位人员因私出国（境）管理规定、双通道（晋级）管理办法、外事管理办法	人力资源部
		财务管理类制度	财务管理制度、会计基础工作规范、会计档案管理办法、会计核算制度、预算管理办法、成本费用管理办法、税务管理办法、资金管理办法、流动资金管理办法实施细则、四项资金管理实施细则、本级费用管理办法、货币资金管理细则、资产管理办法、财务机构设置与人员管理办法、网上银行管理办法、发票管理办法、其他应收和应付款管理办法、资产减值准备管理办法、重大财务事项报告制度	财务资金部
		投资管理类制度	投资管理制度、境外公司暂行管理办法、产权转让实施管理办法、投后管理制度	投资管理部
		审计、风控、法律管理类制度	内部审计制度、内部控制评价管理制度、法律事务管理制度、风控委员会工作细则、内审委员会工作细则、合同管理办法	运营管理部
		运营管理类制度	现期结合业务管理办法、信息系统安全运行管理制度、创新发展基金实施管理办法、招标及采购活动管理指引、网站和微信公众平台运维管理办法、交易对象管理办法、仓储管理办法、业务印章管理办法、非常态业务管理制度	综合办公室 数字科技部 运营管理部
		党建、纪检监察、企业文化类制度	委员会议事规则、党委民主生活会制度、党委理论中心组学习制度、委员会工作细则、委员会党务公开工作实施意见、纪律检查委员会工作细则、企业领导人员廉洁从业若干规定、职工困难补助管理办法、工会经费使用管理办法、工会工作办事流程、进一步加强和改进意识形态工作的实施方案、组织开展党支部"堡垒指数"星级评定和党员"先锋指数"考评的实施方案、党建工作责任制实施办法、推进"清廉实业"建设的工作实施方案、媒体信息发布"三审三校"实施办法、网络舆情突发事件应急处置预案、进一步贯彻落实中央八项规定及其实施细则的举措办法、开展党支部"网格化"管理试点工作的实施方案、在元通不锈钢党支部试行开展党员示范岗创建活动的实施方案、维稳(信访)工作管理办法、维稳(信访)工作应急处置预案、进一步加强和改进新形势下统一战线工作的实施意见、进一步加强各类报告会、研讨会、座谈会、讲座及论坛等活动的管理意见、全面落实"三联三导"的实施意见、进一步推进"大监督"工作机制实施方案、开展廉洁风险防控工作的实施方案、党风廉政建设和反腐败工作领导小组工作规则、企业领导人员廉洁从业若干规定、处理检举控告工作细则	纪检室
		安全管理类制度	相关方安全管理办法、安全生产考核与奖惩管理暂行规定、安全生产监督检查管理制度、安全生产目标管理制度、安全生产管理工作制度、消防安全管理制度、安全生产"党政同责、一岗双责"责任体系实施办法、安全生产现场作业6S管理实施方案、安全检查和隐患整改管理制度、生产安全事故报告和调查处理制度、重大危险源管理制度、危险源辨识与风险评估管理制度、安全生产费用提取和使用管理办法、安全生产应急管理制度、安全生产标准化绩效评定和持续改进管理制度、安全生产教育培训管理制度、建立设置安全管理机构，配备安全管理人员管理制度、安全生产会议制度、安全生产"三同时"管理制度	安全办（综合办公室）
二级企业层	企业管理制度（合同管理制度、财务管理制度、薪酬管理办法、业务操作管理办法、客户信用管理办法、销售管理制度、退换货管理办法、采购管理章程仓储管理办法等）			

图 4-5　制度体系框架

3. 有评价

即全面开展内控体系评价。由集团总部审计部和成员公司内控、审计相关人员组成年度内控自评工作组，辅导各单位各岗位人员对照流程节点的控制要求自我评价日常管理操作的规范性，并复核各单位自评材料，抽取相关单位进行现场检查，全面评价内控有效性。在审计过程中，公司要求将企业内控作为审计项目的重点内容，加强内控的监督检查。

4. 有优化

即不断推进内控体系优化。物产中大集团针对年度内控自评和审计检查发现的内控缺陷，项目组逐一评估缺陷可能产生的风险，确认缺陷的严重程度，提出针对性的整改建议，指导并督促有关单位组织整改。公司将内控体系建设纳入年度考核中，强化了各单位整改的积极性。通过内控缺陷的有效整改，进一步优化了内控标准，增强各项内控措施的可操作性，有效提升了企业管理水平和风险防范能力（图4-6）。

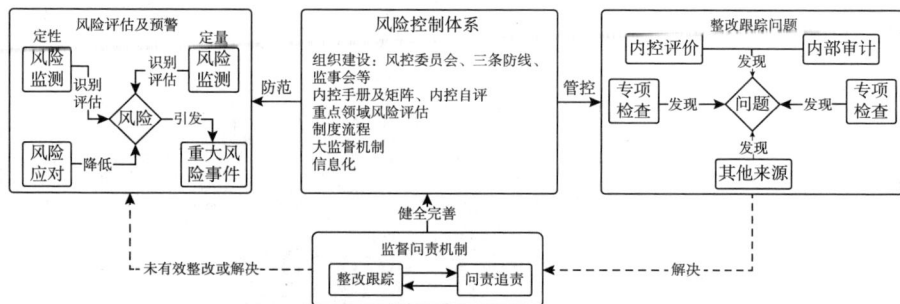

图 4-6 风控体系优化机制

4.3.4 物产中大集团梳理的供应链集成服务的七大风险关键点

引发风险的原因众多，正所谓"多因一果"。因此，开展风险管理工作，既要抓全面、抓整体，也要抓重点、抓关键，抓主要矛盾和矛盾的主要方面。

物产中大经过反复研究、全员讨论、实践验证，认为全面风控要善抓"7个关键点"，即"市场风险、合规风险、模式风险、信用风险、合同风险、资金风险和货权风险"。

1. 市场风险

市场风险主要是指可直接作用于市场供求关系，导致商品市场价格发生波动的风险。这些风险主要来自内外部环境变化、国家政策变更、经济周期规律、产业状况、供需结构等方面。如2011—2015年，因钢铁产能过剩，下游制造业、地产基建需求低迷，钢材价格进入单边下行，导致大量钢厂持续亏损。2020年3月9日，布伦特原油价格创造史上最大单日盘中跌幅，下跌高达30%，全球市场一片恐慌，给大量从事油品贸易的公司带来危机。

2. 合规风险

合规风险主要是指违反国家法律法规、行业监督规章、联合国及其他国家制裁规则、企业内部规章制度等产生的风险。合规经营既是国有资产保值增值的前提，也是风险管控的基础和红线，一旦越线，不仅将承担违规责任、民事责任，甚至可能承担行政、刑事等更严厉的法律责任。如大众汽车因环境保护不合规发生尾气门事件支付巨额罚款，葛兰素史克在华行贿被中国警方处罚，高通公司因垄断不合规被处罚。

3. 模式风险

模式风险主要是指业务模式不清晰、主营品种不聚焦等引起的风险。传统简单贸易经营模式下，存在资金占用高、周转慢、效益差等不利因素，有些企业经营品种不聚焦，缺乏核心优势，业务可持续性差。据媒体报道，拥有资金优势和贷款渠道的某大型企业长期为钢贸商提供融资，通过托盘模式在钢贸圈内充当"影子银行"的角色，最后因多数钢贸商经营不善导致公司垫款无法正常收回，从而产生大量诉讼事项，对公司产生巨大冲击。

4.信用风险

信用风险主要是指交易对手到期不履行债务的风险，信用风险的大小主要取决于交易对手的偿债能力、经营状况等。当前我国企业征信体系尚不完善，交易过程中难以全面、有效掌握交易对手信用相关信息，信用风险精准识别存在较大难度，故而信用风险引发的违约事件屡见不鲜，例如利用关联企业虚构贸易套取资金、串通仓库无单提货、隐瞒事实一物多卖、转移资产逃避债务、设置子公司作为防火墙隔离债务等。

5.合同风险

合同风险主要是指合同条款不规范不明确、未按约定严格履行等引发的风险。如商品交易合同中对货物质量要求、质量问题的处理、货物所有权的归属、货权转移流程及单据规定等条款表述不清晰，缺少保证金随市场价格变动及时补充等条款，免责条款不明确、逾期提货违约责任不具体，导致在合同执行中产生争议；在现货业务中，根据合同约定需要通过开具提货单等指示交付方式交货，而实际操作中各方未严格按合同约定指示方式进行交付，最后导致货物被第三方提走。

6.资金风险

资金风险主要是指资金安全、流动性、结算等方面的风险。如由于管理疏忽或监管缺位等原因，导致资金被非法侵占、挪用；短期内集中支出，收不抵支，资金紧张，难以应对预算外支出；资金被应收款或者预付款挤占，或者超规模的信用证、开具的承兑汇票集中到期导致公司产生资金压力。

7.货权风险

货权风险主要是指货权交接、货权转移、货物保管过程中导致货物损失的风险。近年来，一物多卖、货物被掉包的事件屡见不鲜，最后有可能由于货权归属难以认定、货物丢失难以追回、货物变现价值极低等原因，导致该类风险难以在短时间内处置完毕或损失难以追回。如仓储方与供应商恶意串通，以仓库名义开具虚假仓单的方式，将明知不属于后者的货物对外进行多次销售，最后导致大量买主损失惨重。

4.3.5　物产中大集团供应链集成服务风控措施

供应链集成服务风险防控涉及业务、财务、运管、资金、法务、风控等多个领域，涵盖面广、专业性强。因此，物产中大集团在制定风控举措时，遵循全面性、重要性、适应性的原则，既考虑覆盖业务开展过程涉及的所有管理环节，又突出重要客户、重大业务、关键节点、重要岗位等方面的风险防控，且随着外部环境变化和公司业务发展不断调整。

针对上述七大风控关键点，物产中大集团提出了如下风控举措（表4-4）：

表4-4　　　　　　　　　物产中大集团七大风控关键点及风控举措对应表

序号	风险	风险举措
1	市场风险	（1）加强行业研究。公司设立了研究机构，对相关政策导向、行业趋势进行分析研究，通过大数据分析国内外环境、产业政策、市场行情、价格走势、社会库存等信息预测市场走势，为管理层提供经营决策依据。 （2）加强集成服务。公司提供原料供应、产品销售、物流仓储、金融信息等集成服务，为业内企业整合优势资源，发挥行业集群效益，优化产业生态圈，有效抵御市场风险。 （3）运用期货对冲风险。公司严格根据现货库存量或合同量制定期货持仓总头寸；在具体头寸上，结合自身业务模式，优化配置远近、多空、现期等品种间、区域间头寸；期货下单及风控管理职责分离，杜绝投机交易行为。
2	合规风险	（1）做好合规研究。公司在业务开展前充分开展国内外政策、法律、法规调研，对颠覆性合规风险进行前瞻性的研究，特别是深入研究国内外与供应链集成服务相关的各项法律制度，事先作好合规风险预防管理。 （2）强化制度管控。公司根据新业务、新模式、新变化、新问题，及时做好相关制度废、改、立工作，明确重要业务领域和关键环节的内控要求、风险应对措施及违规经营投资责任追究规定，增强制度刚性约束。 （3）加强监督检查。公司构建了纪检、监察、审计、法律、监事为一体的大监督工作机制，加大制度执行检查力度和违规处罚，并将监督评价结果与绩效考核挂钩。

续表

序号	风险	风险举措
3	模式风险	（1）创新商业模式。公司深化现有业务模式的组合发展，发挥自身集成服务专业优势，从业务的合作深度和复杂度上持续挖掘收益，在业务经营过程中，不断总结市场规律，及时调整经营策略，实现更好的盈利。 （2）做好产品服务。公司基于在产业链中的角色，研究设计产品的功能和服务的内容，并根据客户反馈不断完善和提升，切实解决客户困难，降低客户成本，为客户创造价值。 （3）作好客户细分。公司分析客户群体，对客户进行细分，找到对公司产品需求最强烈的目标客户，充分利用战略股东、会员单位、兄弟单位、分销渠道等资源，将公司的产品和服务精准推广到目标客户群。
4	信用风险	（1）做好客户准入评估。公司建立客户准入评估机制，对客户基本情况、管理能力、运营状况、外部信用等方面进行综合分析，优先选择信誉好、战略合作价值高的客户，并定期跟踪客户资信情况、近期合作情况等。 （2）统一授信管理。公司组建了由资金、财务、运管、法务、风控等专业人员构成的资信委员会，根据业务交易习惯、节奏、峰值、结算等关键因素定性和定量分析评估结果，授予客户合适的信用期间、信用额度、信用条件等，并根据实际使用情况对客户额度进行动态调整。 （3）加强增信措施。公司在业务开展中一般要求客户提供担保、保证金等措施。采取抵押措施的，对抵押物进行实地考察、定期跟踪，时刻关注抵押物的市场价格变动情况；根据产品波动特性设置保证金比例，持续跟踪市场行情波动情况，触发预警线时要求客户追加保证金。
5	合同风险	（1）建立合同制度。公司制定合同管理制度，对合同归口管理部门、签订审核、履行跟踪、纠纷处理等有关内容进行规定，确保合同管理制度化、规范化。同时利用合同管理平台，对合同进行全生命周期管理。 （2）加强合同审核。公司在商业模式论证、合同谈判等前期环节要求法务人员提前介入，加强合法性审查和法律风险评估，并完善合同条款，防范法律风险，保障企业最大利益。 （3）加强动态管理。公司在合同履行过程中，强化动态跟踪与风险监测，通过资信调查、实地走访、外部了解等方式，及时掌握对方经营情况，一旦出现风险苗头及时采取措施，遏制风险蔓延扩大。
6	资金风险	（1）优化资金结构。公司通过内部银行资金占用考核，倒逼业务优化收付款周期的匹配、调整结算模式，减少资金占用。同时，使用"大宗商品+供应链金融储架式ABS"、第三方供应链票据等创新型金融产品加速资金回笼，使用远期结售汇、外汇期权等工具对冲汇率风险，优化调整资金结构。 （2）加强资金效能和安全管理。公司成立了财务公司，实现资金归集管理，协调统一信贷业务、同业业务、结算业务、投行业务和产业链金融业务的开展。采用垂直化管理，上收出纳职能，统一对外支付，保证资金安全。 （3）加强逾期管理。公司依托信息系统管控应收款总额，及时预警逾期情况，自动对逾期账龄、金额、程度等进行统计报告，同时关停放货指令等控制；根据逾期的实际情况，采用分类管理，因案施策、压实责任、强化清收清欠。

续表

序号	风险	风险举措
7	货权风险	（1）加强物流监管。公司设立物流管理部门，统一对运输、仓储及物流实行全流程监管，统一提单开具流程，规范物流单位认定及合同签署、物流数据核对等关键节点。 （2）明确货权归属。公司在上下游及运输仓储合同、单据中明确货权所有权归属公司，要求物流单位将货物单独堆放、单独标识，不与第三方物品进行混同堆放；通过定期巡检与不定期抽查相结合方式，对货物实地盘点，检查物流单位操作规范性。 （3）严控物流指令。公司在上下游及运输仓储合同、单据中明确发货以公司经盖章的发货指令为准，并统一物流指令单格式及出具流程，严禁私自修改指令单内容，严禁通过他人代发、转发指令。 （4）严选物流单位。公司选择仓储单位时，对运输仓储单位进行严格认定，关注物流仓储场地、人员、设备等条件，历史经营情况，重大诉讼及经营风险情况，内部管理规范性，必要时须要求提供相应担保。 （5）建立数字化物流。公司探索采用信息化互联手段取代传统模式，实现运单跟踪管理和计划单执行管理等。如公司开发的小程序签收流程，通过项目方、物流公司、供应商数据实时共享实现去中心化；通过与百度合作，利用AI人脸识别技术实现电子签收；通过基于国家物流平台数据和GIS技术，完成电子围栏，货物超出常规线路将出现异常提示，从而避免货物被盗等情况。

4.4 物产中大集团企业组织的变革与发展

物产中大集团是一家处在完全竞争领域、历经市场洗礼的上市公司、公众企业。历经 20 多年的改革发展，物产中大不仅活下来，而且大起来、强起来。分析其根本原因，还是在于从其向市场主体转型之日起，就从体制机制上推行了绩效理念、形成了混改的基因，培育了"向市场要人才，向市场对标，让市场评优劣""用三个人干五个人的事，分四个人的钱"等市场理念，强化了"干多干少不一样"的激励导向，从而在最大程度上释放了人的活力。

▲ 4.4.1 企业化转制与物产中大集团的诞生

如前所述，物产中大集团"脱胎"于浙江省物资局。1993 年，浙江省政府决定，在省物资局的基础上，增挂浙江省物资产业（集团）总公司的牌子，办理工商登记，逐步实行职能转换，正式向企业化转型。1996 年 5 月，浙江省物产集团公司由原省物资局成建制转为经济实体。随后，按照"扶优、活小、拓新"的指导思想，物产中大集团在浙江省省属企业中率先进行了产权制度改革试点，并以绩效为中心推进分配激励制度改革。到 2003 年，物产中大集团完成了一级成员企业投资主体多元化的公司制改造，实施经营层和员工持股，形成了国资、集体、民营及个体多种所有制共存并相互融合、相互渗透的格局。2013 年以来，在深入推动的国有企业"混合所有制"改革的历史阶段，物产中大集团进行了全民所有制企业到公司化的改造。2014 年 10 月浙江省委省政府《关于进一步深化国有企业改革的意见》下发后，物产中大集团就敏锐地抓住时机，迈开浙江国企混改第一步，在最短时间里就取得了整体上市批文，展现了浙江国企改革的"物产中大速度"。

▶ 4.4.2　物产中大集团夯实组织体系基础的主要工作

物产中大集团作为市场主体参与充分市场竞争以来，产业结构不断优化，商业模式迭代升级，竞争优势更加凸显，组织体系基础也得到了进一步夯实，组织发展和组织变革始终走在全省国有企业的前列。

1. 建立"1+2+3+N"制度体系

为全面落实新时代党的干部选拔任用要求，物产中大集团将干部选拔任用政策纳入"1+2+3+N"体系（"1"是中层管理人员管理办法；"2"是干部选拔任用和市场化选聘标准化手册；"3"是流通、金融、实业 3 个业务板块中层选任实施细则；"N"是 N 项管理监督配套制度），探索形成"1 个办法"牵头抓总、"2 本手册"明确操作程序要求、"3 个示范文本"规范下属企业、"N 项制度"分工落实的总体格局。各成员单位对照制度体系，区分组织选拔和市场化选聘两种类型，按照"图表化、流程化、标准化"的原则，根据工作程序、履行程序和注意事项等要求和内容做好选人用人工作。如干部选拔任用标准化手册，提出分析研判和动议、民主推荐、考察、讨论决定、任职5类程序44条要求，提供全套操作性表单、模板共25种；市场化选聘手册，系统梳理选聘方案确定到公开报名、资格审查、聘用签约等12个环节，提出选聘实施方案、面试笔试方案等子方案21个。

2. 形成优先发展的人才态势

企业之间的竞争，是人才的竞争，是人才综合素质的竞争。对以流通贸易为主业的企业组织来说，人才是组织发展的核心要素。长期以来，人才优先发展的理念在物产中大集团上下深入人心，人才政策体系逐步完善、人才发展环境持续优化、人才开发路径更加有效、人才发展平台更加多元、人才发展氛围更加浓厚，以人才优先发展引领高质量发展的态势得到进一步巩固。比如在"十三五"时期，牢固树立"人才强企"工作导向，坚持"十三五"人才发展规划一张蓝图绘到底，一年接着一年干，每年聚焦一项难点痛点任务持续推动破局（2016年在省属企业中率先开展"市场化选聘"，2017年组织集团班子进行"职业经理人试点"，2018年推出"人才供给侧改革三年行动计划"，2019年打造"选人用人样本"，2020年探索推动"中长期激励机制"），全力打造干部人才生态高地。

3. 探索组织体系"数字化"平台建设

物产中大集团积极打造移动互联HR数据平台，坚持树立"最多跑一次""一次都不用跑"的服务理念，开发年度考核测评在线平台，依托HR驾驶舱，实现人力资源数据即时调用、智能分析，支持多维度、多角度人力资源信息统计分析。持续推动SAP系统全覆盖、真应用，推广实施SF（成功因素）项目，构建完整的云端核心人力资源管理系统，率先上线组织架构与人力资源信息互动、个人绩效考核评价等人力资源服务功能。2021年，为贯彻落实国有企业数字化转型的要求，认真检视干部人才数字化服务能力的不足，对标学习华为、平安等先进企业经验，扎实推动 1234（搭建一个平台，面向两大用户，明确三步走路径，实现四大目标）为主体的全生命周期人力资源"数智化"项目建设，2021 年底前完成主数据模块优化升级、招聘和培训模块的新增，利用数字化技术重构干部人才的"选、育、用、留"，提升组织效率并赋能业务发展。

▲ 4.4.3　物产中大集团组织变革的新探索新实践

当前，国内外充满生机与活力的知名企业，其组织形态呈现 4 个特点。

一是网格式的结构形态。聚焦产业链条中的价值创造核心环节，通过催生"互联网平台"等以协作关系为基础的组织模式，推动企业向跨领域多主体的协同创新网络转变。

二是扁平化的管理机制。通过减少管理层级，增加管理幅度，精简管理流程，缩短最高决策层到一线员工之间的距离，增强各层次之间的沟通，构建扁平化组织。

三是柔性化的运行方式。通过大数据、人工智能等新技术应用，向多品种、小批量、按需定制的生产方式转变，进而构建快速响应、精准管理、灵活制造、高效服务的柔性化组织。

四是以客户为中心的价值理念。积极消除面对客户的各种阻碍，建立一线小团队，与客户实现最直接的连接，走进客户的业务场景，感知客户的情感，做到"客户零距离"，才能充分释放出客户选择的权利，最终在竞争中生存下来。

物产中大集团密切关注着这些演进特征，取其所长、为我所用，旗下一些成员公司构建起了以"大平台 + 小前端"为特征的新型组织架构，激发了员工活力、推动了业务发展。比如，物产中大金属公司和物产中大欧泰公司都进行了较为深入的探索。

1.物产中大金属公司"业务前端网络化、资源后台平台化、管理模式生态化"的组织体系

物产中大金属公司把团队作为企业基础价值创造的基本单元，创新打造了"大平台＋小前端"的事业综合体，逐渐形成了"业务前端网络化、资源后台平台化、管理模式生态化"的组织体系，实现了组织形态与企业发展的良性互动。

（1）业务前端网络化。实行扁平化管理，仅设事业部和部门或子公司两级，压缩管理半径，缩短决策者与经营管理一线的距离，保持对企业动态的敏感度，便于发现问题及时纠偏。通过对各子公司部门化管理，与其他业务部门遵循统一的管理方式，作为经营性前端聚焦于业务开发拓展，每个前端都是一个客户触点，不断挖掘、满足客户需求，提高经营效率。通过协同化合作，各业务前端基于品种开发、能力互补、资源共享，衍生出各类合营单元，共同满足客户需求，并加大信息互通和数据共享，打破组织壁垒，形成价值互换、优势互补。

（2）资源后台平台化。通过组建强大的功能性平台，集成人财物等资源要素，统一规划调度，纵向覆盖各业务单元，并根据前端反馈的痛点，通过工具、技术和制度创新，丰富后台资源包，最大限度整合相关资源，赋能各业务前端。不断缩短前端与后台不同功能中心的距离，输出全流程、渗透式的服务支撑。通过建立五大功能中心，整合资源池，集成为一大平台服务业务单元。

（3）管理模式生态化。对各业务单元提供充足的自由发展空间，只要是符合底线业务规则，各业务单元可结合经营能力、人员配置、市场变化等要素实行自主决策，对区域、品种、模式等经营范围不作严格限制，形成开放式的组织形态。为业务单元成长提供人、财、物等资源要素支持，扮演着组织孵化器的角色，通过重复孵化—成长—裂变—孵化的组织发展过程，生态系统不断壮大、多样性不断提升。

2. 物产中大欧泰公司响应敏捷、具有自我迭代和进化能力的生态型组织形态

物产中大欧泰公司摒弃传统金字塔结构的科层制组织形态，逐步从充分授权的事业部制形态、多专业协同的矩阵制形态演变发展为对外部环境变化和客户需求响应敏捷、具有自我迭代和进化能力的生态型组织形态。

（1）建立自组织团队。在组织层面重新构建服务型的管理理念，包括"去中心化""去权威化"和"去管理化"，通过重新构建"扁平化＋流程化"的管理机制，减少信息传递的层级，增加组织内部横向主动连接和外部横向主动连接，建立灵活、快速、高效的沟通、决策管理机制，从而建立自组织团队，提升员工自组织意识，有效增强组织的灵活性。

（2）提高组织敏捷性。压缩低效、无效的中间层，即原来的中层管理者，通过鼓励内部创业，打破传统的科层式管理结构，充分激发每一位员工的创造性张力。通过建立"大平台＋小前端"的新型组织模式，小前端一线团队直接面对客户，能够迅速识别客户的需求和问题，快速作出决策并提供相应的产品和服务来满足客户个性化的需求。大平台支持小前端团队迅速掌握信息、快速作出判断，敏捷调度中、后台的力量，从而引领整个组织为顾客创造价值。

（3）打破组织边界。转变管理层角色，在组织内部突破僵化的岗位定位，弱化领导的权威与地位，打破组织纵向边界。设立业务伙伴岗，在人力、财务、运营管理、风险管控等职能部门中设立"模块职能＋业务伙伴"的部门架构体系，将跨部门沟通转化为部门内沟通，绕开了"部门墙"，打破了组织横向边界。通过打造一体化的内外部数据库、大数据信息整合等现代化数字技术，打破原有封闭、僵化的组织外部边界，实现"共赢""共享"。

◢ 4.4.4 物产中大集团组织能力建设的新思考新谋划

管理学大师吉姆·柯林斯说，一个企业真正的伟大，不是某个人的伟

大，不是某个产品的伟大，而是组织的伟大。物产中大集团强调，在一个以互联和数字为特征的时代，唯一可以确定的就是不确定。企业管理者的核心工作之一就是准确识变、科学应变、主动求变，确保组织可以跟得上环境的变化，让组织具有驾驭不确定性的能力。为此，要重点做好以下四方面工作。

1.组织体系建设的核心定位

聚焦供应链生态体系打造，持续推动组织创新变革，强化赋能平台建设，提升组织的核心能力，实现战略决策中心与前端市场业务的有机链接，加速成为具有国际竞争力的产业生态组织者。加快推动"平台赋能＋活力团队"组织体系的复制推广，迭代跃升打造"战略型管控与支持中心＋赋能型资源与能力平台＋活力型业务与经营团队"的"三型"组织体系（图4-7）。

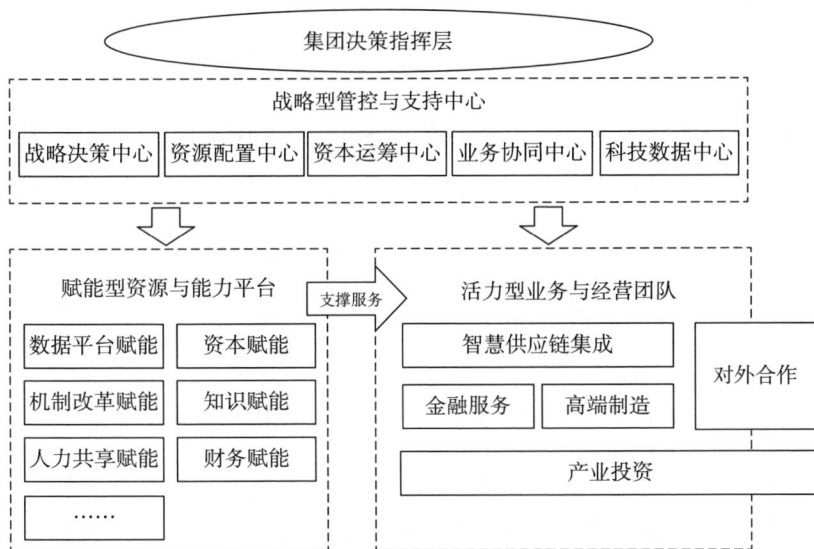

图4-7　"三型"组织体系

2.建强"三型"的组织体系

战略型管控与支持中心，是集团战略决策、资源配置、资本运筹、业务协同和科技数据等方面的管控与支持中心。战略型管控与支持中心建设，要在集团公司的全面统一领导下，聚焦集团层面的战略运作研判，持续推动系统资源要素变革创新，重点承担战略方向机遇把握、重大决策谋划设计等核心任务。赋能型资源与能力平台，是集团为业务单元提供集成、共享资源与能力支撑的价值服务平台。赋能型资源与能力平台建设，既要形成资源归集后价值服务的规模、成本优势，又要体现财务、数字化、人力资源等某些方面的核心专业能力，敏捷、灵活、快速地响应战略落地的要求和前端业务需求。活力型业务与经营团队，是面向客户的一线经营单元，有且仅有两种核心任务：发现客户需求，并不断满足客户需求。活力型业务与经营团队，要在集团整体战略指引下，依托平台赋予的资源和能力，紧紧围绕客户需求的发现与满足，快速响应、精于执行。

3.培育六项核心能力

围绕集团发展战略，突出强化文化聚合力、组织生态力、变革领导力、创新发展力、价值驱动力和数据治理力等六项核心能力建设。文化聚合力建设方面，组织开展战略解读、愿景宣贯、文化塑造等系列活动，推动全体员工对愿景、使命、价值观的高度共识，把企业文化固化在组织设计、管理流程及机制建设上，进一步明确组织愿景使命，统一意志和行动，凝聚组织内在合力，推动企业可持续健康发展。组织生态力建设方面，落实中央、省委有关深化国有企业改革的决策部署，深入推动董事会"外大于内"、经理层成员任期制和契约化等，进一步提升企业治理体系和治理能力的现代化水平。适应企业商业模式创新和主要矛盾变化，着眼数据等新的生产要素资源变化，迭代创新组织运行机制，变革考核激励体制机制，有效提升企业运营效率。变革领导力建设方面，适应"变是唯一不变"的外在环境，树立"慢进是退、不进更是退"的危机意识，激发经营管理团队主动引领变革、持续推动变革，有效提升识别、把握和应对环境变化的能力，带动干部员工以坐不住的紧迫感、慢不得的危机感、等不起的责任感，全力以赴推动企业变革发展。创新发展力建设方面，进一步聚焦集团公司"创新驱动发展"和"高质量发展"要求，系统性梳理提出战略所需的关键核心人才队伍类型，组织创新型人才的盘点，加强人才创新能力培养，明确创新型人才队伍建设的目标任务、能力要求、发展路径，健全完善有利于创新型人才作用发挥的配套制度，创建"共创共生、共享共担"的人才发展机制。价值驱动力建设方面，积极认可各类人才在价值创造中的贡献，建立以绩效结果、岗位责任、创新成效等要素为依据的价值分配机制。进一步继承和发扬市场化体制机制的优势，聚焦客户价值、创新驱动，平衡收入利润规模即期目标实现和企业长期健康发展，推进战略性绩效考核。数据治理力建设方面，进一步链接战略目标要求与市场机会发现，建立数据资产共享协作机制，营造浓厚的数据应用学习氛围，放大数据治理的规模效应与协同价值。加强数据洞察与分析、数字产品服务设计、数字平台运营等相关数字科技人才的引进培养，为企业数据治理能力提升奠定人才基础。

4. 打造关键人才队伍

重点加强人才队伍建设，打造与战略发展相匹配的人才梯队，形成素质优良、专业过硬、充满活力的人才集群，实现"2525"人才建设目标，即：2，培育200名领军型经营管理人才；5，培育500名产业领域高层次人才，其中包括智慧供应链人才、金融服务人才、高端制造人才、产业研究与投资人才；2，培育200名数字化人才；5，培育500名战略支撑人才，主要包括党建文化人才、组织与人力资源管理人才、财务管理人才、风控法务人才、纪检与监督人才和高技能人才。通过关键人才队伍的打造，持续完善干部队伍结构，从而实现干部人才结构战略性优化。

第三部分
未来篇

第5章

锚定"中国智慧供应链集成服务引领者"
新发展定位

常言道,人到半山,船到中流,愈进愈难,愈进愈险,不进则退,非进不可。"十四五"时期,物产中大集团提出要成为"中国智慧供应链集成服务引领者"的宏伟目标。梦想成真,从供应链集成服务演进为智慧供应链集成服务,需要物产中大集团广大员工一切从现在开始,一切从明天着眼,不驰于空想,不骛于虚声,万众一心加油干,越是艰险越向前,把短板补扎实,把基础打牢靠,稳扎稳打、步步为营,积小胜为大胜,积量变为质变,确保物产中大集团"十四五"发展战略决策落地生根,推动物产中大集团的发展"好上加好、越来越好"。

5.1 物产中大集团"十四五"规划发展蓝图概述

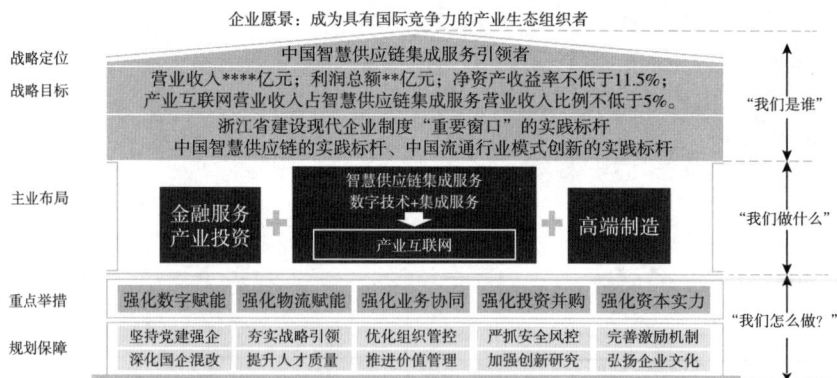

图 5-1 物产中大集团"十四五"规划蓝图

图 5-1 展示了物产中大集团"十四五"规划发展蓝图。从图中可以清晰地看到：物产中大集团的企业愿景仍然是"成为具有国际竞争力的产业生态组织者"，这是物产中大人孜孜以求的美好梦想，需要一代代的物产中大人经过长期艰辛探索和不懈努力才能实现。

"十四五"时期，物产中大集团的战略定位是"中国智慧供应链集成服务引领者"，这意味着物产中大集团将加快建设数字化企业架构，不断完善数字化战略管理闭环，持续提升集团数据治理能力，推动供应链、产业链上下游企业间数据贯通、资源共享和业务协同，力争早日由"中国供应链集成服务引领者"升级为"中国智慧供应链集成服务引领者"。同时，依托强大的资源组织、网络渠道、品牌运营等专业优势，联动商流、物流、资金流、信息流，加快建设以物联网、大数据、云计算等现代信息技术为支撑，以客户需求为驱动，以智慧供应链企业利益相关方跨界融合、共生共赢为特征的产业互联网。

"十四五"时期，物产中大集团的发展目标分为定量目标和定性目标。其中，在定量目标方面，物产中大集团将确保净资产收益率不低于11.5%。在定性目标方面，物产中大集团将通过三到五年的努力，力争成为浙江省建设现代企业制度"重要窗口"的实践标杆、中国智慧供应链的实践标杆、中国流通行业模式创新的实践标杆。

"十四五"时期，物产中大集团总体延续了"十三五"时期的"一体两翼"主业布局的提法，但其内涵与外延都发生了较大变化。"十四五"时期"一体两翼"战略布局中的"一体"，是指经过数字化改造提升之后的供应链集成服务，即智慧供应链集成服务；"两翼"分别指"金融服务"和"高端制造"。其中，"金融服务"翼是指更加注重价值引领，能更好支撑智慧供应链集成服务这一核心主业的金融服务业；"高端制造"翼是指物产中大集团"以贸带工"模式衍生出的高技术、高成长、高附加值的"三高"制造业项目。同时，为了更好培育新产业、新业态、新模式，物产中大集团拟在"十四五"时期，紧密围绕智慧供应链集成服务这一核心主业以及新能源、新材料、大健康、大公用等业务领域，开展更加积极、更加聚焦、更加有效的产业投资。由此，物产中大集团的主业布局也由"十三五"时期的"2+2"演变为"十四五"时期的"1+2+1"（图5-2），即1个核心主业（智慧供应链集成服务）、2个赋能主业（金融服务、高端制造）和1个培育主业（产业投资）。

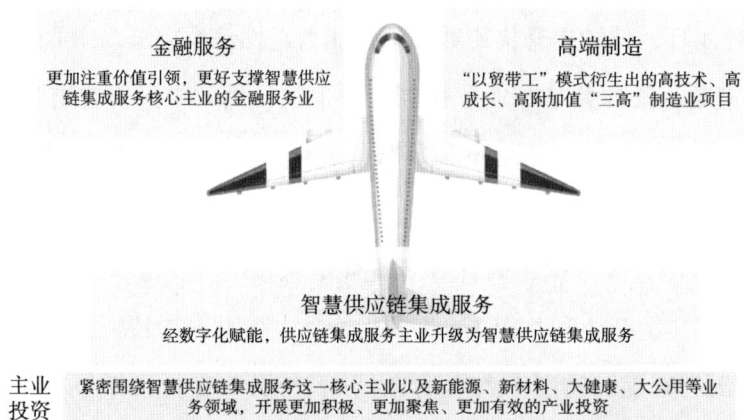

金融服务
更加注重价值引领，更好支撑智慧供应链集成服务核心主业的金融服务业

高端制造
"以贸带工"模式衍生出的高技术、高成长、高附加值"三高"制造业项目

智慧供应链集成服务
经数字化赋能，供应链集成服务主业升级为智慧供应链集成服务

主业投资 紧密围绕智慧供应链集成服务这一核心主业以及新能源、新材料、大健康、大公用等业务领域，开展更加积极、更加聚焦、更加有效的产业投资

图 5-2 物产中大集团"十四五"规划主业布局

"十四五"时期，物产中大集团还将以"五个强化"——"强化数字赋能、强化物流赋能、强化业务协同、强化投资并购、强化资本实力"为重点举措，统筹做好"坚持党建强企、夯实战略引领、优化组织管控、严抓安全风控、完善激励机制、深化国企混改、提升人才质量、推进价值管理、加强创新研究、弘扬企业文化"等十方面工作，确保战略规划全面落地实施，实现企业高质量发展。

5.2 智慧供应链集成服务核心主业发展思路

物产中大集团提出的"智慧供应链集成服务"，简单来说，就是经过数字化改造升级的供应链集成服务。在智慧供应链集成服务模式下，大宗贸易商借助数字科技手段，有效降低了流通各环节的交易成本与管理成本，扩大了金融、物流、信息等服务的增值收益，同时也大大提高了供应链集成服务对国内外客户日益多元化、个性化需求的响应速度和服务能力，提升了客户体验与客户黏度。

"十三五"期间，物产中大集团已经在一些优势领域初步形成了智慧供应链集成服务模式，如元通公司"智慧救援集成服务模式"、化工公司经编智慧供应链平台、物流公司智慧仓库、金属公司智链协同平台就是其中典型代表。"十四五"期间，物产中大集团将继续加快数字化转型之路，在汇聚内外部数据的基础上，通过数据分析助力客户体验提升、运营管理优化和商业模式创新，全面开拓以智慧供应链集成服务为主的发展新路（图5-3）。

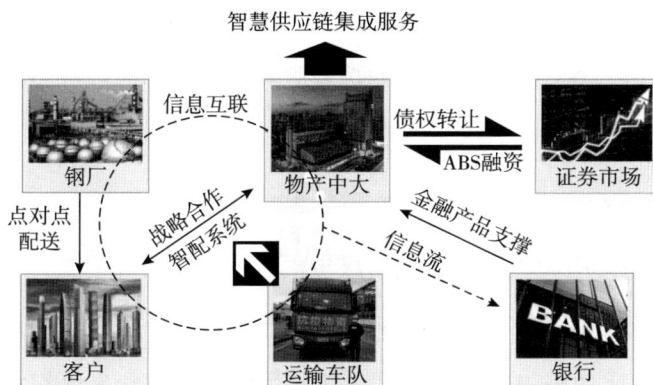

图5-3　智慧供应链集成服务架构图

物产中大集团将重点做好三大方面的工作：一是继续围绕钢铁、煤炭、化工、油品等优势品类，大力提升大宗商品智慧供应链集成服务能力；二是聚焦轮胎、油品积极探索产业互联网；三是围绕汽车和全球中高端消费品私域流量运营，提升消费品智慧供应链集成服务能力。

◢ 5.2.1　继续提升大宗商品智慧供应链集成服务

为了提升大宗商品智慧供应链的集成服务应着力抓好以下四项工作。

1. 提升钢铁智慧供应链集成服务能力

聚焦头部客户，以国内资源丰富或投资活跃地区为区域拓展重点，探索平台服务模式，逐步从传统大客户服务定位向全产业链客户服务定位转变。着力开拓以建材五金、工程机械、汽车和家电等耐用消费品为主的制造业终端，在产业集聚区建立智慧供应链集成服务平台，利用数字技术整合金融、物流、信息、钢材综合加工等增值服务，并尝试利用下游订单集成协助钢厂完善产品品类选择和生产计划，稳定业务基础。紧跟国际经济合作机遇，把握国际国内两个市场贸易机会，积极拓展钢铁进出口业务，助力"双循环"建设。同时，整合钢铁物流，打造可控贸易版图。初步考虑，物产中大将针对大宗商品流通对物流成本敏感的特点，以占集团实物量规模最大的钢铁物流为发力点，按照"轻重结合、管理输出"的建设思路，整合优势区域关键节点的内外部物流服务资源，搭建运营高效、风控得力的物流服务平台，形成服务集团、面向社会的物流服务网络。

2. 提升煤炭智慧供应链集成服务能力

近年来，物产中大集团积极创新煤炭供应链集成服务模式，积极运用"互联网+"思维及技术手段，搭建起了一个公开、透明、公正、高效的"煤炭海运App平台"，成功解决了海运招标难题，帮助货主在众多煤炭承运商中选出最合适的进行货物承运，有效存档谈判记录，留存租船、执行、结算等全流程的基础数据资料。目前，"煤炭海运App平台"接入海运供应商数量近70家，注册船舶近800艘，年发布标书近1000次，完成招标近1000次，结算近1000次，平均运价比招标当天上海航交所指数低0.35元/吨。同时，"煤炭海运App平台"还通过数据积累和智能分析，具备了一定的主动预判功能。比如，2021年"煤炭海运App平台"预判春节前海运市场会处于低位运行状况，物产中大集团下属环能公司因此于2月9日在"煤炭海运App平台"发标："船期2月19日 ±1天，日照—独山航线。"当天即以"16.5元/吨"价格定标。在实际执行中，也验证了该平台的判断。船舶 2 月 18 日于上游抵锚，中间因天气及港口原因，该船舶最终于 3 月 12 日在独山卸完货，其间同航线市场运价已涨至 45 ～ 46 元 / 吨。货主对煤炭承运服务非常满意，当然介入平台的承运商也信守承诺，支持工作，始终没有撤船，坚持执行运输计划。因为他们认为"物产中大的海运 App 平台投标虽然利润低，但信誉好、回款快、量稳定"。

同时，物产中大集团还研发构建了电力热力行业智慧环保云平台系统，以工业互联网、人工智能算法为基础，应用计算机技术，对热电生产过程中的大数据进行挖掘，实现了烟气超低排放过程及碳排放过程的智能管控，为电厂运行人员、管理人员等提供科学支撑和管理增效，实现了热电联产的绿色、安全、高效、经济运行。未来，物产中大集团还将以"煤炭海运 App 平台"和"智慧环保云平台系统"（图 5-4）为基础，进一步深化创新集购分销模式，包括加强上游供应商管理，与国内优质煤炭生产厂商建立长期战略合作关系，保障货源稳定；持续优化筛配煤技术，通过满足客户个性化需求并切实降低下游中小用户的采购成本，扩大客户群体；不断完善升级智慧环保云平台，积极开发包括信息咨询、物流运输、仓储监管、代理和零售等项目为一体的增值服务，吸收更多终端用户，实现多点盈利等等。

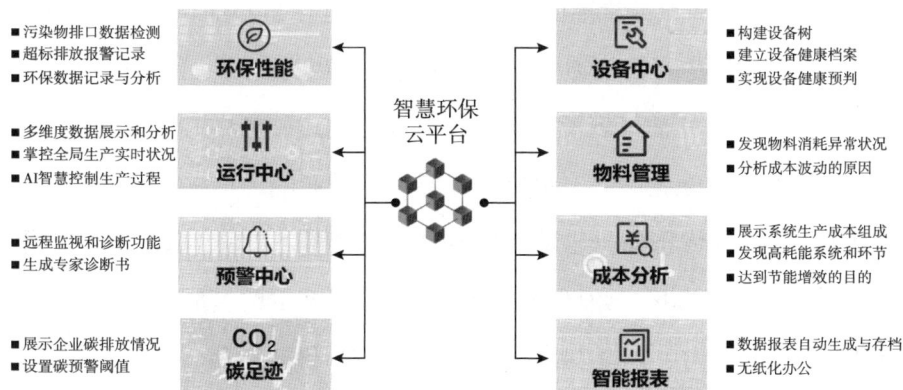

■污染物排口数据检测
■超标排放报警记录
■环保数据记录与分析
　环保性能

■多维度数据展示和分析
■掌控全局生产实时状况
■AI智慧控制生产过程
　运行中心

■远程监视和诊断功能
■生成专家诊断书
　预警中心

■展示企业碳排放情况
■设置碳预警阈值
　CO₂ 碳足迹

智慧环保云平台

■构建设备树
■建立设备健康档案
■实现设备健康预判
　设备中心

■发现物料消耗异常状况
■分析成本波动的原因
　物料管理

■展示系统生产成本组成
■发现高耗能系统和环节
■达到节能增效的目的
　成本分析

■数据报表自动生成与存档
■无纸化办公
　智能报表

图 5-4　"智慧环保云平台系统"应用层功能模块

3. 提升化工供应链集成服务能力

重点发挥现有团队优势、渠道优势，做好品种选择和项目聚焦。围绕"聚酯—聚烯烃"产业链上下游延伸，推动从点到线和面的模式提升；围绕"橡胶—轮胎"产业链，充分利用新加坡等国际平台和渠道优势，探索上游原料委托加工和下游轮胎生产环节，开展产业链合作。要抓好产业的周期转换和差异化竞争切入，从做大做强转向做精做深，有效组织生产企业、上下游客户、金融机构、物流仓储等多方资源，打造以服务标准化、管理精益化、业务金融化、运营市场化、流程可视化为特征，具有高度柔性化适应能力、市场需求快速响应能力的智慧供应链平台系统。同时，针对若干优势品种，继续围绕上下游客户需求，完善产业链薄弱环节的贸工结合，实施产业链一体化运作。

4. 提升原油及油品智慧供应链集成服务能力

主要是依托舟山地理优势、原油储罐优势与自贸区保税优势，拓展原油进口供应链，探索成品油出口供应链。近年来，物产中大集团一直在努力提升原油及油品供应链集成服务能力和水平。2015年5月，物产中大集团和舟山市政府联合牵头组建了浙江国际油气交易中心（简称"浙油中心"）。浙油中心的投资方还包括上海期货交易所、中国银行、浙江省能源集团、荣盛集团、中南石化等，是浙江省政府批准的全省唯一一家专业从事石油化工产品交易服务的交易平台。浙油中心围绕油气全产业链建设，以打造"一市场三中心"（建设具有国际影响力的油气现货市场、打造油气集成服务中心、油气衍生品创新中心、油气资源配置中心，最终形成具有区域影响力的油气定价中心）为发展目标，正在加快将公司建设成为国际化的油气交易综合服务平台。目前，浙油中心已发展成为长三角区域集聚油气企业最多、配套服务能力最强、管理最规范的交易平台，其开发的产能预售、"舟山价格"和"ZME易拍通竞拍程序"在油品供应链集成服务领域引发了广泛关注（专栏5-1、专栏5-2、专栏5-3）。未来，物产中大集团还将继续加快推进浙江国际油气交易中心建设，争取在"全面建成长三角期现一体化油气交易市场""推进油气交易国际化""大力推进数字产业化和产业数字化，推动产业链、创新链、供应链深度融合"三大方面发挥更大作用。

专栏 5-1	浙油中心的"产能预售"情况介绍

随着大量炼化一体化项目的批复和落地，石化产品产能急剧扩张，石化行业面临深度结构性调整，以大型厂商为核心的中上游企业开始主动寻求数字化转型，重塑业务模式，探索更便捷、更透明的线上销售渠道。因此，浙油中心结合石化行业企业需求，创新推出"产能预售"交易模式。

产能预售是指通过浙油中心对接供需两端实体企业，使产能发售方能够提前7~90天对未来产能和产品进行在线预售的交易机制。产能发售方是具备大规模生产能力的生产企业或具有重要行业影响力的贸易企业。产能发售方在浙油中心交易系统将未来产能和产品进行预售，通过询价拍模式确定发售价及发售量，并按规则匹配产能认购方、签订订单。订单到期前，持有订单的买方会员可在交易系统转让订单；订单到期后，持有订单的买方会员与产能发售方签订购销合同，并按合同约定提货。对产能发售方而言，产能预售拓宽了销售渠道，提高了资金使用效率，规避了价格波动风险，提高了合同履约率。对产能认购方而言，产能预售拓宽了采购渠道，减少了资金占用，可灵活方便转让订单。产能预售上线以来，受到全国地方交易场所行业和衍生品研究领域的高度关注，交易日趋活跃，服务实体经济作用逐步显现。

专栏 5-2	浙油中心的"舟山价格"

一直以来，航运企业、船供油企业等是以新加坡发布的普氏价

格为基准进行交易，国内市场缺乏定价话语权。随着浙江自贸试验区保税燃料油相关政策不断突破，宁波舟山港保税燃料油加注业务节节攀升并成为全球第六大保税燃料油加注港。国内市场迫切需要形成自己的"普氏价格"。因此，浙江国际油气交易中心开发设计了"舟山价格"。

浙江国际油气交易中心的"舟山价格"，全称为"中国舟山·低硫燃料油保税船供报价"，是为保税燃料油现货市场交易方提供的一种以人民币计价的权威性参考价格。其形成机制主要基于上海国际能源交易中心低硫燃料油期货价格，以及五大船供油企业的报价。因为五大船供油企业在舟山地区保税船供油市场占比超过84%，所以"舟山价格"能够准确反映国内现货市场供求情况，具有较强的权威性。与目前公布的各类型国际现货市场价格相比，"舟山价格"往往最低，且与现货市场成交价最贴近。因此，"舟山价格"运行以来，得到了市场的认可，国内三大船供油企业均尝试以其为基准与买方达成交易。当然，相较宁波舟山港保税燃料油业务总量，目前"舟山价格"的交易量还很小。下一步，中国舟山低硫燃料油保税船报价将加快引进报价主体，提升市场参与度，增强价格辐射影响力，在机制成熟运作的条件下联动线上交易，打造一体化、实时性综合报价体系，进一步深化长三角一体化油气交易市场建设，并在形成有区域性影响力的低硫燃料油中国现货价格基础上，逐步辐射东北亚、东南亚市场。

专栏 5-3　　　　浙油中心的"ZME 易拍通竞拍程序"情况介绍

我国现有场外交易中心建设多数从期货市场出发，更多服务于期货交割，加之国内油气行业的市场化程度较低，具有一手货源的生产型企业占据绝对优势地位，传统购销模式已不能完全满足市场需求。

浙油中心另辟蹊径,从现货端出发,开发ZME易拍通选择微信小程序作为客户参与竞拍的平台。客户浏览竞拍信息后,自主填写竞拍数量即可完成竞拍。意向客户可通过浙油中心现货交易系统进行交易,浙油中心提供清结算服务。ZME易拍通采用实时"短信+微信"双渠道通知、限制最小起拍量等功能。经运行评估,ZME易拍通目前正在发挥三方面作用:一是帮助生产型企业开拓销售渠道。ZME易拍通的注册会员企业包含炼厂、贸易商、运输、仓储、进出口、终端销售以及金融服务机构等企业,贯穿了整个石油产业链,浙油中心利用企业全生命周期智慧管理系统整合客户需求,有利于生产型企业开拓销售渠道。二是提供供应链集成服务。针对中小企业采购难、缺资金的痛点,浙油中心可基于ZME易拍通产品逐步打造数字化交易平台,整合金融、仓储等资源,为客户提供供应链集成配套服务,促进贸易流通。三是帮助生产型企业发现价格,生产型企业的部分产品目前并无期货品种作为价格参考,更多是销售部门基于市场分析进行价格确定,通过ZME易拍通进行竞拍可利用买方的报量情况预估市场需求,实现市场价格发现。

▲ 5.2.2 聚焦轮胎、油品探索产业互联网

物产中大欧泰有限公司(简称"欧泰公司")是物产中大集团于2016年6月注册成立的流通板块专业化公司。欧泰公司主营油品(Oil)和橡胶轮胎(Tire),因此根据英文谐音取名欧泰。自成立以来,欧泰公司以客户需求为导向、风险管理为基础、供应链集成服务为模式,力争成为有全球影响力的国际化、平台化的橡胶、轮胎、油品产业链供应链集成服务商。"十四五"时期,物产中大集团决定由欧泰公司承担构建产业互联网的战略性试点任务。

目前，欧泰公司在轮胎领域已经小有成绩，2021年全钢胎产能已达到500万套。卡车司机是全钢胎的主要用户，卡车在行驶中又需要消耗大量的汽柴油。因此，欧泰公司专门启动了"卡车司机产业互联网项目"，希望围绕卡车后服务市场的轮胎和油品两大需求，发挥公司橡胶和油品两大主营业务高度契合的优势，打通轮胎、油品垂直产业链，丰富充实经营品种，深耕油气产业链，构建橡胶—轮胎—油品生态圈，建成卡车司机车后服务市场产业互联网平台。

从图5-5可以看到，欧泰公司正在依托自身的产业基础优势及专业团队，积极发挥公司橡胶和油品两大主营业务高度契合的优势，努力打通轮胎、油品垂直产业链，构建"两垂直一平台"产业发展格局，通过上接资源、中控工厂、下拓渠道，逐步建成由"智慧供应链＋智能制造＋数字化营销"三大内容所构成的产业互联网平台，从供应链集成服务向产业互联网服务探索，实现从追逐单一企业价值向寻求产业生态价值转变。

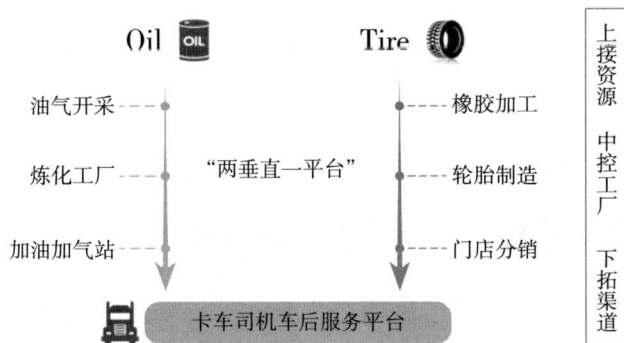

图 5-5　卡车司机车后服务平台示意图

▲5.2.3　以私域流量共享变现为路径提升消费品智慧供应链集成服务能力

首先，要加快汽车板块从服务车辆向服务客户全面转型。聚焦豪华车品牌，整合高品质、高价值进口车渠道，优化汽车销售业务品类结构。探索介入新能源汽车的上游制造领域和下游循环利用领域，拓展产业链发展空间，促进传统业务转型升级，提升市场地位和利润来源。在区域布局方面要立足长三角优势区域，通过投资并购重点推进珠三角及西部重点城市网点建设，加快全国网点布局进度，并结合汽车贸易，适时拓展国际市场。围绕 B 端和 C 端客户对汽车后市场的服务需求，借助数字化技术打造线上线下融合的汽车服务生态平台。以线下资源为基础，整合提升已有线上平台，重点围绕二手车交易、零部件交易、汽车金融等汽车后市场服务平台，打通客户在汽车消费过程中各类触点信息，挖掘多层次消费需求，叠加多样化增值服务，实现业务间有机联动，从而实现客户车辆全生命周期管理，提升盈利水平。当前要着力探索对4S 店进行智能化改造，推动销售业务与数字技术深度融合，参与汽车新营销革命，探索汽车板块全新商业模式（图 5-6）。

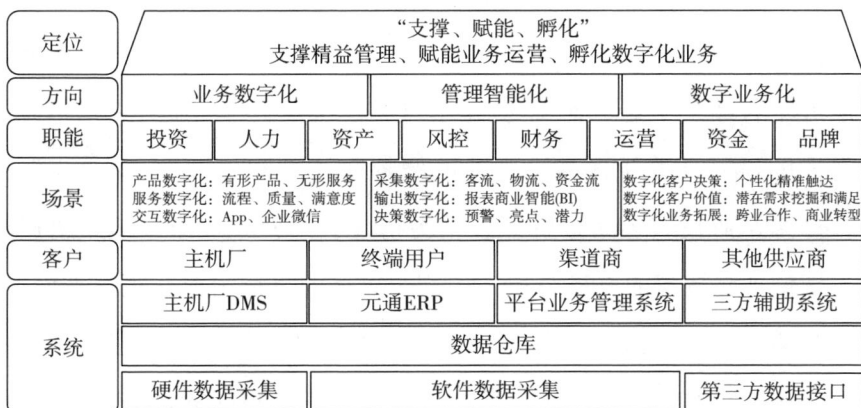

定位	"支撑、赋能、孵化" 支撑精益管理、赋能业务运营、孵化数字化业务							
方向	业务数字化		管理智能化			数字业务化		
职能	投资	人力	资产	风控	财务	运营	资金	品牌
场景	产品数字化：有形产品、无形服务 服务数字化：流程、质量、满意度 交互数字化：App、企业微信		采集数字化：客流、物流、资金流 输出数字化：报表商业智能(BI) 决策数字化：预警、亮点、潜力			数字化客户决策：个性化精准触达 数字化客户价值：潜在需求挖掘和满足 数字化业务拓展：跨业合作、商业转型		
客户	主机厂		终端用户		渠道商		其他供应商	
系统	主机厂DMS		元通ERP		平台业务管理系统		三方辅助系统	
	数据仓库							
	硬件数据采集		软件数据采集				第三方数据接口	

图 5-6 汽车板块智慧供应链集成服务发展提升蓝图

其次，依托"物产生活"数字供应链平台，提升新电商、新集采、新零售三大服务效益。其中，新电商服务聚焦全球中高端消费品品牌，开展以全网多渠道数字运营为特征的电商综合服务。新集采服务是以"公开招标，线上交易，线下配送"为运营特征、"硬件 + 软件 + 服务"为运营方式的政企集采业务。新零售服务重点发展高端白酒品牌运营服务，加强热选线下门店与线上渠道融合发展。根据国内消费升级的发展趋势，积极争取浙江本土免税牌照，开展免税经营业务（图 5-7）。

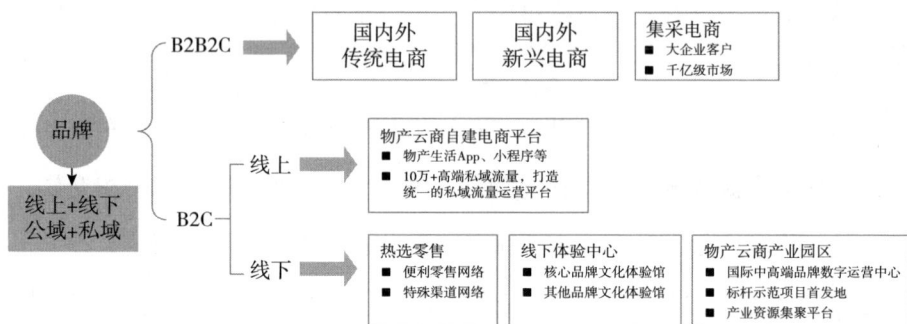

图 5-7　物产中大全球中高端消费品 O2O 发展规划示意图

最后，推动物产中大集团私域流量共享变现。一般认为，私域流量是指从公域（internet）、他域（平台、媒体渠道、合作伙伴等）引流到自己私域（官网、客户名单），以及私域本身产生的流量（访客）。一旦把客户从外部流量池（指不断获取新用户的渠道）导入私域流量池，企业就拥有了稳定可靠的自有"流量池"，获得了进一步深入了解和服务客户群体的机会。暴发的新冠疫情使许多企业的消费者突然"失踪"。为了找到消失的客户，许多企业投入了大量资源和精力搭建并运营私域流量池。物产中大集团也不例外，旗下的云商公司，运用中国名酒进行引流，建立私域客群，并且通过客群维护，进一步留存、裂变，形成独享的忠实的客户群体，在集团内部率先开始了私域流量运营的探索。云商公司根据现有 5000 多位高端客户（包括企业用户和个人用户）情况，将未来私域流量客户大体分为四类，即物产中大集团内部员工、集团合作企业客户、集团子业态个人客户（如元通公司、热选公司、健康公司、金石公司的客户）、集团员工及客户朋友圈（包括企业 + 个人），认真分析各客户类型的主要特征（图 5-8），将线上酒品销售与线下文化推广相结合，为物产中大集团汽车、消费品、养老、健康板块的私域客群提供数字化酒品及文化社群高端服务，已经实现了物产中大集团生活性消费品板块的私有流量共享。比如，物产中大云商联动元通 4S 店渠道，举办了宝马 X7 遇见茅台葡萄酒、雷克萨斯 LS 车型发布会等系列活动。同时，云商公司还坚持共享性思维，不断打破下属成员企业流量壁垒，积极尝试与集团大宗商品板块业务建立联动关系，更好更充分地推动私域流量共享变现。

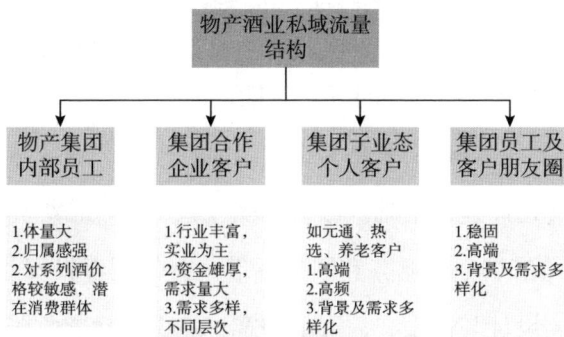

图 5-8 物产酒业私域流量结构及客户特点

5.3 做精做优"金融服务"，推动产融协同发展

研究经济发展规律可以发现，实体产业与金融发展是相辅相成、相互促进的。只有能服务于并服务好实体产业的金融，才能够算是"好金融"。如果金融发展不能与时俱进，不能主动契合实体产业的内在需求，这样的金融终将因为不能支撑产业的发展而被淹没在历史潮流中。物产中大集团以大宗商品供应链集成服务为核心主业，属于资金密集型行业，同时大宗商品具有极强的金融属性，这都对物产中大的资金获取能力、金融运作水平等方面提出了更高要求。为此，集团在"十四五"战略中将"金融"定位于集团"金融服务平台"，把"金融服务"作为业务发展的重要支撑，意在通过深化产融结合推动智慧供应链集成服务主业获得新的发展。

图 5-9　物产中大"十四五"时期金融服务发展思路

从图 5-9 中可以看出,"十四五"时期,财务公司将全面推进"资金集中平台、资金融通平台、资金结算平台、资金风控平台、资金数据平台"五大基础平台建设,夯实司库建设基础。继续巩固存款、贷款、结算三大基础金融业务,持续深化公司信贷金融业务和同业拆借、有价证券投资等金融市场业务。强化自金融产品的设计与开发,为上下游客户提供包括应收账款保理、预付款和仓单融资等产品服务,实现业务拓展。

融资租赁业务将通过共享集团智慧供应链集成服务已有运输、生产、工程类客户资源,提供商用车、生产设备、工程机械等品类的融资性租赁和经营性租赁服务,力争成为涵盖技术咨询、设备运输、运行维保、配套设备租赁、设备配件销售等内容的综合解决方案提供商。适时拓展工程机械和设备租赁服务细分领域,开发如泵车、装载机、矿山设备、环保设备等多个产品线。全面推进数字化建设、精准客户画像和流程跟踪,提升租赁业务的风险管控能力。

期货服务业务将按照"以现期为基础、以交易为核心、以研投为驱动"三位一体的商业模式,努力打造互联互通、共享共建的业务发展格局:一是经纪业务工作保规模谋增长,推动营业部分级分类管理和经济地理布局优化,重点聚焦产业、机构等头部客户,持续为客户创造价值;二是风险管理业务立足实体产业,搭建"期货公司 — 风险子公司 — 集团内外部产业客户"完整闭环(图 5-10),积极发挥大宗商品"衍生品金融"牌照服务优势,形成公司核心收益来源;三是资管财富业务实施特色差异化策略,重点培育开发期货 FOF、

CTA 等标准化净值类产品，逐步扩充公司稳定收益来源，逐步发展成为与集团大宗商品流通主业相配套的"价格流"风险管理者。

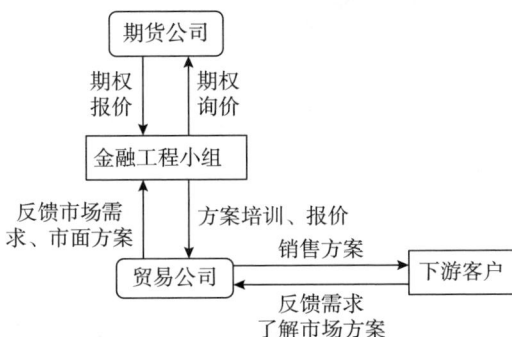

图 5-10　期货公司业务示意图

近年来，物产中大期货公司为更好贯彻落实物产中大集团对其"对内赋能、对外服务"的发展要求，开展了 CRM 系统架构升级及 e 期通 App 项目研发工作（图 5-11）。定型后的 e 期通 App 项目基于客户数据汇集分析，具备五大核心功能，包括客户标签画像、MOT 管理、绩效考核、数据驾驶舱移动审批、任务中心等，有力地支持了期货公司从拓客到服务的全流程业务场景覆盖（图 5-12）。

图 5-11　物产中大 e 期通用户登录界面

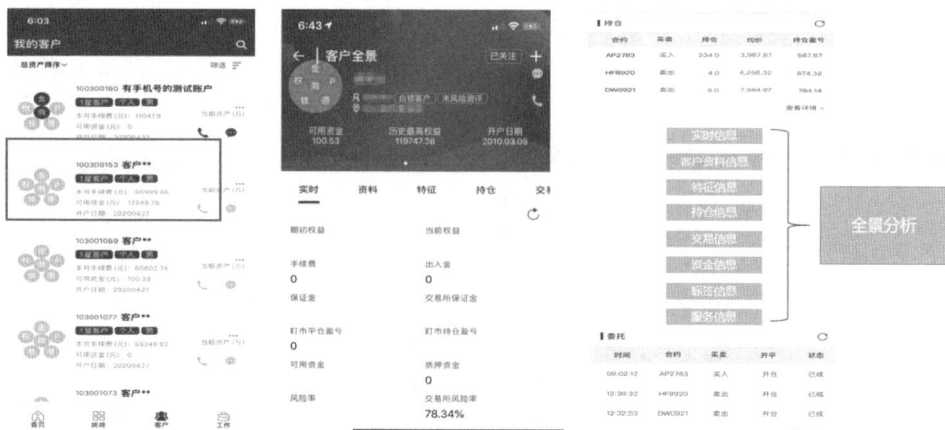

图 5-12　物产中大期货公司 e 期通客户 360 全景图

下面介绍一下期货公司 e 期通 App 五大核心内容。

1. 客户标签画像

引入全新客户标签提醒，通过标签引擎对客户进行标记，来了解客户，精细化客户管理，挖掘客户潜在价值。标签引擎可以自动为客户标记标签，包括各类事实标签、模型标签、预测标签，客户经理还可根据个人喜好为客户标记个性化的标签；支持标签的全生命周期管理，还可利用标签快速定位客户、客群，进行统一服务。

2. 数据驾驶舱

为公司管理层直观了解公司当前运营状况提供关键指标数据查询、业务监控及经营分析功能。主要包括经营数据统计、经营指标、周度业务数据、开销户统计等。以往公司管理层了解这些数据只能通过 PC 端 CRM 来进行单个查询。通过本项目即可完成随时随地多数据维度查询。通过经营数据统计，分析当前公司收入、权益、出入金等数据，运用折线图、柱状图、散点图等对客户权益、客户喜好成交品种、成交金额、成交手数、交易客户数等维度进行展示；通过周度业务数据，分析公司各营销机构周日均权益、周收入、周新增户数、周资金变化等数据；通过开销户统计来展现客户的拓展情况，包括排名、趋势、有效户转化率、新户销户情况、新户交易情况等。

3. MOT 管理

系统推送数据，是工作导向及被动式营销。包括待办事件和已办事件，可进行事件处理。实现事件触发通知、任务分发，并提供行动方案话术；通过呼出及留痕、服务记录登记实时更新事件完成进度，实现事件查询及统计。

4. 绩效考核

全面升级了计算引擎，通过指标、方案化的配置实现复杂的提成考核计算，更加灵活，便于维护。可提供营业部、员工及客户贡献排行榜。激发竞争潜能，对比分析多维筛选，全面洞察拓客及服务能力。主要包括员工的业绩、营业部业绩、员工业绩排行和考核任务等。

5. 任务中心

含待办任务、已办任务、发起的任务等查询列表，任务管理、任务处理、任务详情、任务运行日志等功能，以人性化方式辅助各级管理人员指派任务，规范公司任务流程制度。

油气交易平台近期主要工作是加快推进浙江自贸试验区保税商品登记系统（以下简称"保登系统"）建设。"保登系统"由上海期货交易所（简称"上期所"）、浙江省商务厅、浙江省地方金融监管局、杭州海关、浙江自贸试验区舟山管委会、物产中大集团共同建设。该系统以区块链技术为基础，是浙江自贸试验区围绕保税商品登记打造的一项公共服务平台，也是上期所积极推进打造的全国性大宗商品仓单注册登记中心之一。其中，杭州海关、上期所、浙油中心作为三个关键节点联动开展软硬件建设，数据提供方包括海关、上期所、浙油中心、保税仓库、质检机构、银行等。保登系统建成后，将有利于推动以下三方面工作：一是保税仓单质押融资。企业可向试点银行申请质押融资，银行接受企业申请后，可向系统查验该企业仓单真实性，并提供融资服务。二是保税仓单转让交易。企业可申请将仓单放入上期所或浙油中心现货交易平台进行交易，交易平台接受企业申请后，可向系统查验该企业仓单真实性，并提供交易服务。三是强化保税商品监管。地方政府、海关可通过保登系统获取上期所、浙油中心提供的仓单转让数据，银行提供的贸易交易资金关联信息等，及时查询保税仓单状态信息，可结合相关数据进行参考或验证，进一步确保保税仓货物安全性，起到辅助监管的作用。目前，浙油中心正在与上期所、浙江省商务厅、浙江省地方金融监管局、杭州海关、浙江自贸试验区舟山管委会密切合作、深入沟通、全力推进，力争让"保登系统"早日建成并发挥应有的作用。

资管业务将以资产管理和股权投资为主要路径，专业化运作集团财务类投资项目，依托资本市场实务经验和专业化人才队伍，围绕大消费、大健康和新兴科技三大领域，为集团内部及外部企业提供专业化资产管理服务，提升客户资金收益水平。利用社会资本和自身专业化管理能力，以产业基金形式推动集团产业公司并购活动。以深度市场研究和投资能力建设为核心，着力提高产品净值，稳定产品收益，拓展社会机构和高净值客户资源。

5.4 扎实推进"高端制造"，增厚产业发展根基

当前，制造业与生产性服务业之间的"两业融合"正在加速。一方面，原先以产品生产为主的制造企业逐渐转向以客户需求和产品服务为导向的服务型制造模式；另一方面，生产性服务业开始凭借其在资金运作、物流网络、市场营销等方面的优势，逐步控制产业链高端制造环节，通过组织生产、连锁经营等方式嵌入制造领域，表现出服务业的制造化现象。受此影响，许多新业态不断涌现。

物产中大集团在多年的经营实践中，总结出了"以贸带工，贸工一体"的

发展模式，并在煤炭贸易与热电联产、化工品贸易与医药制造、铜贸易与线缆制造、橡胶贸易与轮胎生产等领域进行了一系列贸工一体化的成功探索，获得了产业链竞争优势，稳定了商权，熨平了大宗商品业务周期的波动，经济效益明显。因此，物产中大集团在"十四五"时期将继续把握好行业整合、进口替代、品牌化经营三大趋势，加快发展与智慧供应链集成服务相匹配的高端制造。

在高端制造发展策略上，主要是坚持"三个聚焦"。

1. 聚焦核心产品，实现关键技术突破

围绕但不限于线缆、轮胎、医药等核心产品，通过合作建立产学研结合的科技创新体系（如线缆研究院）、引进专业研发人才，加强与外部科研机构的技术合作和联合创新，实现关键研发技术的突破（如特种线缆技术、线缆的材料改性和加工工艺改进技术等）。借助数字化模拟和仿真技术，加快研发周期，提升研发效率，进而提升产品竞争力。

"十四五"开局之年，物产中大集团的制造板块取得了"开门红"。

（1）线缆板块（图5-13），获得"品字标"浙江制造认证，2021年产值突破60亿元，已迈入行业前列。目前，线缆板块在建的德清线缆产业园项目总投资额65亿元，其中的特种电缆车间为全球最大单体线缆智慧生产车间。

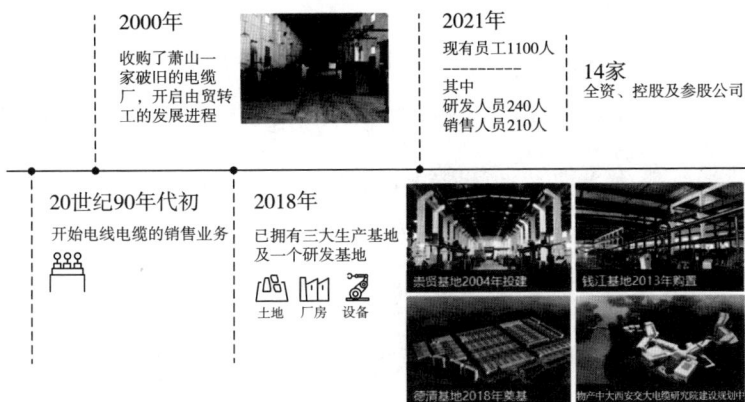

图 5-13　物产中大集团线缆板块发展历程图

（2）轮胎板块，选择山东作为物产中大集团在全国橡胶轮胎产业发展布局的核心区域。通过托管运营、合资、重组等方式，整合了奥戈瑞、豪克、万鑫、盛泰等企业，目前运营了包括山东新豪克轮胎、山东领航轮胎、山东新途轮胎、山东新航轮胎、山东新驰轮胎等多家轮胎企业。同时，物产中大集团还设立了专门的轮胎研究院。新近研发生产的"低断面全钢子午线巨胎"，相比国内外主流的全钢载重工程胎，其断面扁平比达到55%，突破了国内外主流企业设计的最大底线。因为断面高宽比的下降有利于提高轮胎的抓地性能及抗侧滑性能，所以该产品显著地提高了轮胎在矿山运行中的安全性（图5-14）。同时，低断面全钢子午线巨胎产品搭载了智能监测系统，在轮胎内装载传感器，用于采集轮胎的运行轨迹、速度、温度、

图 5-14　右侧的常规巨胎与左侧的低断面巨胎对比图

气压及轮胎行驶里程等相关数据。相关数据通过无线接收装置和智能系统发送给参与到轮胎性能监控的终端。通过本技术的应用可以智能监控轮胎使用状态，通过数字化的采集，实现对轮胎使用的科学管理，延长使用寿命，同时可以使车辆运行更加安全。

（3）医药板块，物产中大集团持续创新核心品类的生产工艺，加快新产品产业化步伐，提升医药企业核心竞争力。比如基于二羰基还原酶的他汀手性侧链的创新工艺，解决了他汀手性侧链工艺安全性问题，突破了传统工艺的质量瓶颈，产品总收率提高了20%，"三废"减少了40%。瑞舒伐他汀钙嘧啶酮母核的连续绿色氧化技术，彻底解决了潜在基因毒性杂质（硝化杂质）的问题，"三废"排放减少了70%以上，推动了原料药生产的绿色转型。

2. 聚焦打造数字化营销渠道, 提升客户拓展能力

在集中服务大客户的同时, 借助数字化技术, 积极拓展线上营销渠道, 以更低的成本、更快的速度来触达更多的长尾客户 (如钢铁的深加工材料客户、线缆的零售客户), 并通过对客户需求的大数据分析, 开展更为精准的营销推介活动, 形成独特的销售模式, 从而获取更大的市场份额, 提升行业竞争力和行业地位 (图 5-15)。

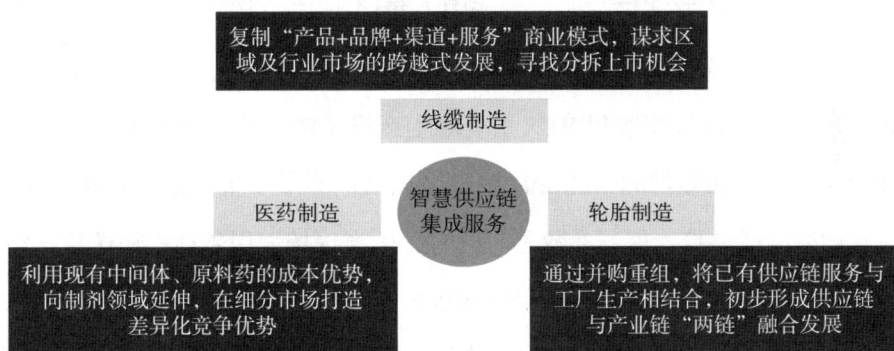

图 5-15　高端制造板块部分核心产品发展思路

3. 聚焦数字工厂建设, 提升柔性生产能力

加快推进以线缆数字工厂为代表的生产环节的转型与升级, 借助智能生产设备和智能生产管理系统, 实现工艺流、物料流和数据流的融合统一, 形成柔性敏捷的生产能力, 以更低的成本满足客户个性化需求, 提升产品的市场竞争力。

这里所说的 "数字工厂" 是指通过采用大数据、人工智能、区块链、物联网等新一代信息技术, 实现设计、生产、物流和服务等各个环节的数据互联互通的生产工厂。物产中大集团认为, 要推进 "高端制造" 发展, 除了必须继续加强面向市场、面向客户需求的技术创新之外, 更必须通过推进 "设备数字化、生产数字化、管理数字化、运营平台数字化、决策数字化", 加快物产中大集团的数字工厂建设①。下面介绍物产中大集团的数字工厂建设思路。

物产中大集团正在按照"设备数字化、生产数字化、管理数字化、运营平台数字化、决策数据化"思路，推进数字工厂建设，具体如下。

（1）设备数据化。这是建设数字工厂的基础性工作，应从以下5个方面加以推进。

一是产线设备数字化。如对物产中大集团下属线缆工厂的挤出机、成缆机、编织机以及绞线机等进行设备改造，增加数据I/O模块，实现MES系统与PLC联网通信，从而达到MES系统对生产设备的主要工艺参数以及运行状态进行数据采集和监控的目的。这些数据包括但不限于生产设备的通用参数、状态参数、能耗参数、保养参数等。同时，生产现场采用悬挂式输送链、穿梭车、AGV、堆垛机、码垛机器人等完成各个工序间的物料转运，通过人与机器的协作将纯人工操作的繁杂事务交由智能设备和系统完成，让产线更加安全、高效、可视及人性化。

二是仓储物流设备数字化。如智能货架、自动化立体仓库、智能单元化存储设备等，可采用激光扫描、红外感应以及智能终端RFID（射频识别技术）等物联网技术获取物料的各种属性信息，实时掌握物料生产现场的流动情况。同时，采用接口方式，将智能仓储设备与ERP、WMS等系统进行集成，实现仓库与生产现场物流和信息流的实时同步，生产现场的物料需求可以由系统下发指令至各类智能仓储设备，实现物料的自动出库、转运等，使出入库、货位等相关信息透明化。

三是检测设备数字化。采用机器视觉、AR/VR等智能技术，利用DPS、PDA及电子标签等智能拣选系统构建工厂级物流拣选体系，通过对产品或物

---

① 陈宙，朱清波等.基于智能制造的工厂数字化转型研究与探索——以物产中大集团实业板块下属线缆、轮胎工厂为例，科技创新与应用，2021（16）.

体进行检测和识别，实现目标捕捉、物体抓取、人脸识别、产品或材料缺失检测以及精密测量等快速、高效的作业，并将检测结果自动上传系统数据库，实现系统自动生成检测报告以及自动判断检测结果等功能，最终实现生产过程的智能化检测。

四是包装设备数字化。通过包装设备智能化改造，实现小型线缆或者光纤等物料的自动化包装功能，并在包装盒和盘具上自动打印粘贴标签，以便数据识别和追踪。

五是上下料设备数字化。结合加工集成技术，实现上料、装卡、下料完全自动化，减少人工操作，提高产品质量和外观[①]。

（2）生产数字化。生产数字化的侧重点在于将先进的智能化技术应用于整个生产过程，并对整个生产流程进行监控、数据采集，便于进行数据分析，从而形成高度灵活、个性化、数字化的生产链。MES 是一套面向生产企业车间执行层的信息化管理、数字化运营系统，其运作模式是通过将生产计划下发到对应的生产工序及各生产机台组织生产，实现从原材料入库到成品出库全生产过程的智能化生产管理。MES 是一个承上启下的系统，上接 ERP 系统，下连工业互联网平台，要打造数字化工厂实现智能制造，实施 MES 系统必不可少。MES 系统没有完全统一、规范的技术和功能标准，不同的行业有不同的 MES 系统，同一行业不同企业实施的 MES 也可能存在不同的功能侧重点。从目前的情况来看，MES 系统基本只能满足工厂最基本的通用性需求，无法支持线缆、轮胎等行业特有的个性化需求。但一套成熟、先进的 MES 系统必须具备如下三个功能：一是对整个工厂制造过程的优化，而不是单一地解决某个环节的生产瓶颈；二是具备实时收集生产过程数据的功能，并根据管理需求作出相应的分析、预测和处理；三是需要与上端的计划层及下端的控制层进行数据信

---

① ZNKA正基塑业.提升智能制造水平也可借助智能物流装备. http://www.znkia.com/Article/tsznzzspyk.html.2018-03-12.

息的互联互通，通过利用制造过程的连续信息流来实现系统集成化和管控一体化。从常规来看，MES系统应具备制造数据管理、计划排程管理、生产调度管理、生产过程控制、排班管理、设备管理、工具工装管理、能源管控、采购管理、库存管理、成本管理、质量管理、项目看板管理、任务中心以及数据集成分解等管理功能模块，为企业打造一个扎实、可靠、全面、可行的制造协同管理数字化平台[①]。

比如，在线缆工厂中，MES系统一般都是以销售订单、预测为驱动，以生产管理为主线，实现贯穿企业内外部生产经营全过程的信息化流程。企业可以根据自身的业务场景从丰富的功能模块中按需配置，并实现六大功能：一是为工厂提供全面的线缆产品模型数据的管理，实现企业的排产、供料计划的自动计算，节省人工成本，提高计算效率；二是实现线缆行业优化物流控制，使供应链和需求链平滑衔接，实现经济采购、零库存和快速销售；三是实现对线缆制造过程的高效、精益、协同信息化的管理，通过数据采集、动态调度、线缆定长控制、产品质量优化控制、物料供应、质量分析（SPC）等，实现"按需生产、定长制造"的核心管理目标；四是通过成本核算平台对复杂的BOM和工艺路线进行自动的卷积计算，实现标准成本控制；五是具有灵活的数据追溯能力，便于理清业务数据的来龙去脉；六是可结合报表中心系统配置领导查询系统，为企业管理者管理决策提供及时、全面、准确的依据。

再如，轮胎工厂的MES系统，应该具有如下六大功能：一是实现柔性化、精益化生产，实现数据实时动态化，建立全程数据追溯系统保证生产数据可靠、完整，可以实时监控；二是探索用积累的业务数据来进行预测性生产及预测性维护，利用实时数据预测排产及采购；三是实时的数据反馈和预警，让工厂管理者对生产过程悉数掌控，带来安心的用户体验；四是可实现设备参数

---

① 陈高峰.半导体行业建设数字化工厂离不开制造执行系统(MES)，中国集成电路，2020（10）.

采集和工艺参数下发，实现生产过程防错管控，自动计算设备开动率，有效进行生产计划和生产调度管理；五是可制作生产、质量、设备、效率等可视化看板，制造情况一目了然；六是可以建立能源管理检测模块，主要生产设备实现数据自动采集，设备能源消耗实现实时监控与分析；七是提供完整详尽的产品溯源信息和满足工厂个性化需求的生产数据分析。

（3）管理数字化。管理数字化的过程是信息和数据的集成，其核心要素是业务平台的建设和数据的深度挖掘，通过数字化系统把生产企业的研发、设计、采购、制造、质量、销售、财务、仓储、物流等各个环节集成起来，实现信息和资源集成共享，同时利用现代信息技术手段来挖掘潜在客户，有效地支撑企业的决策系统，达到提高生产效率、提升质量水平、降低产品库存、快速满足市场需求的目的，提升企业参与市场竞争的核心能力。管理数字化主要围绕主数据标准建设、管理业务数字化建设及专业应用数字化建设三部分内容[1]。

一是主数据标准建设。主数据是指具有高业务价值的、可以在企业内跨越各个业务部门被重复使用的数据，是单一、准确、权威的数据来源。2019年集团牵头制定了物料、供应商、客户、组织架构、银行、会计科目、仓库等主数据标准，线缆、轮胎等生产企业可在集团主数据标准规范的框架下，结合自身的业务特点、个性化需求等实际情况，由所在一级成员公司牵头制定本企业的主数据标准。主数据覆盖的范围可以进一步扩大，目录可以进一步细分。如物料主数据，集团只管控到三级目录，三级以下目录的主数据分类可由生产企业自行细化[2]。

二是管理业务数字化建设。生产企业可以根据自身的实际情况，按照"管理制度化、制度流程化、流程表单化、表单信息化"的主线，通过实施ERP、

---

①　杨俊山.汽车配件厂产销管理系统的设计与实现[D].北京工业大学，2018.

②　曾凯.大数据治理框架体系研究[J].信息系统工程，2016（11）：130–131.

CRM、SRM、APS、WMS、EHR、OA 等管理数字化系统，对企业的业务、财务、客户关系、供应链、生产排程、仓储物流、人力资源、行政办公等业务实行全流程数字化管理，为企业生产经营管理提供信息保障。集团数字化转型企业架构对成员公司下属生产企业的前端业务系统（包含 ERP、CRM、SRM、WMS）明确由各生产企业自行负责规划、建设，财务、eHR、OA 等后端管理系统则必须使用集团统建的 SAP FICO、HR 以及 OA 系统，且必须实现业财一体化。线缆、轮胎等生产企业可在集团数字化转型企业架构下选择适合自身的数字化业务系统解决方案。原则上，流通板块一级成员公司内部（含下属子公司）只能使用一个品牌厂商的业务系统，因下属二、三级子公司业务属性差别较大的流通或实业板块企业，最多不得使用超过三个厂商品牌的业务系统，且必须通过搭建一级成员公司本级业务中台或数据中台的方式，实现与集团主数据平台、数据中台之间的互联互通。为减少异构系统过多带来的系统不稳定因素，按照集团确定的"1+3"框架要求，成员公司财务系统原则上只能使用集团统建的 SAP FICO 进行财务核算，特殊情况可以在微软、金蝶或用友三家范围内选择，目前已在使用的非"1+3"框架要求范围内财务系统应在规定时间内逐渐完成迁移。

三是专业应用数字化建设。生产企业的专业应用数字化建设主要包括 PLM、安全生产、质量管理、能源管控、设备智能点巡检管理等。其中，PLM 是生产制造企业的核心，可实现对产品从创建、使用到最终报废等全生命周期的产品数据信息进行管理，具有可定制化的解决方案、高效多层次协同应用、多周期产品数据管理、知识共享与重用管理、数字化仿真应用等功能。线缆、轮胎行业无不依赖 PLM 来进行配方设计、结构设计、工艺设计，并生成 BOM 清单，通过与 ERP、SCM、MES 等进行系统接口集成，消除信息孤岛，实现互联互通，为成本核算、物料需求计划、采购计划、生产计划、生产制造执行等管理业务提供 BOM 数据支撑。生产企业的安全生产管理数字化也尤为重要，集团可牵头通过

建设基于物联网、移动互联等技术搭建的智慧安全管理数字化系统并覆盖至所有生产企业，针对企业安全管理及现场作业活动的标准流程和特点开发完成的在线式、移动化、智慧化的管理手段，用于识别作业活动中的风险，制订针对性的措施，并对企业安全生产全流程进行全方位管控，有效提升生产企业的安全管理水平。

（4）运营平台数字化。运营平台数字化的实质就是构建产业互联网，将生产企业上下游合作伙伴、企业内部管控与生产制造的各个参与方集聚在同一个产业生态体系中，使流程更加顺畅、管理更加高效、生产更加快捷、服务更加协同。对于物产中大集团而言，可以结合自身实际情况选择从如下三个方面搭建产业互联网平台，实现生产企业网络化协同、智能化生产、个性化定制[①]。

一是制造研发再造模式。通过采用信息技术搭建互联网平台，打通技术研发与消费终端之间的信息沟通渠道，推动生产企业对传统研发模式的创新升级，实现客户参与研发、全员参与研发，构建目标化研发、精准化营销、定制化生产的新型模式，在实现市场需求缺口弥补的同时，还能有效地防止生产过剩。

二是生产再造模式。通过采用信息技术搭建互联网平台，推动生产企业进行智能化改造，实现传统生产模式向现代智能制造模式的转型升级，将传统生产模式下的大规模、标准化生产向现代智能制造模式的大规模、柔性定制转变成为可能，提升生产企业的产品交付能力。

三是制造组织再造模式。通过采用信息技术搭建互联网平台，对生产企业内部制造组织进行流程再造与资源优化，推动组织架构的快捷化、扁平化，缩短市场、生产、管理及运营等信息的流转流程，提升生产企业内部制造组织对外界信息、市场需求的敏锐、快速响应能力。

---

① 马英才.产业互联网的未来前景[J].互联网经济，2018（Z2）：42—47.

目前，物产中大集团下属成员公司的"机电在线平台""卡车司机 C2M 电商平台"，都是属于产业互联网范畴。"机电在线平台"已经开始 1.0 版本的建设，"卡车司机 C2M 电商平台"也已经确定发展思路、商业模式和推进计划。但是产业互联网目前没有成熟可借鉴的模式，需要在后续的数字化转型工作推进中进一步研究和探索。

（5）决策数据化。物产中大集团将在设备数字化、生产数字化、管理数字化以及运营平台数字化的过程中，产生的大量生产制造数据、经营管理数据及市场行情数据，统称为工业大数据。《数据化决策——大数据时代 500 强都在使用的量化决策法》①一书的作者，美国人道格拉斯·W. 哈伯德说，大数据时代，谁找到了"量化"商业问题的办法，谁掌握了数据，谁就能把握成功。他不但提出生活和商业问题"一切皆可量化""无量化，无管理；先量化，后决策"等论断，而且还特别指出要"专注于量化不确定性、风险和数据价值；提供令人拍案惊奇的测算无形之物的简便方法，让人仅仅基于已知数据就能准确决策；展示丰富而精彩的量化案例，让身边的数据唾手可得"。因此，对这些工业大数据进行建模和分析，就能解决我们传统管理中"差不多"的毛病和定性分析的弊端，运用精准数据支撑的定量分析，实现科学决策。

但是，由于工业大数据由传感器、物联网设备、生产经营业务数据、市场行情数据以及外部互联网数据组成，数据量级巨大、标准不一致，来源分散又具有结构化、半结构化、非结构化等多种数据格式，必须按如下四个步骤处理之后，才能得到有效利用。

一是开展数据清洗。将产生各类工业数据、生产数据、业务数据以及外部数据的异构系统主数据进行清洗和去重，留下有效的主数据信息。

---

① 数据化决策—大数据时代500强都在使用的量化决策法. [美国] 道格拉斯·W. 哈伯德. 北京：世界图书出版公司. 2013年.

二是存量数据抽取归集。通过搭建数据中台，将产生各类工业数据、生产数据、业务数据以及外部数据的异构系统存量业务数据进行抽取、转换、归集到数据中台，形成数据池／数据湖，沉淀具有价值的数据资产。

三是设计异构系统集成接口。设计异构系统之间数据交互的 ESB 数据总线及 API 接口，消除信息孤岛，实现异构系统之间的互联互通，以及增量主数据、业务数据的实时同步。

四是搭建数据模型和迭代算法。运用大数据、人工智能、机器视觉等算法和分析技术，实现数据可视化大屏、分析应用及决策支持，特别是要挖掘运用大数据的预测功能。通过模型和算法的逐步更新迭代，实现数据应用从传统 BI 升级到大数据分析，从决策数据化升级到数据驱动产生生态创新的转型，为生产企业高质量发展赋能。

5.5 以产业投资为依托，培育新产业新动能

"十四五"期间，物产中大集团将坚持"五个围绕"的投资方向，不断推动产业资本与商业资本、金融资本的互动融合，加快形成"投资、孵化、产业"一体化的物产中大产业生态圈，即围绕供应链强链补链延链，赋能智慧供应链集成服务核心主业发展；围绕以新材料、新医药为代表的高端制造业，加快发展"专精特新"产业；围绕新能源汽车和绿色能源综合利用，推进大宗商品供应链绿色发展；围绕生态环境综合治理业务布局节能环保领域，助力国家双碳目标实现。

目前，物产中大集团已经组建了产业投资平台，计划通过直接投资或通过基金投资等形式控股、参股标的公司股权。一方面，可以形成产业链上下游乃至产业生态圈的资源拓展和优势互补；另一方面，可以通过资本撬动获取更多的企业内部数据和信息，强化对产业链数据的收集和掌控，不断加强自身在核

心产业的竞争地位、话语权和赋能产业生态的综合实力，增强全产业链整合能力。另外，在做好培育、赋能和数据资源获取的同时，也可以通过适时退出实现投资回报，增厚集团收益水平。原则上，不鼓励开展与主业关联度低的产业投资。相关投资将通过集团的专业投资平台，从财务投资角度，结合行业趋势和投资收益的综合评估结果审慎开展。产业投资平台主要投资方式包括两种：一是产业投资平台直接对外投资。针对长远布局的重大项目，产业投资平台作为投资主体，利用自有资金积极进行战略投资，或组织协同相关成员公司一起参与。二是通过基金投资。针对培育类项目，产业投资平台可借鉴国内外成熟产业基金的运营模式，充分利用社会资源撬动投资，补充完善产业投资平台的投资并购能力。

附录 1

物产中大集团发展历程
（1954—2022 年）

物产中大集团前身浙江省物资局于 1954 年成立，到 2022 年已经在改革发展的道路上走过 68 个年头。经过几代物资、物产、物产中大人接续不断的励精图治、艰苦奋斗、众志成城，集团已成为全国物资行业向现代企业治理转变的引领者、商业模式创新和激励机制创新的改革者、全国大宗商品供应链集成服务的佼佼者。特别是自 1996 年正式由浙江省物资局转制为经济实体，成为市场经济的竞争者。集团坚持深化改革不停步，坚持流通主业不动摇，坚持提高企业素质不松懈（简称"三个坚持"），以"物通全球、产济天下"为己任，经营业绩不断创历史新高，企业核心竞争力和可持续发展能力不断提升，各项事业发展成效显著，成为浙江经济高质量发展的重要缩影。

当前，集团正坚持稳中求进总基调，聚焦国家和全省重大战略，主动积极服务大局，打造"机制创新年、改革探索年、成果展示年"，努力成为"大而强、富而美"的受人尊敬的优秀上市公司。物产中大集团的昨天已经写在史册，物产中大集团的今天正在携手创造，物产中大集团的明天必将更加美好。再次细致梳理物产中大集团的发展历程，旨在加强企业文化建设，大力弘扬"企业与时代共同前进、企业与客户共创价值、企业与员工共同发展"的企业核心价值观和"以人为本、团队精神、绩效理念、追求卓越"的企业核心文化理念，不忘初心，开拓进取，坚定改革发展再出发的信心和决心，在新起点上

把改革创新发展推向深入，为浙江省在高质量发展中实现中国特色社会主义共同富裕先行和省域现代化先行贡献新的更大力量。

▲ 一、践行使命

1950 年 8 月，经浙江省委省政府批准同意设立浙江省财经委员会物资平衡处，负责全省物资采购、消耗定额编制等工作。1952 年 1 月省财经委成立计划局（后改为省计划委员会），内设物资平衡计划处，负责全省物资供应、贸易合作、物资运输等。1953 年国家开始执行国民经济发展第一个五年计划，将生产建设所需的金属材料、燃料、建筑材料、化工产品及原料、木材和机电产品等物资从商品流通中分离出来，设立物资部门进行统一管理。在这样的背景下，1954 年 11 月 11 日，在浙江省计委物资平衡计划处的基础上，成立了省级物资机构——浙江省人民政府物资供应局（现物产中大集团前身），由浙江省计委负责全省物资计划申请、分配等工作，省政府物资供应局负责物资订货、购进、调运及供应等业务，形成初期的物资流通管理经营体制。1955 年 5 月 19 日，经国务院批复同意更名为浙江省物资供应局（简称省物资局），归省计委领导。1956 年起，浙江省物资供应局在上海、沈阳、北京设立办事处，在宁波、嘉兴、温州、金华成立中转站（工作小组），以保障物资供应。浙江省各专署（市）计委设物资供应局，县计委设物资科（组），负责 30 多种主要计划物资的申请、分配、调拨工作。1960 年 10 月 9 日，浙江省委决定省物资供应局归属省人民委员会（省政府）的组成部门，是省人民委员会直属行政管理机构。内设办公室、人事处、计划统计处、综合业务处、财务处、储运处、三类物资管理处、金属处、机电处、化工处、建材处等处（室），同时在全省从省、市到县建立起一套双重领导的物资管理机构和垂直系统的物资业务经营网点。

1963 年 1 月 1 日，浙江省物资供应局在各业务处基础上注册成立金属材

料、机电设备、化工轻工、建筑材料等省级专业公司，承担全省有关物资的调拨、储运、供应和积压物资清仓处理任务，后又成立生产物资服务公司开展"四代一调"（代购、代销、代加工、代托运和物资调剂）业务活动。国家物资总局《关于中央各部直属企业、事业单位由物资部门就地就近统一组织供应办法（草案）》将浙江省列为试点，自 1965 年起，共有 23 个部委所属 63 家驻浙单位全部改由浙江省物资部门就地就近组织供应。"文革"期间，浙江省物资供应局更名为浙江省革委会生产指挥组物资局，继续承担国家统一管理的一、二类物资和成套设备的订货、分配供应，物资储备，省内外协作加工业务及援外任务。1975 年 10 月 25 日，经浙江省革委会批准浙江省革委会生产指挥组物资局正式更名为浙江省物资局。在整个计划经济时期，浙江省物资局以确保全省工农业生产和重点工程项目建设物资供应为已任，为全省经济建设和社会发展作出重大贡献。

◢ 二、勇于探索

党的十一届三中全会后，国家探索以市场化为中心的物资流通体制改革，大幅减少物资计划分配数量，加大生产企业自销和物资企业经销，实行计划分配与市场调节相结合的"双轨制"体制。1979 年 3 月，浙江省物资局根据省委《关于行政公署体制机构编制的通知》，调整宁波、温州、嘉兴、绍兴、金华、台州、丽水等 7 个地区物资机构的隶属关系，将原地区管理的 44 个机构划归省物资局管理，保留各地区物资局名称，作为浙江省物资局直属的经营管理机构。

1983 年后，浙江省物资局管理的物资企业实行"合理计费、合理盈余"作价原则，扩大经营自主权，推行多种形式经营责任制，进一步放开搞活物资流通。20 世纪 80 年代末，这些物资企业逐步由政府导向型转为市场导向型，成为自主经营的经济实体，除继续承担计划物资供应外，大力开展横向经济联

合，投资开发、协作串换，组织计划外物资经营，开设钢材、机电、物资等专业市场。其间，浙江省物资局先后成立省拆船公司、省物资协作开发公司、省金属回收公司、省金属材料贸易中心、省汽车贸易中心、省物资贸易中心、省基建物资配套承包公司等。1985 年 3 月 7 日，浙江省政府（浙政〔1985〕21号）发文将全省燃料经营机构划归浙江省物资局管理，由此浙江省燃料公司（现浙江物产环保能源股份有限公司前身）成为浙江省物资局主要成员公司之一，浙江省物资局获得煤炭经营管理权。1986 年机电、燃料公司的"机电仪表业务全电脑管理系统"和"提高城镇生活用煤效益的研究"分别获评浙江省科学技术进步三等奖。1989 年 9 月 29 日，经物资部（物体字〔1989〕339 号）发文正式批准浙江省机电设备公司（现物产中大元通汽车有限公司前身）为"国家二级企业"，成为全国机电供销行业首家国家二级企业。1990 年、1991年省燃料公司和省金属材料公司（现物产中大金属集团有限公司前身）也分别获得此荣誉。这标志着浙江省物资局所属成员公司企业管理工作跃上新台阶。

1990 年以后，国家继续深化物资流通体制改革，不断完善市场体系，初步实现从计划经济向市场经济的转变。全省物资企业普遍实行承包经营责任制。

三、转制发展

1993 年 3 月 18 日，浙江省物资局主动向浙江省政府书面报告，获省政府批准增挂浙江省物资产业（集团）总公司牌子，办理工商登记，实行"两块牌子、一套班子"的双轨运行，逐步实行职能转换，人员分流。1994 年获得进出口贸易经营权，业务从国内贸易拓展到国际贸易新领域。1995 年金属、机电公司分别争取到国家五部委确定的钢材、汽车代理制首批试点流通企业。代理制的实施，稳定了供销渠道，规范了流通秩序，扩大了经营规模。

1996 年 3 月 4 日，经浙江省政府批准，浙江省物资局成建制转为浙江省

物产集团公司（简称"物产集团"），由政府行政机关转为经济实体，从计划经济执行者转为市场经济竞争者。5月28日物产集团正式挂牌运作，形成了拥有省金属材料公司、省机电设备公司、省燃料总公司、省化工轻工总公司、省建筑材料总公司、省外商投资企业物资公司、省生产物资总公司、省物资再生利用总公司、省物资学校（现浙江经济职业技术学院前身）、浙江国际商品拍卖中心、省租赁有限公司等19家成员单位，员工近2800人的大型企业集团。浙江省物资局转为经济实体的同时，成立了浙江省物资行业管理办公室，与物产集团合署办公，承担省政府委托的物资流通行业管理职能，至2000年6月行业管理职能移交给新成立的浙江省经济贸易委员会（简称"省经贸委"）。各地市、县也将物资行业管理职能归入新组建的经贸局或贸易局。至此，省物资行业管理办公室履行省政府委托的行业管理职能结束。1996年6月6日，浙江中大集团股份有限公司（简称"中大股份"，于1992年11月18日正式成立）在上海证券交易所挂牌上市，成为国家外经贸部首家推荐的上市公司。这是我国外贸体制改革进入新阶段的标志性事件。其股票代码600704.SH沿用至今。1996年下半年，物产集团在"三个坚持"思想指导下，在全国同行中率先开展了企业资产、经营、组织这三大结构调整，按照"发展型、生存型、困难型"的指导原则，对"小、散、差"的5家成员公司在集团内部实施兼并、合并及托管。

1997年4月29日，经国务院批准，物产集团成为全国120家大型企业集团试点单位之一、国内贸易部确定的6家试点单位之一。这标志着物产集团进入全国同行前列。1997年下半年开始，在全省省属企业中，物产集团率先在所属成员公司开展企业混合所有制改革试点工作，最先启动的是省机电设备公司。至2003年年底，随着浙江物产国际贸易有限公司企业改制完成，物产集团最终完成了成员公司的第一轮企业混改。同期，物产集团率先在成员公司探索能上能下的竞聘上岗制度和能高能低的绩效分配制度。同时，提炼了"以人

为本、团队精神、绩效理念、追求卓越"核心文化理念，继续解放思想，加快转型升级，推进物产集团快速健康发展。

1998年，物产集团在全国物资行业普遍亏损的情况下仍然保持盈利，一枝独秀。同期，集团投入10多亿元资金建设五幢办公大楼（浙金广场、元通大厦、物产国际广场、华都大厦、国贸大厦）。这些被誉为物产"五朵金花"的总面积约20万平方米的办公大楼设施，为物产集团持续发展壮大创造了良好的条件。

2000年5月16日至19日，时任国家国内贸易局局长杨树德到浙江考察之后，物产集团"快半拍"改制改革与发展的做法在全国内贸系统中进行宣传推广。6月28日，时任浙江省委书记张德江作出"物产集团在国有物资流通企业改革中闯出了一条新路，在激烈的市场竞争中不断发展壮大，成绩来之不易，十分可贵，应当充分肯定和认真总结"的重要批示。时任浙江省省长柴松岳也作出了"省物产集团公司作为由省级行政厅局直接转制为经济实体，只几年时间，取得这样好的成绩，令人鼓舞，对他们的经验要总结，要推广"的批示。

2001年9月30日，物产集团收购余杭国营长乐林场51%股权，成立浙江物产长乐实业有限公司（现物产中大长乐林场有限公司），经营百年林场（创建于1910年）面积约2.2万余亩，始终践行"绿水青山就是金山银山"理念，坚定"生态建设为主体、生态服务为特色"的发展战略，着力打造全国"两山"高质量转化的"重要窗口"，努力成为行业领先的现代高质量发展国有林场、绿色生态产业综合服务商。

四、做优做强

进入21世纪，特别是2001年我国加入WTO以后，物产集团加快转型升级，现代化、国际化程度不断提升，经营规模不断扩大，经济效益大幅提高，

企业综合竞争力显著增强。2002 年 8 月 29 日，中国企业联合会、中国企业家协会首次评选发布中国企业 500 强排行榜，物产集团列第 68 位，之后排位逐年上升。2004 年 2 月 20 日，物产集团被国家商务部等 8 部委列为全国流通领域重点培育发展的 20 家大型流通企业之一，在全国同行中享有"常青树"的美誉。

为集中资源培育发展化工板块，2004 年年末，物产集团整合内部化工业务资源组建浙江省物产集团公司化工分公司，对外以浙江物产实业控股（集团）有限公司名义试运行。在此基础上，2005 年 12 月 8 日，注册成立了浙江物产化工集团有限公司（现物产中大化工集团有限公司，简称"物产中大化工"），成为物产集团重要成员公司之一。公司主营化工、粮油、轮胎、医药的供应链和产业链，业务遍及全国各地。2007 年 8 月 7 日，经浙江省政府批准，浙江中大集团股份有限公司（简称"中大股份"）的国有股权无偿划转给物产集团，成为物产集团第一家上市成员公司，这是浙江省国有资产战略性重组的标志性事件。同时，物产集团加快推进产业布局调整，进一步做大做强。"中大股份"积极打造涉及房地产、外贸、金融投资、期货代理等多元产业的上市公司平台。同年 5—7 月，物产集团及下属燃料公司共收购嘉兴嘉爱斯热电有限公司 70% 股份，走向了"能源贸易＋能源实业"的发展之路。2009 年 8 月，物产集团决定将其第二大成员公司"浙江物产元通机电（集团）有限公司"100% 资产整体注入"中大股份"，并逐渐推动两家公司全面融合。至 2011 年 9 月，"中大股份"更名为"浙江物产中大元通集团股份有限公司"，股票简称变更为"物产中大"，股票代码不变。

2008 年 11 月 28 日，在北京召开的"全国生产资料流通行业纪念改革开放 30 周年座谈会"上，物产集团与中国五矿、中钢集团、中铁物资总公司等 30 家企业荣获全国物资流通行业"改革开放 30 年杰出企业"称号，集团在会上作了《以"三个坚持"为主线，着力改革创新发展》经验交流。多年来，物

产集团坚持发展生产资料现代流通主业，大力推进"流通产业化"战略，通过"上拓资源、中联物流、下建网络"，努力拓展供应链、延伸产业链、提升价值链、打造服务利润链，"四链并举"实现由传统流通向现代流通的战略转型升级，企业得到了持续、快速发展。2008 年，物产集团销售总额首次突破1000 亿元大关，成为浙江省首个经营规模超过千亿元的特大型企业集团。凭借 1568.8 亿元的营业收入，物产集团于 2011 年首次进入"世界 500 强"榜单，排名第 484 位。7 月 10 日，浙江省政府在杭州之江饭店召开新闻发布会，发布有关信息，物产集团成为浙江省第一家进入"世界 500 强"的企业。时任浙江省委书记赵洪祝批示"进得去、稳得住、做得好"。之后的 12 年间，集团连续入围且排名连年上升，2022 年排名第 120 位。

2015 年 2 月，物产集团在全国首创并践行"流通 4.0"，以互联网、物联网、大数据、云计算等现代信息技术为支撑，以消费者驱动为理念，以自身大型流通企业为核心，打造供应链上的供应商、制造商、消费者等利益相关方跨界融合的物产中大生态圈，实现从商品经营到提供集成服务的转变。11 月5 日，物产集团通过采用下属"浙江物产中大元通集团股份有限公司"上市公司子体发行股票反向吸收母体有效资产，达到合并整合实现整体上市，物产集团名称变更为"物产中大集团股份有限公司"（简称"物产中大集团"或"集团"），股票代码不变（600704.SH）。这是浙江省深化国企改革的标志性事件，集团实现 100% 资产证券化，推动集团现代企业制度构建。同年，集团提出"全员创新、合伙创业"的口号，在成员公司层面开启"二次混改"新征程，引入以动态调整机制为核心的"混改 3.0"模式，调动发挥国有企业各类人才积极性、主动性和创造性，激发各类要素活力。2016 年 9 月，集团"混改"上市经验入选国务院国资委《国企改革 12 样本》。

之后，集团主动融入国家战略，布局橡胶油品、水务环保、健康养老、医药、生活消费等业务，加大实业投资，不断深耕培育主业，推进高质量发展。

2015 年 5 月，浙江国际油气交易中心有限公司（简称"浙油中心"）成为浙江自贸试验区国际油品交易中心建设的承接主体。2016 年 3 月，物产中大公用环境投资有限公司成立，着力打造集团水务环保产业发展的重要战略投资和运营管控平台。6 月，物产中大欧泰有限公司成立，围绕橡胶、油品领域进行专业化运营。2017 年 6 月，物产中大医疗健康投资有限公司成立，形成集团医疗健康产业投资平台；同期，集团投资 20 亿元打造国内首个 PPP 大型医疗项目金华市人民医院新院区。7 月，中大房地产集团有限公司更名为中大金石集团有限公司，全面调整主业定位，从传统房地产开发迈向"不动产金融＋以养老为核心的运营服务"。2018 年 5 月，物产中大化工收购江苏科本，进军抗病毒医药领域。7 月，由集团旗下物产电商和中大国际两家一级成员公司联合重组成立物产中大云商有限公司，集聚美妆、酒水、食品、家电等品类中高端消费品品牌，服务全民美好生活。12 月，集团投资 65 亿元在德清打造线缆智能制造基地，大力推动实业板块做优做强。

2017 年，集团荣获"四个强省"十大领军企业称号，入选高盛"新漂亮50"榜单。2019 年，完成 A 股年内最大地方国企再融资项目，逆势足额募资38.15 亿元。2020 年，集团召开"十四五"规划暨数字化转型顶层设计咨询项目启动会，数字化转型迈出实质性步伐。同时，集团推进财务共享中心建设，并于 2021 年 3 月正式成立物产中大财智共享服务（浙江）有限公司。2021 年，集团成为首批全国供应链创新与应用示范企业，并成功分拆下属成员公司"物产环能"在上海证券交易所主板上市（股票代码 603071.SH），成为 A 股市场首单"主板拆主板"案例。

▲ 五、守正创新

2022 年，集团坚持稳中求进总基调，聚焦国家和全省重大战略，主动积极服务大局；深化"一体两翼"发展战略，在做大做强"智慧供应链集成服务

主业"的基础上，做强做优高端制造和金融服务，打造"机制创新年、改革探索年、成果展示年"，努力成为"大而强、富而美"、受人尊敬的优秀上市公司。

目前，集团作为浙江省属特大型国有控股上市公司，拥有成员单位超过400家，员工逾2万人，办有1所企业大学，业务范围覆盖全球90多个国家和地区。2021年实现营业总收入5625.38亿元，同比增长39.25%；利润总额74.63亿元，同比增长37.16%；总资产1294.50亿元，同比增长21.38%。

集团持续深化"一体两翼"发展战略。"一体"即智慧供应链集成服务板块，金属、能源、化工、汽车服务等核心业务营业规模均位列全国前列；"两翼"指金融服务和高端制造，金融服务板块以"两融两商"即"供应链金融服务商、综合金融服务提供商"为发展目标，目前已形成融资租赁、期货、财务公司、典当、保险代理、资产管理的综合金融服务平台架构；高端制造板块中线缆、不锈钢等工业品种增势明显，为战略升级、利润贡献奠定扎实基础。

未来，物产中大集团将始终牢记"物通全球、产济天下"的企业使命，致力于成为中国智慧供应链集成服务引领者，朝着"具有国际竞争力的产业生态组织者"的远景目标不断奋进，努力打造"大而强、富而美"、受人尊敬的优秀上市公司。

附录2

物产中大集团企业使命、愿景、核心价值观和核心文化理念释义

一、企业使命：物通全球、产济天下

释义

物产中大集团积极承担国企政治、经济、社会责任，深入贯彻新发展理念，大力弘扬浙商开放大气的精神，积极融入构建"双循环"新发展格局，精准服务"双碳"发展目标，充分用好国内国外两个市场和两种资源，为深化全球产业链供应链价值链合作贡献智慧、方案和力量。

二、企业愿景：打造具有国际竞争力的产业生态组织者 [1]

释义

物产中大集团在"一体两翼"战略引领下，依托资源组织、网络渠道、品牌运营等专业优势，内外结合、贸工结合、产融结合，通过数字驱动，改革创新，实现高质量发展、竞争力提升、现代化先行，不断提高产业竞争力、行业影响力和国际知名度，与利益相关方形成智慧共联、资源共享、合作共赢的具有国际竞争力的产业生态组织者。

---

[1] "中国智慧供应链集成服务引领者"为"十四五"期间物产中大集团的发展战略定位。"打造具有国际竞争力的产业生态组织者"为物产中大集团长期努力的方向，需要继续奋斗。

◢ 三、核心价值观：企业与时代共同前进，企业与客户共创价值，企业与员工共同发展

释义

企业与时代共同前进：作为物产中大集团的发展观，要求我们准确把握时代特征，始终站在时代前列，与时代同频共振，始终树立强烈的危机感、使命感和责任感，与时俱进、开拓创新，勇于挑战、超越自我。

企业与客户共创价值：作为物产中大集团的经营观，要求我们秉持"无价值不分享"的经营理念，经营上追求"双赢"或"多赢"，努力在为客户创造超预期价值的过程中，分享增量价值，获得共赢发展、惠人达己。

企业与员工共同发展：作为物产中大集团的管理观，强调企业发展与员工成长互为一体，在企业发展中同步实现员工自身发展。发展是企业和员工永恒的共同主题。只有企业发展好了，员工才有更多成长的空间和平台；只有员工发展好了，企业发展才更有后劲。

◢ 四、核心文化理念：以人为本、团队精神、绩效理念、追求卓越

释义

以人为本：物产中大集团高度关注员工全面发展，视"人"为企业发展最重要、最根本的因素，也是企业发展的根本目的和动力。要努力创造良好环境，尊重和维护员工各项权利，做到发展为了员工，发展依靠员工，发展成果惠及员工，不断提升员工获得感、幸福感、安全感。

团队精神：物产中大集团致力于打造组织型企业和优秀的团队，强调全体员工基于共同的使命愿景价值观引领凝聚强大的向心力和战斗力，崇尚集体观念、协同作战，实现"团队致胜"。

绩效理念：物产中大集团秉持"以绩效定分配，以价值论英雄"的绩效观。通过持续混改、创新激励方式、优化绩效考评体系等，将企业与员工的利益紧密结合，激发员工干事创业激情，形成推动集团持续发展的不竭动力。

追求卓越：物产中大集团及全体员工要立足基业长青，对标世界一流，始终怀有崇高标准、雄心壮志、平和执着、创造绩效，努力拼搏进取、自我超越，不断从优秀走向卓越。

后　记

　　流通业是社会经济发展的血脉，涉及生产、交换、分配、消费等经济活动的方方面面，是企业产品走向市场并实现价值的主要途径。伴随社会生产力的发展，产业结构的不断调整，商业模式的持续创新，流通也由原先的从属地位逐步成长为促进生产、引导消费的先导行业。供应链管理是一种流通理念的创新和业态的重塑，它将商品从生产到消费全过程的独立、分散活动看成是为了满足客户需求而存在的连贯过程，对流通业的产业化、现代化、数字化发展起到了积极的促进作用。在物流与信息网络高度发达的今天，全球分工协作、全球调配资源、全球拓展市场可谓大势所趋，供应链的资源整合能力也成为衡量一个国家、一个地区、一个产业以及一个企业综合竞争力的重要标志。2017年，继商务部与财政部颁发《关于开展供应链体系建设工作的通知》后，国务院也颁发了《关于积极推进供应链创新与应用的指导意见》，供应链的高质量发展上升到了国家战略高度。

　　借助于现代数字技术的发展，一些大型企业已经成长为产业生态的建设者和组织者，为供应链的高效运转提供集成化服务，物产中大集团就是其中之一。本书就是对过去25年来物产中大集团从传统贸易服务到供应链集成服务持续探索的阶段性总结，是集团历届领导班子和广大干部员工的实践成果和智慧结晶。本书无意于对供应链集成服务的发展脉络进行全面的理论梳理和学术探讨，只希望从企业的视角，描述自身在市场竞争中的真实感悟和应对策略。书中展示了近年来物产中大集团在各领域开展供应链集成服务的成功经验，有的以钢铁、能源行业上下游大客户为服务对象，有的面向化工行业集群式中小企业，有的如汽车销售业务则直接面对终端消费者……在外界眼中，这些业务领域似乎过于多元化，而在我们看来，各行业不同的业务逻辑之下却隐藏着相同的商业本质，物产中大集团正是凭借着一套成熟的商业模式在各行业复制推广，才涌现出如此多样化的供应链集成服务优秀案例。供应链集成服务既是物产中大人的看家本领，也是物产中大人的不变初心。希望借助这本书的出版，有机会加深外界对物产中大集团的了解，形成一个更为全面而清晰的认识。

正如当前的供应链集成服务一样，物产中大集团仍在路上前行。在数字化浪潮扑面而来，产业互联网继消费互联网之后面临物联网、大数据、云计算、区块链、人工智能等新技术革新和赋能的今天，物产中大集团也顺应时代要求提出了大力发展智慧供应链集成服务的战略方向。应该说，供应链集成服务模式迭代升级本身就是人类科技进步的体现，当今世界最前沿的技术成果大都会迅速在供应链领域中得到应用。在物产中大的探索实践中，最初的供应链集成服务是通过将各类专业服务提供商（如物流、金融、信息等）的服务进行模块化组合来实现的，实则是一个个信息孤岛的线下对接。之后，我们利用数字化平台汇集各项专业化服务，尽可能把它们衔接起来并提供给客户。未来，我们将借助人工智能、物联网、区块链等新兴技术赋能，致力于实现从供应商到客户所有供应链环节在工作流程上的协同，从而进一步促进资源的优化配置和效率提升，为客户创造更大价值。

在这一过程中，我们不可避免地会遇到一些问题和困扰。因此，我们也希望本书的出版不仅仅是为理论研究提供来自实践的证据，而且能够激发起更广泛的学术研究兴趣和业界交流合作热情。希望借此与社会各界一道，从理论和实践两个层面共同推动我国供应链、产业链的创新发展，促进我国流通产业的全面繁荣。

最后，要衷心感谢本书编委会全体成员以及各位撰稿人的辛苦付出。感谢集团董事长陈新先生的悉心指导以及前任董事长王挺革先生的参谋指教，感谢物产中大战略部、研究院与物产中大国际学院写作团队的鼎力支持，感谢相关成员单位提供的经典案例，感谢中国发展出版社编辑钟紫君女士提出的宝贵建议。还有其他为本书的编写和出版提供支持与帮助的各界朋友，在此也一并致谢！

宋宏炯

2023 年 3 月